〔美〕韩大伟（David B. Honey） 著
童岭 陈秋 李晔 译
徐兴无 刘雅萌 校

中国经学史·南北朝、隋及初唐卷

文献学的衰落与诠释学的崛兴

HISTORY OF CHINESE CLASSICAL SCHOLARSHIP

NORTHERN AND SOUTHERN DYNASTIES, SUI, AND EARLY TANG

社会科学文献出版社
SOCIAL SCIENCES ACADEMIC PRESS (CHINA)

A History of Chinese Classical Scholarship III:
Northern and Southern Dynasties,
Sui, and Early Tang: The Decline of Factual Philology and the Rise of Speculative Hermeneutics

国家“双一流”建设学科“南京大学中国语言文学”资助项目

江苏省2011协同创新中心“中国文学与东亚文明”资助项目

2019国家社科基金重大项目“中国经学制度研究”（19ZDA025）阶段性成果

献给经学家、牛津大学希腊学讲座教授休·劳埃德-琼斯（Hugh Lloyd-Jones，1922-2009）先生。他关于西方经学家生平的研究著作，*Blood for the Ghosts*（1983）在主题和方法两方面都对我关于西方汉学家历史的著作 *Incense at the Altar*（2001）有所启迪。

《中国经学史》总序

中国经学史涵盖的领域十分广泛，无法简单概括。虽然本研究将用五卷的巨大篇幅对它进行仔细审视，然而可能仍然是肤浅和粗略的。为了研究的可行性，我将聚焦领袖群伦的宗师，例举举足轻重的先哲，并追踪他们身后的影响，借此概括各个时代的主要潮流，撰写一部有价值的介绍历代经学研究的著作。迄今为止还没有任何用西方语言写成的这类著作，正是此空白促使我进行勇敢的，甚至可以说是狂妄的尝试。这也是我在研究中采用西方经学界观念模式的原因。

威尔逊（N. G. Wilson）在写《拜占庭的学者》（*Scholars of Byzantium*）时，不情愿地通过“伟人”“领袖”来叙述历史，这也是鲁道夫·普法伊费尔（Rudolph Pfeiffer）在写他的经学史时所采用的方法。威尔逊认为，这种方法是有缺陷的，因为文献记载中有许多空白，许多传世的稿本无法与任何知名作者关联起来。然而中国的情况不同，经学的传承很好地保存在“伟人”的专门传记和集体传记中；集体传记即《儒林列传》，它简要记录了伟人和众多成就较小的名人。因此，讲述中国经学史忽略重要人物是不可能的。另外，在讲述中国经学史时还要有与安东尼·格拉夫顿（Anthony Grafton）一样开阔的视野。他仅为一位“伟人”——斯卡利杰尔（Joseph Scaliger）作传，就用了皇皇两卷。“为了回顾他（斯卡利杰尔）的学术发展历程，回顾他的同辈和先驱的学术派系”，须要用100页从百年前的安杰洛·波利齐亚诺（Angelo Poliziano）讲起。[①] 显然，中国经学史如此复杂，要把它呈现得令人信服，开阔的历史视野是必需的。

虽然中国经学的传统复杂而丰富，但传世文献记载也同样丰富，只要一点一点地去揭示，我们就能得到一张完整的图画。而呈现中国经学全貌的困难正在于这种丰富性，威尔逊也曾面临这种困难，他说道：“真正的困难在于，对我所探究的这一时期，在某些方面我们了解太多。有许多拜占庭学者能力平庸，却留存有大量著作，这些著作每一部都能令我们牺牲大量时间去为之撰写专著。既然我想在有限的时间内为之做一概览，对那些二流的学者我一般处理得非常简略。”[②] 基于此，我准备依样葫芦，有时甚至会忽略掉一些小人物；我将主要关注“领袖”，他们不仅为其所在时代的经学定调，而且开拓了新的研究方法，或者对研究方法进行了重大改良。我们既需要一部多卷本的中国经学史，同样也迫切需要审视各种研究方法的发展过程。即使在西方经学界，后一种需要也很明显，虽然它早已拥有众多论述经学历史的

---

① Anthony Grafton, *Joseph Scaliger: A Study in the History of Classical Scholarship*, Volume Ⅰ, *Textual Criticism and Exegesis* (Oxford: Clarendon Press, 1983), p. 4.

② N. G. Wilson, *Scholars of Byzantium* (Baltimore: The Johns Hopkins University Press, 1983), p. 273.

优秀著作。[①]

《中国经学史》系列将分为五卷，其中清代卷又分两卷。经过九年的努力，在我 64 岁之际，卷一《周代卷：孔子、〈六经〉与师承问题》已经问世了，《秦汉魏晋卷：经与传》现在出版。照此进度，完成本系列还需要 10 年时间，那时候我将七旬多。如此高龄，那时的我很可能精力不济。如果我能勉力完成本系列，我相信它将填补当今西方汉学界的一项重要空白，它也会是我事业的巅峰。《中国经学史》的卷一《周代卷：孔子、〈六经〉与师承问题》涵盖了漫长的周代。它探讨了孔子、孔子与经书的关系，以及经学的传承。该卷的中心，是分析在礼仪化教学场景中孔子作为经书整理者和传播者的原型意义。该卷也分析孔子的嫡传弟子曾子、子夏，他的孙子子思，以及继承他思想的孟子和荀子在经书传承中所发挥的重要作用。卷二与卷三的时间跨度更大，其内容概括如下。

卷二《秦汉魏晋卷：经与传》与卷三《南北朝、隋及初唐卷：文献学的衰落与诠释学的崛兴》所涵盖的时期是从汉代到唐初，讨论秦代焚书之后经典的重构以及它们最终被皇权经书化的过程，并论述经学家因国家资助而职业化，民间经师被专精一经、终身聘用的宫廷学者所取代。还探讨了小学的多种分支学科的发展，刘向发展了校勘学，许慎发展了文字学，博学的郑玄则注释了当时几乎所有的经书，他们是汉代三位伟大的

① 这是休·劳埃德-琼斯（Hugh Lloyd-Jones）的观点，见其所著 *Classical Survivals: The Classics in the Modern World*（London: Duckworth, 1982）, p. 19。

经学家。接下来还将考察汉代以后受郑玄影响而发展出的用于诠释文本复杂性的其他注释模式；这些模式包括杜预《左传》“注”如何“释”历史人物，陆德明如何“释”经典中的文辞。认真关注汉字的语音性质也开始于这一时期的后期。在唐代，文本注释地位显著，“疏”（传的传）这种注释模式备受青睐。孔颖达和他的团队吸取隋代经学家的成果，编纂了注释经书的“正义”，“正义”很大程度上在今天还是典范。

按照逻辑，接下来应探讨宋、元、明三代的释经活动。然而研究经学史，这三个朝代也许可以忽略。此论断虽然鲁莽，但请容我解释。总体而言，这一时期的儒家并不视经书为研究对象，而是以它们作为形而上学和神学思辨的参照体系。严格地讲，经学是对经书的专门研究，包括统摄于小学之下的校勘、语法、古音、目录、注释等必要的分支学科——阐明文本所需的任何技巧或方法都隶属于小学。尽管品鉴与阐发也是经学家的本色当行，然而似乎并不属于小学；按照现代的专业分科，把它们归在文学批评家、哲学家或思想史家的名下更自然。民国小学家黄侃（1886~1935）的两句话简练地说明了经学与小学相互依存的关系，“段玉裁以经证字，以字证经，为百世不易之法”；“经学为小学之根据，故汉人多以经学解释小学”。[①]

在德国，经学习惯上被称作“小学史”，例如乌尔里齐・冯・维拉莫维茨－莫伦多夫（Ulrich von Wilamowitz-Moellendorff,

① 黄侃述，黄焯编《文字声韵训诂笔记》，上海古籍出版社，1983，第 23 页。还可参阅张涛《经学与汉代语言文字学的发展》，《文史哲》2001 年第 5 期，第 62~68 页。

1848－1931）著有一部简短而扎实的总论经学的著作，书名就叫《小学史》（*Geschichte der Philologie*）。[①] 从所用专门术语就可看出，经学与小学是相互依存、有机共生的。正因为重点论述校勘、注释方法的发展过程，普法伊费尔的《经学史》（*History of Classical Scholarship*）第一卷以亚历山大时期经学的诞生结尾，第二卷却直接以意大利文艺复兴时期经学的重生开始。这是一个明智的跳跃。[②] 从亚历山大城陷落至彼特拉克（Petrarch）时期的经学黑洞，没有一脉相承的小学，只有一些新产生的罗马修辞学，中世纪语法学，亚里士多德学派的逻辑学，神学思辨和拜占庭的手册、大全与集释。为了方便中国读者并填补该领域的空白，我曾撰写了一部入门书，完整地介绍西方从荷马时期到现代的经学，而不细究学科之间的分野，虽然它们性质迥异。[③] 然而，在本系列里中国古代"小学史"是主线。这条主线在宋代以前十分清晰，没有被过度的形而上学思辨淹没，但是到了宋代以及接下来的元代和明代，很长一段时间内这一清晰的主线消失了。换个比方说，只有在个别学者身上还映现着小学微弱的光芒。宋代的郑樵、王应麟，明代的焦竑，几乎如同几盏暗淡的孤灯散落在一

---

① 此书德语原名 *Geschichte der Philologie*，英译名为 *History of Classical Scholarship*，艾伦·哈里斯（Alan Harris）翻译（Baltimore：The Johns Hopkins University Press，1982）。也可参阅瓦纳尔·耶格尔（Werner Jaeger，1888－1961），"Classical philology at the University of Berlin，1870－1945"，见 *Five Essays*，译者 Adele M. Fiske，R. S，C. J.（Montreal：Cassallini，1966），pp. 45－74。瓦纳尔·耶格尔是维拉莫维茨在柏林大学教席的继任者，在这篇文章中，他总结了母校过去 75 年的经学史。

② Rudolf Pfeiffer，*History of Classical Scholarship*：*From the Beginnings to the End of the Hellenistic Age*（Oxford：At the Clarendon Press，1968）；*History of Classical Scholarship from 1300 to 1850*（Oxford：Clarendon Press，1976）.

③ 韩大伟（David B. Honey）：《西方经学史概论》，华东师范大学出版社，2011。

片黑暗里。在这漫长的暗夜里，经学为玄思的迷雾笼罩，这些玄思虽受文本启发却不以文本为根据。我将仿效普法伊费尔，略去中国经学史上这一段相对贫瘠的时期，把它留给与之更契合的哲学家和思想史家去研究，而在本系列的卷二、卷三之后直接续以衰微而易被忽略的清初小学。

最后两卷将探讨清代经学。第四卷《清代卷上：清初到乾嘉中》将介述清代考据学的兴起以及清人借此恢复以原文为本的心态。该卷的第一部分将由对顾炎武（清代经学之父，开启并引领了多个经学流派）的介绍拉开序幕。他在历史音韵学研究方法和铭文来源的精细化使用两方面的开拓精神尤为明显，他的治学之道——考证在同辈人阎若璩那里得到了最充分的应用，后者似乎解决了古文《尚书》是真是伪这一历史遗留问题。第二部分“乾嘉学派”则分析乾隆和嘉庆年间考证学掀起的高潮。乾嘉学派代表着中国经学的最高成就。《四库全书》的书目文献学专家、辞书学方面的代表人物段玉裁与注释学方面的代表人物王念孙可谓达到了语文学三大基础学科——考据学、辞书学和训诂学——的高峰。戴震涉足了上述三大领域，并为语文学注入了道德哲学的血液。聚集在他周围的学者，尤其是扬州学派，形成了人们对其他各学派进行比较研究的参照系。一些经学家对揭示经典文本原义与历史真理的热情使他们对文本所欲传达的道德教化信息失去了兴趣，这反而激起了一众学者向经典的道德寓意和经学的道德性回归。对经学语言学方面的关注将持续至晚清和民国初期，并将以章太炎的成就作为终结。

第五卷《清代卷下：乾嘉中到清末》将审视清代中后期的学

者是如何将经学研究与济世救民这一迫在眉睫的现世任务关联起来、整合为一的，如：通过对《公羊传》的全新解读，通过常州学派优雅的散文创作，通过康有为的政治改革，通过王国维的历史研究，等等。梁启超对清代经学史的看法（他的观点常被后世那些死板的学者们僵化地勾勒而出）在西方世界被广泛接受，而钱穆更为开阔包容的视野则对其提出挑战。

总之，在撰写《中国经学史》时，我尝试介绍儒林，解释儒林中重要人物内在的学术机制，希望能在此领域做出自己微末的贡献。谨愿拙著能成为一坚实的基础，帮助像我一样深受中国经学伟大传统启发的同行在此广阔的领域中做出更精深的研究。

韩大伟（David B. Honey）

目　次

第二部分 北朝、隋及初唐

本卷导言

公元310年与311年，中国北方陷于游牧部落之手，由此华夏文化中心从尘土飞扬的长安、洛阳平原转移到水草丰茂的建康，即现在长江畔的南京。《中国经学史·南北朝、隋及初唐卷：文献学的衰落与诠释学的崛兴》将继续讲述朝廷定都南京后的经学故事。这里的学风为释道所浸染，相对于方正的儒家道德更显超脱。在这样的氛围中，政权更加短命，面对玄学本体论，儒学吸引力更是愈加微弱。在北方，扎实的经学研究为在北方王朝统治下的人们提供了一个传统文化堡垒与自我认同的源泉。短暂统一的隋代与其后开启中国文化黄金时代的漫长唐代，在经学方面取得了巨大的成就，而“疑经”的种子也在唐代建立后的数十载间孕育发展。

南北朝新兴的解经方式中有种叫作“义疏”的新体式，其基于对儒家经典（本书后文统称经典）的口头演讲、解说，并以论理问答的形式呈现。另一种新出的则是陆德明所着力的“释”，他辨别经典中字词的读音与含义，盖源于先前的“音义”体。对汉字音韵性质的重视也始于南朝后期。这一方法论的成立，引发了唐代在隋代学者基础上官修《五经正义》的工程。这项划时代的成就更注重疏通、证明经注，而非对经文进行考订——经典及其注疏都同样受到推崇，值得审慎的考察。唐代中后期的经学对经典及其注疏的字词愈加怀疑，这种怀疑不可避免地导致宋以降的思辨诠释学，吊诡的是，这种疑经的方法似乎是从纯理学（intellectual immaculate）的概念中产生，而与文本生产的物质性无关。直到明朝末年，由于这种思辨性诠释的不切实际与空疏无物，文本研究的必要性才再次被人们注意到，是以清初经学沿着传统朴学的路径继续发展，经学中小学（philological）一脉的复兴解释了我所著的这套《中国经学史》省略的部分——中唐以降，至于宋、元、明诸代，在思辨诠释的诱惑下经学渐渐衰落，最终续以清初小学复兴。

我们可以看到，有清一代汉学家、宋学家同样热心于以小学为基的文本考据，理学则继续沿着其固有路线前行，直至孕育了以礼学为中心的晚清思想运动：江苏江阴南菁书院的“理学即礼学”。毕竟，在考据潮流中，如果像戴震这样的一位资深的经学家也选择将理学思辨性诠释作为其《孟子》字义研究的一部分，那么只谈其朴学而忽略其理学，就会只剩下“半个学者”“半截学术”。这两种经学流派从整个清朝一直延续到民国时期，因而需要分卷处理：汉学的经学文献学，以及同样着眼于经世致用、教育改革与经学研究的宋学的经学阐释学。然而对这些学术焦点的单独处理，使每种取径都脱离了其具体的历史、政治和社会因素，而这些因素对学术的影响与思想趋势一样波动剧烈。因此我选择按照时间顺序继续，在两卷内按清初、清中期、晚清与民国初期的次序研究各种取径。这样，每种方法便皆可置于其当时的时代背景中考察。因为在每一卷的引言中，会对这些学科的先行者进行简要地回顾，在历史处理中，唐末至清初的巨大差异则自然被弥合。如果纵览丰沃的南北朝、隋及初唐的经学，作为独立学术问题的文本考据与哲学诠释的源头都可在其间觅得，因此本卷对今后我关于清代经学的研究亦有价值。

诠释学发轫于中唐，延续到明末，但出于一系列彼此相关的原因，我决定略过其发展。不仅是对这种学术取径缺乏同理心，同时也是因为多年来学术成果的不足。经过十年的努力，我已经完成了卷一、卷二的最终定稿，又在 2018 年一年内写成卷三，现在我已见到北京的社会科学文献出版社出版了卷一、卷二的中译本，均早于其英文版的刊行。如果我的人生进程保持顺利的话，剩下两卷关于清朝的大部头，卷四《清代卷上：清初到乾嘉中》、卷五《清代卷下：乾嘉中到清末》将在我七十岁生日前完成，其中译本将在相应的时间段内问世。显然，一个人不能总期待在其暮年也能保持头脑清醒、精力旺盛。此外，我特别着迷于清代经学，期待开始与其中无穷的学术难题和著名的学者“战斗”。归根结底，一个人应该理解自己的局限性。我意译了老子《道德经》的第 46 章：

祸莫大于不知足，咎莫大于欲得，故知足之足，常足矣。

Of scholarly disasters, nothing is greater than not knowing when to say when; of condemnation from one's peers, none is worse than the desire to bloat one's personal bibliography. Therefore, the satisfaction of knowing when enough is enough is to be truly satisfied.

凡　例

1. 在引用具体页面时，将其列在整个条目之后，如，乔伊斯·马库斯（Joyce Marcus），"Rethinking Ritual," in *The Archaeology of Ritual*, ed.（Evangelos Kyriakidis）（Los Angeles：Cotsen Institute of Archaeology，University of California，Los Angeles，2007），pp. 43 – 76；p. 48，说明马库斯文章全篇见第 43 ~ 76 页，本书所引相关页面为第 48 页。

2. 书中第一次出现一位古人时，我会给出其中文名与生卒年，以现存可考证到的资料为准。

3. 引用正史均以中华书局 1959 年至 1977 年所出点校本为准，引用十三经则以阮元《十三经注疏附校勘记》［台北：艺文印文馆，1981 年版（简称：SSJ）］为准。

4. 本书所引中国典籍的英译，除标题本身含义不明、模棱两可或过于冗长无法在译文中多次提到外，均附汉字，在脚注中使用罗马拼音标题。这样做首先是为了向不懂中文的读者提供信息，其次则是为了消除任何含混的可能性：*Historian's Records* 与 *Shiji*，*Esteemed Documents* 与 *Shangshu* 之类的。这种一般做法的例外是表格，在表格中我使用的是最节省空间的标题。

5. 在注出版机构名称时我未依从汉学惯例，毕竟，这样的名称不同于书名，而是受人尊敬的机构名称。例如，Zhonghua Shuju 在这部作品中是全部首字母大写的，这使这些机构与西方类似机构被同样尊重。

6. 所有台湾学者的姓名我都用汉语拼音表示，除非其使用台湾特有的改良威妥玛式拼音的写法广为人知、容易获得，但我并没有专门研究这些特别的名字。

7. Classic 这个词只在指代五经时才首字母大写，如 Five Classic 或 Confucian Classic。当其指早期中国文学中所谓的“经典”，无论是儒家、道家或是墨家，都不再大写。有时这种区分可能显得武断，但我努力维持这种区分。

8. 专有名词这样表示：“lecturing”（*yan* 言）。有适宜的名词就不用拼音，如长乐宫写作 Changle Palace。

9. 所有的官衔都源于贺凯（Charles O. Hucker），*A Dictionary of Official Titles in Imperial China*（Stanford，CA：Stanford University Press，1985）。[①]

① 译者注：此书国内有影印版。〔美〕贺凯（Charles O. Hucker）：《中国古代官名辞典》，北京大学出版社，2008，书前附有北京大学陆扬教授所作影印版导言。

第一部分　南朝

第一章

概述：北方的守旧与南方的新变

第一节　分裂时期的经学

南北朝分裂时期这一个半世纪的存在，通常被粗略地掩盖在“六朝”（其中四朝又被专称为南朝）这个含混不清的名称下。这个漫长的时代（正史认为起于 220 年，讫于 589 年）对于研究文化交流与互动、宗教发展和文学辉煌的学者有着特别的魅力。[①] 各政权及其帝王的悲剧般命运，以及浮生若寄的诗人们，为这物质财富和艺术繁荣的辉煌图景增添了一抹宿命的色彩。

---

① 关于文学、文化方面的介绍，参见（柯睿）Paul W. Kroll and（康达维）David R. Knechtges, *Studies in Early Medieval Chinese Literature and Cultural History: In Honor of Richard B. Mather and Donald Holzman*（Provo, UT: Tang Studies Society, 2003）；（田菱）Wendy Swartz et al. eds. *Early Medieval China: A Source Book*（New York: Columbia University Press, 2014），以及（康达维）David R. Knechtges and（张泰平）Taiping Chang, eds. *Ancient and Early Medieval Chinese Literature: A Reference Guide, Parts One, Two, Three and Four*（Leiden and Boston: Brill, 2010－2014）。至于此时代的历史，我仅提及以下数种著作：（陆威仪）Mark Edward Lewis, *China between Empires: The Northern and Southern Dynasties*（Cambridge, Mass.: Belknap Press of Harvard University Press, 2009）；王仲荦：《魏晋南北朝史》（上、下册）（上海人民出版社，1979）；韩国磐：《魏晋南北朝史纲》（人民出版社，1983）。关于此时段的所有问题，都可翻检（熊存瑞）Victor Cunrui Xiong, *The A to Z of Medieval China*（London and Toronto: The Scarecroft Press, 2010）。

这个分裂时代的经学可以被粗略描述为北方守旧的、传统的经学与南方的新经学。[①] 又以几种独特的地方思潮为特点，并非所有的潮流都能遍传宇内。例如在北方，河北以语文学（philological）为基础的纯正古典之风，就不为同处北方的河南洛阳地区所共享，此地玄学正盛。然而语文学（philologically）的力量强大到足以让整个北方都变成传统汉代古文经学的继承者。忽略偶尔会有的地方反动潮流，下面对南北经学研究方法进行概括性的划分。

正如我《中国经学史》第二卷《秦汉魏晋卷：经与传》中所讨论的，郑玄（127～200）首次遍注群经，是囊括了古文经学、今文经学乃至纬书的包罗万象的通学的创始人。但矛盾之处在于，包罗万象的普世主义（all-embracing ecumenicism）被其试图驾驭这一切学说的以建立一个礼学体系的努力所削弱，此礼学体系的依据是基于对《周礼》的经注。他在200年于元城（今属大名，河北省南部邯郸市附近）去世，亦葬于此，而他的学说的广泛存在，不可避免地影响了当时的学术风气。此种风气后来又为郑玄的同门卢植（139～192）所张大，卢植在河北西北部的范阳（今属涿州）立一家之学。北方经师的主要来源可据史传得到确认并精确定位，《北史・儒林传》共载经师52人，八成以上都来自河北，而出自儒学渊薮山东的不到5%。[②]

与南方经学立足于都城建康或其他通都大邑等玄学与佛教本

---

① 此概括源自钱穆（1895～1990）《经学大要》，台北：素书楼基金会，2000，第248页。

② 参见焦桂美《南北朝经学史》的处理，上海古籍出版社，2009，第57～58页。

体论影响颇巨地区的趋势不同，北方经师还居乡里，聚集生徒讲习儒术。这种与世隔绝的研究使得学生们远离了洛阳之类的通都大邑（当然还有南方城市）中的正时兴的新思潮与新解释。这种封闭式的学习自然形成了“师学”，即由经师传授并在弟子而非家族中世代相承的学术传统。下列经学大师被公认为北方经学的中流砥柱，却未见任何他们教授家族成员的记载：徐遵明（475～529）、李铉（活跃于500年左右）、刘轨思、刘献之、熊安生（约卒于578）、刘焯（544～610）、刘炫（546～613）。相较而言，南方倾向于建立“家学”，即由经师传授给自己的子孙后代，并将其个人化的修习之法立为“家法”的学术传统。①

家学往往较师学更为保守。例如在南方，虞氏的《易》学传统将其与王弼（226～249）的本体论《易》学倾向隔绝开来。虞氏家学发轫于虞翻（164～233），其立说早在王弼重释《易》学之前。因此，即使在此后很长一段时间内，这个家族传承的仍是以京房（公元前77～公元前37）、孟喜（活跃于公元前1世纪）和郑玄为代表的汉代古学（汉《易》之学）。② 但西晋灭亡后，随着新兴学术思潮如玄学、新道教、佛教本体论的日益渗入，南方经学渐失其旧。尽管有以虞翻及其后人为代表的保守家学学者的捍卫，这种对传统经学的背离还是发生了。

《北史·儒林传序》阐述了南北经学的主要差异。

---

① 焦桂美：《南北朝经学史》，第17～64页。关于近来南朝家学的研究，参见郭永吉《六朝家庭经学教育与博学风气研究》，台北：华艺出版社，2013。

② 《三国志》卷五十七《吴书十二》，第1322～1323页。

> 大抵南北所为章句，好尚互有不同。江左，《周易》则王辅嗣，《尚书》则孔安国，《左传》则杜元凯。河洛，《左传》则服子慎，《尚书》《周易》则郑康成。《诗》则并主于毛公。《礼》则同遵于郑氏。南人约简，得其英华；北学深芜，穷其枝叶。考其终始，要其会归，其立身成名，殊方同致矣。自魏梁越已下，传授讲议者甚众，今各依时代而次，以备《儒林》云尔。[①]

对于经典及其注疏的列举当然还可以进一步细化，《隋书·经籍志》即有此时代各朝尊奉的各种注疏的简目，但尽括于此未免有些繁琐，而且朝代的更迭也严重破坏了这种对经学发展南北对称大趋势的推断。但总的来说，南北经学研究的是同样的经典和重要的经注，包括本章未曾注意到的一些。《易》《书》为群经之首，不同的注疏似乎是随易代而变迁；《毛诗》《三礼》依据郑玄，《春秋》三传中，《左氏》《公羊》二传何休（129～182）均有注，糜信（活跃于230年左右）、范宁（约339～约401）则为《穀梁》及《论语》《孝经》作过注。佛教义疏学对南北经学都有影响，而似乎只有在南方，《老子》《庄子》等道教经典才分散了对儒学的关注，赢得了人们的兴趣，而这种倾向在北方微不可察。[②] 故南方经学研究范围更加宽泛，还

① 《北史》卷八十一，第2709页。

② 关于此及本章中涉及的其他相关思潮，参见焦桂美《南北朝经学史》，第173～181页。

包括历史和文学研究。经师又多为文人，并有诗文集传世，但这种分散注意力的习惯在北方只是偶然一见，尽管隋代著名经师刘焯、刘炫两位挚友被描述为“文而又儒”，[1] 但总体来说北方经师似乎满足于谨守狭义的经学门户。南方经师更倾向于编撰注疏，而北方经师多述而不作。当涉及群经的综合研究时，南人多重《三礼》：《周礼》《仪礼》《礼记》，北人则重《春秋》三传：《左氏》《公羊》《穀梁》。

钱穆的解读略有不同，他选择了两部礼学经典来阐述南北经学发展的动力。考虑到对王朝正统性的关注，以及不断适应政治形式变化的迫切需要，在北方，核心经典是《周礼》。在南方，对清晰的氏族谱系的关注是为了证明高门固有之特权，这使得《丧服》尤为人所重。钱穆通过解释南方经学“视野”的扩大，将其与汉代经学及直承汉学的北方经学进一步区分开来。传统上只有两种“视野”，一种是受到政府资助的“王官之学”，另一种是私人在家授受的“百家之言”，比如为《论语》《孟子》《老子》《庄子》等书作注。随着南朝思想的发展，文学和史学观念拓宽了经学和子学的研究范围。这一扩展的视野极大丰富了此时期经学的深度和广度，在南方尤为显著。[2]

① 孔颖达（574～648）：《毛诗正义序》，《毛诗正义》卷一，第2a页。

② 钱穆：《经学大要》，第262～264页。张西堂亦指出整个三国六朝的经学，都明显受到文学、史学繁荣的影响，玄学亦然，见张西堂《三国六朝经学上的几个问题》，《经学研究论丛》第九辑，台北：台湾学生书局，2001，第2页。关于《周礼》在北方的广泛使用，参见潘忠伟《北朝经学史》，商务印书馆，2014，第330～335页。关于《丧服》《礼记》等经典在南朝的流行，参见章权才《魏晋南北朝隋唐经学史》，广东人民出版社，1996，第175～178页。

焦桂美指出，南北经学研究方法的另一重要差异在于，南方重义理诠释，北方盛行章句训诂。[①] 北人着力于中正平和的解读，南人则作出风格独特、文采横溢的经解。由此，相较而言，北学以“质朴”见称，谨承汉人经注传统，仍致力于师学。

基于焦桂美所勾勒的时代背景和总体思潮，则前文所引此间经学的特征，再添上几处释意后会更清楚——“南人约简，得其英华；北学深芜，穷其枝叶”。南方经学的文风简明扼要，因为其只涉及义理的阐发；北方的文风则自然更为丰赡详实，因为它揭示了经文的复杂性，这往往需要冗长的论述和深入语言细节的考据。这造成了一种反直觉的文章叙述现象：北方经师的解经方法表现在其文风上就是尽管朴实无华，却长篇大论；而南方经师文风华丽雕饰，但其所用的新的解经方法更为简洁克制。

张西堂在一篇简短而重要的文章中析出魏晋六朝间中国经学的五种微观走向，这些走向构筑了具体的思想框架，为焦桂美所提炼的抽象概念提供了张力。张氏总结的五种微观走向为：(1) 所谓玄学对于经学的影响；(2) 魏晋以降太学博士的增损；(3) 经传的分合与经传的集解；(4) 义疏的兴起与义疏之内容；(5) 所谓三

---

① 这两个术语（“章句”“义理”）代表了两种不同的解经方法，前者基于文本，后者立足阐释。参见《汉书》卷三十六，第 1967 页，此卷对“章句”颇为强调。至于“义理”的重要性，邓国光曾引曾国藩（1811～1872）语“读经以研寻义理为本”，见邓国光《经学义理》，上海古籍出版社，2011，第 1 页。曾国藩更多是在经世致用，而非理论哲学层面来理解“义理”阐释的广泛运用。尽管邓教授做了详细的历史考察，但他的做法更像是把“义理”解作“理之义”，以“理”为首，却忽视了治国之道亦有其理论基础。

传之学及其他。上揭所有问题在本卷中都有不同程度的涉及。[①]

最近一篇博士学位论文提出了一种有关南北朝经学总体取径的表述，与焦桂美不同。较于焦氏朴素的文本分析，此文则是在并行但更高的层面运作，是以并不与她的工作相矛盾，亦不会消解其成就；相反，此文在精细的诠释学基础上进行研究，特别是它描绘出了后世对郑玄礼学体系的改进或反动。这就是华喆关于郑玄礼学在汉唐经典诠释变迁中的发展与影响的学位论文。[②] 尽管有这样的哲学取向，但他的论文还是深入研究了具体的文本问题，如日藏钞本的性质、经学注释的体式和各种经学大师解经方法的差异。他对南北朝经学的宏观看法是其源于汉代经学。他将汉唐之间漫长的经典诠释史分为三个发展阶段：首先，从汉武帝独尊儒术，到郑玄以《周礼》为中心建立起经学体系，统摄群经的训释；其次，后郑玄时代，经学依旧沿着郑玄开辟的路线发展，尽管存在逆流，如王肃（195～256）从礼的实用性的角度，反对之前的纯粹理论化，以及何晏（约195～249）力图通过否认群经间的有机联系来推翻郑玄的体系；最后，南北朝时期，是义疏这一经注体式占据主导的时代，[③] 是经师注意力从礼仪的实用性转向阐释经典及其注释之间文本关系的时代，是训诂学走向诠释学

① 张西堂：《三国六朝经学上的几个问题》，第1～26页。

② 华喆：《汉唐间经典阐释变迁史论》，博士学位论文，北京大学，2001。此文的新订稿见华喆《礼是郑学：汉唐间经典诠释变迁史稿》，生活·读书·新知三联书店，2018。但我尚未得见。

③ 梅约翰（John Makeham）将此体译为“elucidation of the meaning”，颇洽。但我在第二卷第七章第三节所附“注疏体式一览表”中已用“elucidation”翻译“释”，故将其直译为“clearing-up-the-meaning”。关于此体的分析，参见本卷第二章第一节。

的时代，也是郑玄从经典诠释者变为被诠释者的时代。在中古经学史的宏大视野中，郑玄既是文本的支点，又是解释的圭臬。

这两种范式，即焦桂美所提炼的微观取径和华喆所洞见的长时段模式，都为我们研究南北朝时期的经学提供了参考，有助于我们对个别经学宗师及其学术与经说的重要性进行权衡。毕竟正如第二卷所说，我将关注领袖群伦的宗师，如果可能的话，关注其学术的内部运作。我试图强调新变，至少做出认真的尝试来维持以语文学（philological）研究为主，并揭示那些更关注以新颖的解释框架解读文本，而非保存或传播文本的经师的工作。是以我关注的是经学方法论和早期诠释学这一端，而非整个经学及其总体取向。毕竟，关于后者，焦桂美和华喆的成果相当卓越。

厘清重要经学家的工作有赖于几部重要的著作。除了此时代各种断代史中的儒林传以及经学大师别行的本传等基本史料以外，还有近世经学研究者，自皮锡瑞（1850～1908）、马宗霍（1897～1976）降至现代学者所作的选辑，他们自然会关注到开风气者与关键人物。在此我再举两种可补后汉至晚唐经学家的研究著作。首先是章权才《魏晋南北朝隋唐经学史》所附《魏晋南北朝隋唐经学家著述一览表》，条列所有经学著作的作者。[①] 其次，新近整理出版的晚清民国诗人、学者林山腴（1873～1953）的一部旧书稿中也曾追溯此间经儒的授受源流。他列出了《北朝经儒表略》，却称对于南朝经师难以列出这样一张表，因为其

---

① 章权才：《魏晋南北朝隋唐经学史》，第283～337页。

“尚玄论，故无授受源流可纪”。[①]

此卷中有两部隋唐的著述不可或缺。一部是唐朝官方主持编定的五经，题作《五经正义》。另一部重要的经学著述则是陆德明（约550～630）对经学训解和音注的集成，题作《经典释文》，共三十卷，用一卷或数卷分论一经。该书还收录了《老子》《庄子》两部道家经典。这两部具有开创性的学术著作将在第八、九章中详细讨论。

尽管这样宝贵的资料在我们南北朝经学的研究中有着压倒性的作用，但我们也不应忽略地域倾向的存在。陆德明的《经典释文》成于隋朝建立之前，几乎没有利用北方经师的经说。颜师古（581～645）所编的《五经定本》则基于南方各州流行的版本。尽管孔颖达吸收了古文《尚书》，《五经正义》仍被视作南学的产物。[②] 简而言之，自汉末经南朝，一直延续到隋唐的经学学统确保了南学的存续，然而北学却随着隋的大一统消亡了。南学特有的思辨诠释学，为发轫于唐代的疑经运动提供了肥沃的土壤，并最终大兴于10世纪的宋朝。

第二节　诠释学的再定义

文献学的衰落与诠释学的崛兴是本卷所涵盖时代的典型学术趋势。在此正好对“诠释学”再下定义并做说明。它通常用于一

① 童岭据南京大学中文系藏本转录整理，见童岭《南齐时代的文学与思想》，中华书局，2013，第173～175页。

② 上揭观点俱本许宗彦（1768～1818）《记南北学》，参见《鉴止水斋集》卷一，第6a页。《皇清经解》第八册，第9786页。

般意义上的对文本的解释，但也有专门的内涵。罗佩兹（Donald Lopez）在1988年出版的一部讨论佛教诠释学的会议文集的序言中，为人们进入这一学术领域打开了方便法门。

> “诠释学”这一术语在今天的《圣经》研究、哲学和文学批评领域中经常听到。它有各种各样的定义，包括翻译、注释、解释和理解等。出于本书的目的，诠释学将被宽泛地认为是为“意义的复得”（the retrieval of meaning）（特别是从文本）建立规范。诠释学绝不是一门新学科，繁复的诠释系统是犹太教拉比和早期神父们设计的。①

本卷与 the retrieval of meaning“意义的复得”（或“意义的提取”）的规范无涉，而与其具体过程相关。

自觉抽离出一系列基本规范以统御文本诠释，《四依品》（*Catuḥpratisaraṇasūtra*）就是诠释传统的一个突出例子。埃蒂安・拉莫特（Étienne Lamotte）对其有如下解说。

> 《四依品》在“依”（*pratisaraṇa*）的名义之下设定了文

① （罗佩兹）Donald S. Lopez，Jr.，ed.，introduction to *Buddhist Hermeneutics*（Honolulu：University of Hawaii Press，1988），p. 1. 在此次会议的临时报告中，罗佩兹（Donald S. Lopez，Jr.）以圣・奥利金（Saint Origen）为设计“繁复的诠释系统”的早期神父的代表，有趣的是奥利金只在这里有一次短暂的客串亮相。参见（罗佩兹）Donald S. Lopez，Jr.，“Buddhist Hermeneutics：A Conference Report，” *Philosophy East and West*，37（1987）：71－83，p. 71. 译者注：此书有中译本，〔美〕唐纳德・罗佩兹（Donald S. Lopez，Jr.）编《佛教解释学》，周广荣、常蕾、李建欣译，上海古籍出版社，2009，第1页。本段引文据英文新译，未径从周广荣等中译本中引用。

> 本解释的四个规则：（1）依法不依人；（2）依义不依语；（3）依了义经，不依不了义经；（4）依（直接的）智不依（推论的）识。正如将看到的，这部经的目的并不是以可靠评价的名义来指责一些文本诠释的方法，只是确保人的权威低于佛法的精神，语低于义，不了义经低于了义经，推论的识低于直接的智。[①]

佛教其他文本诠释的早期方法也已被确定并研究，如“方便”（*upāya*），即灵活的方式的运用，[②] 上座部佛教（指南传佛教）中的渐悟佛法，[③] 粟特僧康僧会（卒于280年）在东吴宣扬报应轮回思想时的适应策略，[④] 试图调和《华严经》与《易经》。[⑤]

至于说道家的诠释学，则应从比较河上公（汉代一位无名道家隐士之号）与王弼疏解《道德经》所用的诠释体系入手。前者

---

① （埃蒂安·拉莫特）Étienne Lamotte, “The Assessment of Textual Interpretation in Buddhism,” in *Buddhist Hermeneutics*, ed. Donald S. Lopez, Jr., pp. 11–27, p. 12. 译者注：中译题作《对佛教文本解释的评价》，见前文版本，第1~16页，此段在第2页。

② 参见 Andrew Mcgarrity, “Using Skilful Means Skilfully: The Buddhist Doctrine of *Upāya* and Its Methodological Implications,” *Journal of Religious History* 33 (2009): pp. 198–214.

③ 参见（乔治·邦德）George D. Bond, “The Gradual Path as a Hermeneutical Approach to the *Dhamma*,” in *Buddhist Hermeneutics*, ed. Donald S. Lopez, Jr., pp. 29–45（译者注：中译题作《渐悟：领悟佛法的一条解释学进路》，见前文版本，第17~32页）. 上座部传统中的诠释学的研究综述见 Veerachart Nimanong, “Hermeneutics in the Theravada Buddhist Texts: An Overview of Research,” *Prajñā* 11 (2010): pp. 73–87.

④ 参见（劳悦强）Yuet Keung Lo, “Destiny and Retribution in Early Medieval China,” in *Philosophy and Religion in Early Medieval China*, eds.（陈金樑）Alan K. L. Chan and（劳悦强）Yuet Keung Lo (Albany: State University of New York Press, 2008), pp. 319–356.

⑤ 参见（黎惠伦）Whalen Lai, “The I-ching and the Formation of the Hua-yen Philosophy,” *Journal of Chinese Philosophy* 7 (1980): pp. 245–258.

从益寿延年的角度阅读此经典，强调爱气养神，后者的注意力则集中于辨析有无、本末、言意等概念。[①] 另一对名气小得多的组合则是唐初道家学者成玄英（活跃于631年前后）和李荣（活跃于660年前后）。成玄英以兼具大乘佛教菩萨特点的圣人行径为规范，将《道德经》作为内修指南。李荣则将《道德经》作为善政的准则，其师法的圣人起着俗世帝王的作用。[②] 当然，这部经典的现代译者可以说从不同的诠释学理论框架出发，接近其整体意义，其中最突出的当然是刘殿爵（D. C. Lau）的理性视角和亚瑟·韦利（Arthur Waley）世界人类学的比较方法。[③] 其他较流行的还有如陈张婉莘（Ellen Chen）的女性建构、安乐哲（Roger Ames）和郝大维（David Hall）的超哲学化的翻译、梅维恒（Victor Mair）的梵学视角，以及迈可·拉法格（Michael LaFargue）译本将此经典用作冥想手册。[④]

---

① 此特征总结自 Alan K. L. Chan（陈金樑）的充分研究，参见 *Two Visions of the Way*：*A Study of the Wang Pi and the Ho-sang Kung Commentaries on the Lao-Tzu*（Albany：State University of New York Press，1991）。

② 参见（李可）Friederike Assandri，"Concepualizing the Interaction of Buddhism and Daoism in the Tang Dynasty：Inner Cultivation and Outer Authority in the *Daodejing* Commentaries of Cheng Xuanying and Li Rong，" *Religions*（2019）：p. 10，p. 66.

③ （刘殿爵）D. C. Lau，*Tao Te Ching*（Middlesex，England：Penguin Books，1963）；（亚瑟·韦利）Arthur Waley，*The Way and Its Power*（1934；repr.，New York：Grove Press，1958）.

④ （陈张婉莘）Ellen Chen，*The Tao Te Ching*：*A New Translation with Commentary*（New York：Paragon House，1989）；（安乐哲）Roger Ames 及（郝大维）David Hall，*Dao de Jing "Making This Life Significant"*：*A Philosophical Translation*（New York：Ballantine Books，2003）；（梅维恒）Victor Mair，*Tao Te Ching*：*The Classic Book of Integrity and the Way*（New York：Bantam Books，1990）；及（迈可·拉法格）Michael LaFargue，*The Tao of the Tao Te Ching*：*A Translation and Commentary*（Albany：State University of New York Press，1992）.

至于儒家传统中系统化的诠释规范，我只想参考研究相当透彻的新儒学，如北宋的道学，朱熹（1130～1200）的道统，以及王阳明（1472～1529）的心学。

上揭所有儒释道的诠释规范体系，都影响了此书中我对诠释学的定义。

根据一部著名的参考书，“诠释学，与解释活动相反，指的是解释的理论，而非其实践”[①]。如前所述，我更关心的是诠释的过程，而非诠释的规范。就我的目标来看，这个定义太过狭隘，它更像现代哲学中的诠释学，而不是一般的用法。相反，我对这一术语进行了更广泛的解读，并据新版《美国传统英语词典》（*The American Heritage Dictionary of the English Language*）“诠释的理论和方法，尤其是对《圣经》文本的诠释”的说法，方法论将会是我关注的焦点。[②] 诠释学通常和哲学文本的诠释相关，从这种用法来看，它是一个恰当的术语，用来形容南北朝时期经学注释试图完成的任务。因为似乎尽管经典文献自有其内在性质，无论是礼制、政治、伦理或类似方面，但它被“哲学化”的目的不是追求其原始意义，而是从中获得当下实用的信息，无论是道德、哲学、政治，或是社会。本研究将揭示重要经学家个性化的实用解经方法，

---

① Tilottama Rajan, “Hermeneutics. 1. Nineteenth Century,” in *The Johns Hopkins Guide to Literary Theory & Criticism*, ed.（迈克尔·格洛登）Michael Groden and（马丁·克雷斯沃斯）Martin Keiswirth (Baltimore: Johns Hopkins University Press, 1994), pp. 375－379. 译者注：此书有中译本，格洛登（Michael Groden）等主编《霍普金斯文学理论和批评指南（第2版）》，王逢振等译，外语教学与研究出版社，2011。

② *The American Heritage Dictionary of the English Language*, 5th ed. (Boston: Houghton Mifflin Harcourt, 2015), s. v. “Hermeneutics.”

并考察将其“哲学化”的创新尝试，所有这些都为中国经学带来了一种新兴的诠释方法。[①] 这场变革在梁朝时，随皇侃的论点而到达高潮。用梅约翰（John Makeham）的话说，要谨记的关键概念是努力采用“以注疏的形式作为哲学性注解的方式”[②]。

基于上述背景，那么我在本卷中将“诠释”定义为：试图通过一套施加的规范来解读文本，我们可以将其称为哲学或神学体系，这套规范受到某些文本的启发，但不一定以它们为基础，甚至不总是以它们为直接诠释的对象。毕竟，根据伽达默尔（Gadamer）所提出的流行概念，需要一套系统的规范来接近一个全面的诠释学“视域”，以便与无数读者聚集的“视域融合”。[③] 前面提到的宋明理学完备的哲学体系，可被视作是中国经学史上这种诠释学

---

① 关于中国诠释学的基本论题，有个短小精辟的切入点即（吴光明）Kuang-ming Wu, "Textual Hermeneutics and Beyond: With the *Tao Te Ching* and the *Chuang Tzu* as Examples," in *Classics and Interpretations: The Hermeneutic Traditions in Chinese Culture*, ed.（涂经怡）Ching-I Tu（New Brunswick: Transaction Publishers, 2000）, pp. 291 - 313. 更为深入的讨论参见这两部著作：李明辉编《儒家经典诠释方法》，台北：喜马拉雅研究发展基金会，2003，此书将诠释学解为一般意义上的诠释与哲学意义上的诠释；潘德荣的《文字·诠释·传统——中国诠释传统的现代转化》（上海译文出版社，2003）则更倾向于哲学诠释学。尽管有上述讨论中所有基于文本的例子，以及本脚注中三种著作的论述，但并不是所有诠释体系都致力于建立一种对文本的哲学解读；早期道教经典《太上老君说常清静经》的一个无名氏注本用佛教的口头布道方式劝人皈依，而非教化，参见（劳悦强）Yuet Keung Lo, "Daoist Simulated Sermonization: Hermeneutic Clues from Buddhist Practices," *Journal of Chinese Philosophy* 37（2010）, pp. 366 - 380. 至于可作比对的当代西方传教的珍贵案例，参见 Mary B. Cunningham and Pauline Allen, eds., *Preacher and Audience: Studies in Early Christian and Byzantine Homiletics*（Leiden: Brill, 1998）。

② （梅约翰）John Makeham, *Transmitters and Creators: Chinese Commentators and Commentaries on the Analects*（Cambridge, MA: Harvard University Asia Center, 2003）, p. 77, p. 80.

③ 关于“视界”的概念、作者与读者视界的融合，参见（伽达默尔）Hans-Georg Gadamer, *Truth and Method*（New York: Continuum, 1997）, pp. 302. 译者注，此书有中译本，即伽达默尔《真理与方法》。

体系中最显著的一种。采用一种完整的诠释学体系，是指读者根据该体系的原则和论点，而不是只靠措辞、语法、正字、文本历史之类的语言学事实，即文本依据来决定诠释的问题。周启荣（Kai-wing Chow）在特定背景下解释了这些特殊体系的动态变化。

> 入宋之后，随着南宋道学运动渐兴，一种新的经典组合——四书，取代了五经在儒家经典中的核心地位。尽管五经在儒经中仍然重要，然而其重要性依附于新兴的意识形态，正是这种意识形态使五经在儒家经典的核心地位上被替代。儒家经典中语言文字及文本层面的矛盾和歧异，为程颐、朱熹之伦道学家制定的规范所调和。[①]

我之所以说南北朝时期的诠释方法尚在“萌芽”，是因为尽管知识界中玄学和佛道信仰大兴，但当时任何哲学和神学体系都没有得到充分发展。显然，萌芽阶段的诠释系统和发展完全的诠释系统的分野既不固定也不易识别，是以我并不坚持捍卫、探索其特征。但不可否认的是，本书中所论述的各经师，与其说是思想家，不如说是学者，故而其所作贡献多在经学，而非使任何统一的哲学神学体系有了突兀的发展。

传统的中国人关注注释的构成，试图恢复文本的原意。本系列研究的第二卷的主题就是经的形成，值得注意的是，十三经中

① （周启荣）Kai-wing Chow，“Between Sanctioned Change and Fabrication：Confucian Canon（*Ta-hsüeh*）and Hermeneutical Systems Since Sung Times，” in *Classics and Interpretations*，ed.（涂经怡）Ching-I Tu，pp. 45－67，p. 48.

有三部是《春秋》的早期注释。[①] 然而在本卷涵盖的时代，有种描述思辨性诠释学兴起的方法称为“哲学性注解”。基于这一考虑，梅约翰（John Makeham）称皇侃（488～545）的《论语义疏》为“注释即哲学”。[②] 为实现对注释作用的新理解，梅约翰指出这个时代经文和注释间关系的演变，即“经文的权威为注疏的权威所取代”。

> 以《论语义疏》为例，这是通过限制阅读经文的可能性实现的，首先，承认一种基本注释的权威（何晏的《论语集解》）；其次，创造性地重释经文，主要通过折中汉人及汉以后的诸家注释。这也是朱熹《论语集注》以前，以哲学方式解读《论语》那类注疏模式中一个成熟的例子，它甚至预见了许多哲学发展进程中的重要议题，后来又为道学家们所继承，而非其自我作古。

文本与其读者之间总有距离。Tilottama Rajan 提出了下述几种距离产生的可能原因。

> （诠释学）最初是作为《圣经》研究的一个门类发展而来的，开始时处理的是文本与读者之间的距离所造成的意义模糊问题。不过，自 18 世纪晚期起，赫尔德（Johann Gottfried

① 韩大伟（David B. Honey），*History of Chinese Classical Scholarship*. Vol. 2，其《中国经学史》的第二卷副标题定为 *Canon and Commentary*（经与传），自然一定程度上也研究了注释的性质。

② （梅约翰）John Makeham，*Transmitters and Creators*：*Chinese Commentators and Commentaries on the Analects*（Cambridge，MA：Harvard University Asia Center，2003），p. 77.

> Herder）引入文化相对主义的观念，而《圣经》世俗化研究的扩张改变了人们的理解：《圣经》不但是经典，也是文本，因此，人们才逐渐从文化和历史的角度看待这种距离，而不仅是一个神学术语。①

除了文化、历史和神学的因素之外，我还要补充方法论、思维模式等其他因素，它们也是文本和读者之间距离的创造者。就中国经学而言，当注意力从经典转向注疏，一种距离——实际是一种批评距离（critical distance）随之而来，这最终允许那些受文本启发，但不一定基于文本的解释框架进入，包括起于中唐，日益浩大的疑经运动。作为义疏这一体式的主要倡导者，皇侃在这一过程中起着举足轻重的作用，堪比郑玄对文献学（factual philology）的发展的作用。

从方法论上讲，与文本的批评距离（critical distance）可以从两个方面来看待。一方面，小学家站出来客观地查考文本的著录情况，进行必要的文本校勘，尽可能恢复文本的原始面貌。另一方面，诠释学家超越了文本知识中众所周知的传统或现实意义，以个人的诠释框架主观解读文本，阐明其中至今未被发现或重视的信息。② 无论是正式的方法论，还是未被承认的思维方式，这个新

---

① Rajan，"Hermeneutics. 1. Nineteenth Century，" p. 375.

② 据罗浩（Harold Roth）采自 Vincent Dearing 的术语词汇，"一个'文本'（用信息论的说法是'信息'）是作者创造的独特的思想综合体。文本的'状态'是文本分析得到的文本的各种抽象形式。文本的'著录'是文本体现的物理和历史形式。'版本'是对文本的一种独特记录"。参见（罗浩）Harold Roth，*The Textual History of the Huai-Nan-Tzu*（Ann Arbor：Association for Asian Studies，1992），p. 385. 更多信息参见（罗浩）Harold Roth，"Text and Edition in Early Chinese Philosophical Literature，" *Journal of the American Oriental Society* 113（1993）：pp. 214 – 227.

的框架可能不再基于儒家道德规范或社会政治需要，而持相对或相反的立场，如新道家的颠覆性解读以适应一个混乱的时代，此时儒学提供的解决方案越来越受到限制，又比如在哲学思辨盛行的思想氛围中，玄学的误读更为自由。文献学家与诠释学家有一个主要共性就是批评距离（critical distance），它表明了学术的成熟，文献学家中北方经学家熊安生，诠释学家中南方经学家皇侃的学术著作对此进行了解释。文本就是经学家协调其身份分歧的地方，而关注点的变迁是决定性因素，更倾向文献学家的文本，或是转向诠释学家的思想领域。

以下我举的两个例子试图说明注家在选择解经方法时有多大自由，而不必将其方法视为正式的解读。通过这些例子，我试图展示什么是训诂——即诠释的方法，而不一定达到完全成型的文本诠释系统的程度。

案例一：《儒林外史》

第一个例子是对18世纪吴敬梓（1701～1754）所作小说《儒林外史》的解读。[①] 1988年，安敏成（Marston Anderson）在一次会议上对这部小说做了重估，1997年首次发表于一份不太为人所知的出版物中，1998年则正式地发表。[②] 他对这部小说两种

① 《儒林外史》题目的标准译法是“The Scholars”（译者注：作者用的是“*Unofficial History of the Grove of Confucians*”），用这种更为直译的方式是为了强调对原作讽刺的赞同，因为许多朝代正史中都有儒官及学者的合传“儒林传”（“Grove of Confucians” collective biographies），本书就分析其中七种。

② （安敏成）Marston Anderson，“The Scorpions in the Scholar's Cap：Ritual，Memory，and Desire in *Rulin waishi*，” in *Culture and State in Chinese History：Conventions，Accommodations，and Critiques*，eds.（胡志德）Theodore Huters，（王国斌）R. Bin Wong，and（余宝琳）Pualine Yu（Stanford：Stanford University Press，1998），pp. 259－276.

主流传统解读的概括如下。

> 晚清和五四时期的文学家、批评家牢固地树立起了吴敬梓的《儒林外史》作为中国文学巨著之一的美誉。然而与此同时，就算他们对这部小说的解读没有直接讹误，但似乎也有局限性。胡适率先指出，楔子中王冕对明朝科举制度的谴责是“全书的宗旨”，鲁迅也同样对这部小说批判社会印象深刻……这些观点与18～19世纪评点者的观点有所不同，他们认为这部作品的主题不在王冕对考试制度的责难中，而在小说的开篇诗中，作者哀叹人们野心的虚妄（特别是对功名富贵的追求）。就早期的批评家看来，这部小说是从传统儒家伦理的立场出发，对人类一切执着追求、自命不凡行为的一次广泛抨击。[①]

正如预料的那样，安敏成（Marston Anderson）给出了自己对这部小说的全面解读：它关注的是在一个受现世与历史限制的世界里，考察道德倾向与理想实践间的差距。[②] 他总结道：“《儒林外史》是在一个历史阶段出现的，当时人们有种新的需要，那就是根据社会生活中最平凡的现实，甚至是历史本身来权衡礼仪。”[③]

---

① （安敏成）Marston Anderson, “The Scorpions in the Scholar's Cap: Ritual, Memory, and Desire in Rulin Waishi,” pp. 259－260.

② （安敏成）Marston Anderson, “The Scorpions in the Scholar's Cap: Ritual, Memory, and Desire in Rulin Waishi,” p. 275.

③ （安敏成）Marston Anderson, “The Scorpions in the Scholar's Cap: Ritual, Memory, and Desire in Rulin Waishi,” p. 275.

对此小说，商伟提供了另一种以礼为基的解读。他给出的解读范式如下。

> 在所有18世纪的章回小说家中，吴敬梓是最关注当时思想学术问题的一位。作为南京文人圈内的一个活跃分子，他参与了关于儒家经典和礼仪的持续讨论……吴敬梓力图将这些问题融入对儒家礼教困境的动态、批判的反思之中，而《儒林外史》就是他胜利的明证。
>
> 以儒家礼仪为其关注的中心，《儒林外史》构成了思想学术和小说叙述会聚的焦点，但这并不等于说它是一部图解礼仪主义的文学作品。相反，它批判、反思的能力奠定了白话叙事的笔力。在这部小说中，吴敬梓同时又表达了对当代政治生活和社会实践的微妙而复杂的理解和想象，这显然超出了当代儒家礼仪主义者的视野。对文人日常生活的潜心观察使吴敬梓得以勾勒出一个广阔的视域来阐释礼仪主义的问题关注，而他所采用的叙述方式则在礼仪主义者（比如颜元[①]）所不能企及的更深的层面上，展现出儒家世界的危机，并且暴露了他们观念和表述中的盲点、缺漏、前后不一、言不及义，以及意味深长的缄默……它表明了在中国遭遇西方挑战之前，局内人对儒家思想的批评究竟选取了怎样的路

---

① 颜元（1635～1704）是一位儒家思想家，反对心性之学与朴学考据，强调实学与礼仪。梁启超引用其教诲语“习行于身者多，劳枯于心者少”以概括其取径，参见梁启超《清代学术概论》，（徐中约）Immanuel C. Y. Hsū 译本，*Intellectual Trends of the Ch'ing Period*（Cambridge，MA：Harvard University Press，1970），p. 41.

径，并且最终能走多远。[①]

案例二:《圣经》诠释、文本考订与《约翰福音书》

第二个案例源于《圣经》诠释学。对《圣经》的文本考订，先是《旧约》，而后《新约》，一直是西方经学研究的一个组成部分。事实上，《圣经》研究直到 18 世纪才从古典学（study of classics）中分离出来，成为独立学科。以现代文献学的创始人弗雷德里希·沃尔夫（Freidrich Wolf，1759～1824）[②] 为例，他借鉴了考订《圣经》文本的文献学传统，创建出自己研究《荷马史诗》的方法体系，安东尼·格拉夫敦（Anthony Grafton）指出，《旧约》研究向沃尔夫示范了如何复原古代的校订本，《新约》研究则示范了如何利用他们。[③]

在本系列的前一卷中，我已经介绍了语文学的学科，[④] 在此

---

① 商伟（Shang Wei），*Rulin waishi and Cultural Transformation in Late Imperial China*（Cambridge，MA：Harvard Yenching Institute，2003），p. 13. 译者注：此书有中译本，但译本"有的地方改动甚多，或涉及表述，或与内容有关"，"与英文原著比较起来已经有了很大的不同"，上引文即与中译本有差异，除明显差异外大都径从译本，见商伟著《礼与十八世纪的文化转折：〈儒林外史〉研究》，严蓓雯译，生活·读书·新知三联书店，2012，第 15、16 页。

② 译者注：弗雷德里希·奥古斯特·沃尔夫（Freidrich August Wolf）是德国古典学家，被称为现代语文学的奠基人，著有《荷马史诗绪论》，参见约翰·埃德温·桑兹（John Eduin Sandys）著《西方古典学术史》（第三卷），张治译，第二十八章《沃尔夫及其同时代人》，上海人民出版社，2021。

③（安东尼·格拉夫敦）Anthony Grafton，*Defenders of the Text：The Traditions of Scholarship in an Age of Science*，1450 – 1800（Cambridge，MA：Harvard University Press，1991），p. 241. 译者注：安东尼·格拉夫敦（Anthony Grafton），美国普林斯顿大学校级特聘历史讲座教授，专研文艺复兴时期欧洲文化史、书籍与阅读史等，中译本著作有《脚注趣史》《染墨的指尖》。

④ 韩大伟（David B. Honey）：《中国经学史·秦汉魏晋卷》第二卷第五章，社会科学文献出版社，2019。

我只再补充些《新约》对文本考据发展的贡献，以引入关于诠释学前身——训诂学的讨论。

曾在新泽西州麦迪逊市的德鲁神学院（现德鲁大学神学院）任希腊文《新约》教授50年之久的牧师 Henry Anson Buttz 博士（1835～1920），他当然不是古典学者，但作为古希腊文献的教授，在其研究和备课过程中，他自然进行了初步的文本考订，他曾敏锐地将文献学、训诂学的不同阶段及其实践者划分如下。

> 第一等是文本解经者，即那些特别强调文本或者说较初级考订的人。第二等是文法解经者，他们的注释特别关注语言中的细微表达，其在语助词（particles）、语气、时态，乃至任何涉及表达方式的方面都高度准确，无论是多么细微……第三等可称作文献学、历史学的解经者……每位注者都有深厚的文献直觉和敏锐的历史感，使得他能够准确、清晰地平衡二者。第四等是神学、义理解经者。然而这类注者并未把自己的全部精力都投到文献学问题中，而是特别强调神圣作者的神学假设，并在很大程度上致力于神学思想体系的建构。这两个特点在《保罗书信集》的讨论中尤有价值，尤其是在《罗马书》和《加拉太书》中。[①]

尽管并不一定适用于所有类型的文本考订和各种语言形式，但

① Charles Fremont Sitterly ed., *Henry Anson Buttz: His Book. Lectures, Essays, Sermons, Exegetical Notes* (New York: The Methodist Book Concern, 1922), pp. 131－132.

这仍表明了一位致力于希腊文《新约》研究的文献学者的态度。

早在300年前，格拉修（Salomon Glassius，现代名Salmon Glass，1593－1656）就概括了新教徒倾向的解经方法，他关注的并非解经过程，而是对研究至关重要的范畴。格拉修在其1623年于汉堡出版的《圣典语言学》（*Philologia Sacra*）一书中罗列了考察任一圣典历史根源（circumstantiae）的七个重点：它的作者或演讲者（quis）、作者和听众的位置（locus）、作者和听众的时间（tempus）、特定的话语场合或动机（impellens）、话语的文体特征（modus）、文本所倡导的观点（scopus），以及文本是否可以作为某种教义的基础（sedes doctrinae）。[①] 像《圣经》这样的一部书面圣典，其独特之处在于既需要通过前五个范畴来进行历史研究（和语言学上的处理，补充一下），又需要作为一部经典和权威的书籍来进行文学鉴赏和诠释学解释，这是最后一个重点的范畴。

下列标题暗示出这一领域专业文献学者基础研究的典范类型："《马太福音》第11章25节/《路加福音》第10章21节"、"《约翰福音》第1章18节的文本变动与翻译"、"《使徒行传》的文本：一个文学批评问题"、"正字与神学：《罗马书》第5章1节及其他地方Omicron-Omega的互易"、"两部《哥林多书》第5章3节的窜入与脱落"、"《新约》的猜想修正"。[②] 这些标题似

① 这些重点的特征表述见于Christopher Bultmann，"Hermeneutics and Theology，" *The Cambridge Companion to Hermeneutics*, ed. Michael N. Forster and Kristin Gjesdal (Cambridge: Cambridge University Press，2019)，pp. 11－36，pp. 13－14.

② 所有的这些标题都选自Eldon Jay Epp and Gordon D. Fee，eds.，*New Testament Textual Criticism: Its Significance for Exegesis: Essays in Honor of Bruce M. Metzger* (Oxford: Clarendon Press，1981).

乎令人望而生畏，而且对外行读者的吸引力也极为有限，除非某人对核心文本的实际考订情况非常感兴趣，或是渴望更好地掌握某段经文的阅读技巧。但是优秀的 Henry Anson Buttz 牧师关于文本考订的连续性过程确实走向了神学和义理上的解经，这强调了一个显而易见的观点，即文本考订应该成为文本解释的基础，除非语言学家的天赋兴趣允许一个人满足于止步于此，或诠释学的思维方式允许一个人从外部的理论体系和语言学的旁路来研究文本，否则这一推断是正确的。

基于邓肯·弗格森（Duncan Ferguson）作品的全面概括，[①] 我对《圣经》诠释学中形成发展框架的主要人物做了一个简单评述，尽管我对是否将诠释学这一术语的机械意义孤立地运用到前代学者的解释方法上感到犹豫。我还列举了一些指导其解经方法的重要思想观点。

亚历山大时代的奥利金（Origen，约 185 – 约 254）被认为是圣保罗（St. Paul，约 5 – 64/67）到圣奥古斯丁（St. Augustine）之间最伟大的基督神学家，“希腊解经学的源头”[②]。奥利金也是《圣经》寓意诠释法的领军人物，一直到中世纪末这种方法始终占据着主导地位。寓意要么是自然的，涉及上帝和物质世界的本

---

① （邓肯·弗格森）Duncan Ferguson, *Biblical Hermeneutics: An Introduction* (Atlanta, GA: John Knox Press, 1986)，特别是第 7、8 和 9 章。其他的诠释学者以保罗·利科 [Paul Ricoeur (1913 – 2005)] 及其语言哲学为收束，在此不作综述。译者注：保罗·利科，法国哲学家，专研现象学、诠释学等，中文译著有《解释的冲突》《从文本到行动》等。

② Thomas P. Scheck trans., *Origen: Commentary on the Epitstle to the Romans, Books* 1 – 5. *The Fathers of the Church: A New Translation* (Washington DC: The Catholic University Press, 2001), p. 103.

质；要么是伦理的，涉及人类和责任。奥利金借用但超越了希腊柏拉图主义者的思想，他认为《圣经》的每一个单词和字母都有寓意，这些寓意通过神秘的符号表达，理解这些的关键是基督的生平和作品。因此奥利金能诠释出《圣经》的字面及其中隐藏的真义。寓意诠释法为马丁·路德（Martin Luther）的卓越影响扫除，路德用一种被弗格森称为“文法－历史”的方法重新解释了历史。语言与历史的结合，揭示出经文的字面含义。路德与其他改革者一样，将经文而非教会视为解释的权威。19 世纪历史方法的成熟，使《圣经》诠释摆脱了宗教改革时期所遗留下来的形而上学与教条主义的泥淖。在这一时期，《圣经》诠释学之父弗里德里希·施莱尔马赫（Friedreich Schleiermacher，1768－1834）认为有必要超越机械运作的历史考证原则，以直觉和想象的形式诉诸理论指导，对创作行为进行富于想象力的再现。这将使解释者能够与作者共情，从而推断出文本的含义。在这些见解的基础上，威廉·狄尔泰（Wilhelm Dilthey，1833－1911）又提出有必要把每一个历史事件视为人类精神的影响。

施莱尔马赫与狄尔泰所提倡的对完全依赖文本与历史背景的背离，基本上使相关研究从客观领域走向了思想领域，这在很大程度上开启了后来思想家更为复杂化的理论研究。正是在这一点上，马丁·海德格尔（Martin Heidegger，1889－1976）和鲁道夫·布尔特曼（Rudolf Bultmann，1884－1976）颇有建树。海德格尔的诠释学包括三个阶段，首先是需要根据人类的自我理解来解释文本，尤其是所谓的“前理解”——“一个人对现实的感知和理解及其所带来的假定和观点”。其次，摒弃“前理解”的观念，转而相信接受者应该就文本本身进行解读。最后即解释者把文本的语言视为存在的语言。换句话说，语言必须被视作一种本体论和存在论现象。布尔特曼的出发点是海德格尔的第一阶段，即以自我理解作为诠释的关键。他还进一步抽离语言，回到了一种先于语言的理解，因而比语言更真诚，诠释者最终必须重拾作者对存在的体验。

最后两位人物将我们引向"新诠释学"阶段，杰哈德·艾伯林（Gerhard Ebeling，1912－2001）和恩斯特·弗希（Ernst Fuchs，1903－1983）都是布尔特曼的学生，他们利用布尔特曼的思想来阐述诠释学，其特征是理解上帝曾经宣布在文本中的话语如何转为新的宣道，这个"道"是口头的，不是书面的，它关注的是通过语言发生的事情，所有的一切都是为了消除信仰的障碍，从而更新信仰。这使得诠释学相较于劝诫式的说教，少了以理论为基础的阅读需求。

这种评述尽管更多是启发而非实质性的，但至少确定了一些重要人物并引用了一些指导思想。关于《圣经》中各种宗教、历史、礼仪、文学和法律文本的解释，三卷本的巨著《圣经诠释史》（*A History of Biblical Interpretation*）充分展示了各种不同的方法和丰富的想象力。[①] 但它没有深入研究施莱尔马赫以外的现代

---

① Alan J. Hauser and Duane F. Watson eds., *A History of Biblical Interpretation*, 3 vols. (Grand Rapids, MI: William B. Erdmans Publishing, 2003－2017). John Barton ed., *The Cambridge Companion to Biblical Interpretation* (Cambridge: Cambridge University Press, 1998) 提供了一个更为简略的介绍，这份《圣经》诠释学的标准手册跳过了历史上的诠释学派，径自非护教式诠释学讲起，这一介绍仍然有参考价值，尽管对现代诠释理论的完善来说已经过时了。Milton S. Terry, *Biblical Hermeneutics: A Treatise on the Interpretation of the Old and New Testaments* (Grand Rapids, MI: Zondervan, 1974).

人物，因此并没有将我们带入成熟的诠释学领域，尽管弗格森将奥利金和路德的解释体系描述为诠释学。《圣经诠释史》中所涉及的历史解释学派也不符合我对诠释学的定义，即一套系统化规范的运用。

在这里，我将介绍三位早期的教会神父，以展示与本卷内所涉中国经师大约时代的西方同侪在文本注释上的各种可能性。早期的教会神父在相同的时期内关注着同一部文本，我挑选了其中重要且具有代表性的三位，以研究他们对《罗马书》的不同处理方式。这部圣保罗最具影响力的书信集为我们对比三位同时代经师的研究方法提供了切入点。[①]

第一位被举例的教会神父是奥利金。奥利金的解经方法见于他的《论首要原理》（*On the First Principles*）。（1）利用犹太人的训释以及同时代犹太教的传统，包括斐洛的解经学，阅读非七十士本的希腊文译本；（2）根据犹太教训释所强化的字面义的解释；（3）以及个人化的“灵性”解读，即所谓的寓意诠释法。此外，奥利金在“灵义”层面批评了过于直白的犹太传统。其总体框架是“属体的犹太人”，“犹太教的字面解经”与其文化、宗教对立的“属灵的基督徒”“基督教的以灵义解经”之间的对比。这就解释了为什么奥利金强调《哥林多前书》第 10 章第 18 节

① Joseph A. Fitzmier 阐述了保罗这些信对基督教会所起的绝对不可或缺的作用：“《罗马书》在基督教历史上所起的作用表明它是保罗著作中最重要的作品，即使不是全部《新约》。这些信对基督教历史的影响是无法估量的，一代又一代的注释者试图解释它，并使它为他们这个年龄的人所理解……事实上，人们几乎可以通过考察《罗马书》被解读的方式来概述基督教神学史。”Fitzmyer，“Romans：A New Translation with Introduction and Commentary，” *Anchor Bible*（New York：Doubleday，1993），XIII.

"你们看属肉体的以色列人"是其解经方法的关键，因为其中隐含了"你们看属灵的以色列人"的推论。①

对我们的目标有所帮助的第二位教父是亚历山大的克莱门特（Clement，约150－约215），他似乎是继保罗之后，最早考虑犹太人获得救赎可能性的权威之一。这一显著特征被 Michael Joseph Brown 纳入对其整体解经方法的简介中并概述如下。

> 他代表了早期基督教神学的一个分支，主要是亚历山大时代的神学，试图以一种有意义的方式将希腊化的犹太主义与希腊罗马哲学结合起来。它展现了知识与历史力量的交会并最终使人们相信，基督上帝创造了一个寻求克服长期存在的种族宗教分歧的机构——教会。克莱门特关于犹太教的论述代表了对保罗《罗马书》的一种解释，这种解释缓和了非犹太基督教徒逐渐走向取代主义的趋势。②

最后一位被征引的是里昂（古卢格杜努姆）主教爱任纽（Irenaeus，约130－约215），他的著作《驳/辟异端》（*Adversus haereses* 译作 *Against Heresies*），有助于界定与捍卫基督正统。艾雷

① Ruth Clement, "Origen's Readings of Romans in Peri Archon: (Re) Constructing Paul," in *Early Patristic Readings of Romans*, ed. Kathy L. Gaca and L. L. Welborn (New York: T & T Clark International, 2005), pp. 159－179.

② Michael Joseph Brown, "Jewish Salvation in Romans according to Clement of Alexandria in Stromateis 2," in *Early Patristic Readings of Romans*, ed. Gaca and Welborn, pp. 42－43. 顺便说一句，"取代主义"是基督教教义，即上帝和犹太人之间的旧约被通过耶稣基督缔结的新约所取代。

尼厄斯尚存的第二部作品《使徒教训释义》（Epideixis 译作 *The Demonstration of the Apostolic Preaching*）试图使保罗所谓的“外邦使徒”合法化，以为普世教会所用。在后一部作品中，艾雷尼厄斯试图证明，包括保罗在内的使徒们宣布基督是被律法和先知预言的。[①]

虽然与中国南北朝时期的经师相比，奥利金、克莱门特和爱任纽要早一两个世纪，但在自由选择个人方法训释文本方面，他们表现出了同样的创造性。我的例子是以他们对《罗马书》的处理为中心，但他们的著作并不局限于此。一如前文所举《儒林外史》的例子，为了应对不断变化的政治环境、社会问题以及思想与宗教领域的重点事项，诠释者完全有理由从他们所重视的文本中寻求新的方法。这种寻求在本卷中的广泛出现并不能说其脱离了语文学的范畴。其实早在中国中世纪早期，新兴诠释学即以解释文本特定章节诠释框架的形式出现，这种诠释框架源于当下的哲学关注而非具体的文本语境。事实上，这些框架尚未完全充实为包罗万象的系统，且总是有限地用于部分文本，这也是我将其定义为新兴的原因。

正是在后来的宋、元、明三代，哲学化的诠释框架实现了其最充分的系统化，全部文本都得到了广泛关注，充分远离了从字面诠释经典的文本。然而，注经者们对整个文本的关注程度最广的同时，却是与其字面上试图阐释的文本距离最远（maximum

① 参见 Susan L. Graham, “Irenaeus as Reader of Romans 9 – 11: Olive Branches,” in *Early Patristsic Readings of Romans*, ed. Gaca and Welborn, pp. 87 – 113.

distances）的时候。误读、暴力阅读或颠覆等常用以描述诠释学任务的术语表明，利用诠释学来恢复经典对某一时期读者及注家的意义，比经典本身更能揭示出这些在正统儒学之外的领域产生的解释框架。当然，诠释学确实揭示了旧文本对现代读者可能具有的新的现实意义，但将这种现实意义追溯到古代读者身上则是一种误导且不合时宜。正因为如此，在本卷的结尾我们结束了对新兴诠释学如何处理经典的探索，而留给更契合的哲学家和思想史家去研究。这也证明我们跨过宋、元、明，而以清初顾炎武（1613～1682）的传奇生涯为线索，直接续以衰微而容易被忽略的清初小学的研究探索是正确的。

第二章

南朝学术（I）：宋、齐

南朝宋（420～479）、齐（479～502）、梁（502～557）、陈（557～589）四代竞逐相续。它们都定都于建康，在重复得有些乏味的权臣或宗室篡位的基本模式之外，又各有些差异。京城建康的文化辉煌、历代的文学成就，与官僚政治固有的软弱及其各部分的自行其是形成了鲜明的对比。此时期内，每到强大集团、短命王朝兴衰的转折点，道教本体论中不可避免的循环，以及佛教认识论中特有的生命终极无常就凸显出来。在这个分裂的时代，经学的故事仍在继续，但不甚依赖仿佛万花筒般、充斥着迷乱与幻灭的政治形势。尽管如此，我们还是根据政治时期的划分，将这一时期的经师归为两类，先是经学相对沉寂的宋、齐时期，再则是经学臻善至美的梁、陈时期。通过官方或半官方的资助，南朝的各帝国为学术注入了活力，使之达到了一个新的高度。

人们普遍认为，在梁以前，南朝经学是不发达、不起眼的。宋、齐、梁、陈四代正史中，仅后两种有《儒林传》，这更佐证了此消极的共识。关于这一观点，最为权威的表述见于隋代史家姚思廉（557～637）所作《梁书·儒林传序》。姚思廉的父亲曾在陈朝为史官，姚思廉吸取了他的部分书稿，并继承了其父对宋齐经学表面上衰微的隐约看法。

> 江左草创，日不暇给，以迄于宋、齐，国学时或开置，而劝课未博，建之不及十年，盖取文具，废之多历世祀，其弃也忽诸。乡里莫或开馆，公卿罕通经术，朝廷大儒，独学而弗肯养众，后生孤陋，拥经而无所讲习。三德[①]六艺，其废久矣。[②]

姚氏的论点大旨无差，但他确实低估了梁以前的零星成就，从而否定这一时期对梁朝经学兴起有任何贡献。[③] 焦桂美却总结出了宋齐时期经学的有限进步，正是其孕育了稍后梁朝经学的成就：(1) 恢复国学，虽“时或开置”，却提高了经学在士人心目中的地位；(2) 尊师重经；(3) 帝王多注重以经学教育子孙。[④] 因为我关注的是经学的发展，涉及文本校勘和注释，而非关于经学的制度，所以我们只对代表性的经师及其著作进行仔细的研究，至

---

① 关于“三德”的出典，我已找到了两种可能的来源。其一见载于《尚书·洪范篇》，为洪范九畴之一。三德即如下述，“一曰正直，二曰刚克，三曰柔克”，系用于治民，见《尚书正义》卷十二，第15a页。另一个更可能的学术语境见《周礼·地官·师氏》，“师氏。……以三德教国子，一曰至德，以为道本；二曰敏德，以为行本；三曰孝德，以知逆恶”，见《周礼注疏》卷十四，第2b页。

② 《梁书》卷四十八，第661页。

③ 最近有部合著的中国经学史在概括宋齐经学时就仅引用了姚氏否定的序文，然后迅速转向梁武帝，详见吴雁南、秦学颀、李禹阶主编《中国经学史》，台北：五南图书出版公司，2005，第154页。

④ 焦桂美：《南北朝经学史》，第192～198页，第198～204页还分析了宋齐两朝为梁朝施行的具体政策铺平道路所做的具体贡献。

于制度的发展只是偶有提及。我将会谈及四位经师，两位是刘宋的经学大师，两位是南齐的经学大师。

第一节　刘宋经师雷次宗

本人所作经学史系列《中国经学史》的第二卷《秦汉魏晋卷：经与传》以东晋经师范宁作结，关于《春秋穀梁传》，他作有卓越的注疏。我们从与范宁同时代而年龄稍小的雷次宗（386～448）开始继续经学的故事。东晋亡后，雷次宗进入依然建都于建康的新朝，他是那个时代最负盛名的经师，至少在南方如此。在当时依旧流行的礼学研究领域，雷次宗宗郑，常与郑玄并称，享有同等声誉。① 因此，关于南北经学的差异，他提供了一个直接而有效的对比点，或者说他是一个罕见的北方学术理路在南方学界运作的例子。尽管如此，正如下面的分析所揭示的，雷次宗在其他方面是一个典型的南方学者，就像第一章描述的那样，其思想来源复杂多样，兼有儒佛，其扮演的角色亦然，在不同的时间、地点，或是超然的隐士，或是入世的儒家经师；其文风颇具吸引力，而他治学课徒也集中立足于京城。

第一章难以将经师的谱系贯通，这一事实揭示了南方经学的复杂性，这点在刘宋第一位名儒雷次宗身上尤为明显。《宋书》将其列入《隐逸列传》，与陶潜（约365～427）这样典型的田园隐士、风雅寒人，以及其他以“贤人在世，事不可诬”，间或

---

① 皮锡瑞：《经学历史》（经学丛书初编本），中华书局，2008，第167页。

“盖逸而非隐”的传奇隐逸之士并列。[①] 就雷次宗而言，其“事业”，即他在经学各方面的贡献颇受质疑。[②]

雷次宗生于豫章郡南昌县（今属江西中部）。豫章郡是东晋时期的经学中心，范宁曾在此任官，范氏家学也得以在此传播。雷次宗的隐士身份与经学成就在其本传中尤为凸显。

> 雷次宗字仲伦，豫章南昌人也。少入庐山，事沙门释慧远，笃志好学，尤明《三礼》《毛诗》，隐退不交世务。本州辟从事，员外散骑侍郎征，并不就。[③]

上引说明之后就是雷次宗给其子侄写的一封长信，解释其何以超脱俗务。关于此信无需多加阐释。

本传介绍了雷次宗对于京师经学的贡献，包括教学、治学。

> 元嘉十五年（438），征次宗至京师，开馆于鸡笼山，聚徒教授，置生百余人。会稽朱膺之、颍川庾蔚之并以儒学，监总诸生。[④] 时国子学未立，上留心艺术，使丹阳尹何尚之

① 《宋书》卷九十三，第2276页。

② 从雷次宗开始，所有得到了长期训练的经师都应该被视作全面参与了经学研究，而不是仅开始了预备性或初步的习经（classical learning）。换言之，“习经”一词将不再使用。

③ 《宋书》卷九十三，第2292～2293页。本传见《宋书》卷九十三，第2293～2294页，又见《南史》卷七十五，第1867～1868页。其文现存者见严可均（1762～1843）辑《全宋文》，见《全上古三代秦汉三国六朝文》（全四册）第三册，中华书局，1987，第2596～2597页。

④ 本系列《中国经学史》中，本节以外朱膺之不会再出现，庾蔚之则会在下文第二节中单独论述。

> 立玄学,[①] 太子率更令何承天立史学,[②] 司徒参军谢元立文学,凡四学并建。车驾数幸次宗学馆,资给甚厚。又除给事中,不就。久之,还庐山,公卿以下,并设祖道。

我们注意到,玄学、史学、文学同经学一道受到了皇帝的资助,这样多元的学术取径自然稀释了经学知识的“基因库”,但这也反映了当时学术思潮的发展趋势,即理论兴趣广泛多样,学派间借鉴交融。雷次宗就是一个典型的例子,他少事名僧释慧远(334~416)。年轻的释慧远先是吸收了著名注家郭象(卒于312年)所注道教经典《庄子》的思想,而后对《老子》也颇为喜爱。作为净土宗的创始人,释慧远最为人所知的成就即其惊世骇俗的《沙门不敬王者论》。他在庐山建起东林寺,雷次宗即受教于此。释慧远还讲授当时儒学关注的核心文本《仪礼·丧服》(the

---

① 何尚之(382~460)系庐江郡灊县(今属安徽)人。作为当时的重臣,他成就颇大,死后亦有追赠。例如,他曾任国子祭酒。此外他也是个多姿多彩的人物,当时就有许多流言轶事,百代之后仍能为后人所赏。他当然修习过经学,但作为一名顺应时人玄学兴趣的思想家,他留下的多是恶名。他立宅建康城南郭外,置玄学馆,聚生徒。详见其本传,载《宋书》卷六十六,第1732~1739页;《南史》卷三十,第781~785页。

② 何承天(370~447)系东海郡(今属山东)人,是数学家、天文学家、史学家和思想家。他是徐广(352~425)的外甥,其母徐氏为徐广姊,聪明博学,因此其幼渐训义,得授儒史。何氏历任官职中最显赫的为御史中丞,他不但建立了史学馆,还在442年国子学初立时以本官领国子博士。他改订了当时的新历《元嘉历》;出于经学研究的兴趣,他又将八百卷的《礼论》删减并合为三百卷,更便检读,参见《隋书》卷三十二,第923页之著录。本传见《宋书》卷六十四,第1701~1711页,及《南史》卷三十三,第868~870页,其文集有重辑本,见张溥(1602~1641)辑《汉魏六朝百三名家集》(全六册)第三册,台北:文津出版社,1979,第2497~2535页;亦可参《全宋文》的辑佚,第2556~2569页。

"Mourning Vestments" chapter of the *Ceremonials and Rituals*[①])，在当时这并不奇怪，而雷次宗自己为此篇所作的注解，《略注丧服经传》无疑颇承其师之教。

一　《略注丧服经传》

众所周知，礼学在晋代成为显学，且这种趋势贯穿整个南北朝。不太为人所知的是其流行的原因，郑玄礼学体系的流行所产生的知识惯性（Intellectual inertia）仅是部分原因，更为坚实的依据只能从外部因素来找，好在今人章权才已经给出了这些因素，就像其所著另外几部经学史一样——解释了经济、政治、人口状况对于两汉经学兴盛或是促进，或是阻碍的作用，章氏此部跨越魏晋至唐漫长时段的著作也揭示了这些因素。他的论证主要围绕世家豪族的影响。接连不断地逃离纷乱的北方涌入南方的流民们以及随之产生的人口流动展开。这些豪族为了保护其自身利益，当然会与竞争宗族及新移民们对抗。权势的特殊与文化的优越感正是通过典礼仪式等相关活动，尤其是在丧礼及丧服中得以高度彰显。仪礼能彰显宗族的纯洁和优越性，是维护社会地位的重要辅助手段，而门第在九品中正制的运行中发挥着作用。与北方礼崩乐坏，礼法多求诸佛教而非儒家相比，南方则较为安定，继承了传统的礼法，在仪礼方面更经得起检验。[②] 因此，除开可能存在的对此问题原有的兴趣外，"三礼"研究显然是有直接的现实作用的。

---

① 此篇一般用斜体字表示，以表明其是一篇独立的作品，并可单篇独行。

② 章权才：《三礼之学——东晋南朝时期世家豪族的显学》，收入氏著《魏晋南北朝隋唐经学史》，广东人民出版社，1996，第 175 ~ 178 页。

在这些礼学经典中，别行的《丧服》既有现实中的重要性，又有经典的典范意义。[①] 在这个漫长的时段里，关于《丧服》有大量研究：自汉代开始，先有三部著作，其后魏有三部，吴有一部，晋有八部，为历代之最，宋有六部，而齐只一部。[②] 尤其是在雷次宗所处的晋宋两代，其所受的关注达到了巅峰。雷次宗关于此经典文本的研究，自然也是顺应了当时的思想潮流。

释慧远的传记记载了他两位弟子关于此注本来源所进行的如下争论，颇具启发性。

> 远内通佛理，外善群书，夫预学徒，莫不依拟。时远讲《丧服经》，雷次宗、宗炳等，并执卷承旨。次宗后别著义疏，首称雷氏，宗炳因寄书嘲之曰："昔与足下共于释和上间，面受此义，今便题卷首称雷氏乎。"[③]

《宋书·雷次宗传》记载了他晚年返回建康，为皇室讲经之事。

---

① 关于此的详细分析，参见丁鼎《〈仪礼·丧服〉考论》，社会科学文献出版社，2003。

② 上述数据引自刘兆祐编《仪礼著述考（一）》，台北："国立"编译馆，2003，第625～731页，并不全面，但至少揭示了《丧服》已是为前辈学者措意的重要著作。就《隋书·经籍志》著录相关书籍来看，也呈现了类似的分布：可确定年代的作者中，汉代有四位，魏有两位，蜀汉、东吴各一位，晋十一位，宋六位，齐五位，梁十二位，见《隋书》卷三十二，第919～920页。

③ 释慧皎（497～554）撰《高僧传》，《丛书集成》本，中华书局，1991，第99页。译者注：译文此处引文改从汤用彤先生校注本，详见释慧皎撰，汤用彤校注，汤一玄整理《高僧传》，中华书局，1992，第221页。

> 后又征诣京邑，为筑室于钟山西岩下，谓之招隐馆，使为皇太子诸王讲《丧服》经。[①]

雷次宗在元嘉二十五年（448）去世。宗炳指责雷氏所作注解完全袭自他们共同的老师的讲授，这揭示了六朝新注解体式“义疏”的口头来源，以后还会有更多关于这一新体式的论述，在此我只指出此注隋代后已亡。[②]

幸运的是，对此书现存散见佚文的辑佚活动早已开始。[③] 焦桂美在其《南北朝经学史》中用五页篇幅分析了35条佚文，她对此书特色的评价主要有三点：第一，申郑为主，说礼谨严；第二，善于从书法中明经传之义；第三，不袭陈义，注重发明。[④] 她指出此注文笔隽逸，时出新义，故对后世产生了较为深远的影响。雷氏对一些有争议的问题往往能够提出自己的看法，其说也多为后世认同。但其有因过分强调补足省文而误解了上下文及郑注之义者。[⑤] 另一位现代学者简博贤则用更为宽泛的词句，以此书为例描述了雷氏礼学的特点：“说义明畅，深通经义。”[⑥]

由于雷次宗注无全本传世，以我们现在的视角来看，很容易忽略其学的重要性，然而对残存篇章的仔细研究也能揭示他的一

---

① 《宋书》卷九十三，第2294页。

② 《隋书·经籍志》著录有此书，《唐志》则无，见《隋书》卷三十二，第920页。

③ 马国翰（1794～1857）：《玉函山房辑佚书》（全八册）第二册，江苏广陵古籍刻印社，1990，第357～363页。其他辑本见《黄氏逸书考》《汉学堂经解》。

④ 焦桂美：《南北朝经学史》，第223～228页。

⑤ 焦桂美：《南北朝经学史》，第229～230页。

⑥ 简博贤：《今存南北朝经学遗籍考》，台北：黎明文化事业股份有限公司，1975，第147页。简氏对此书的全篇研究见第146～153页。

些影响。例如《丧服》中有句“父卒，继母嫁，从，为之服，报”[①]。上面所用的句读是雷次宗依从王肃的解读，马融（79～166）和其他大多数人都断作“父卒，继母嫁，从为之服，报”，我将其译为“父亲去世后，继母可以改嫁，之后她为父服丧以报之”，而只有王肃和雷次宗的解读将重点放在儿子上。在雷氏注中，他强调“报”这个概念，称“凡言报者，继母报亦如此”。贾公彦（活跃于7世纪）所作《仪礼义疏》（收入《十三经注疏》）得益于雷次宗此说提供继子为其父和继母服丧的可能，贾氏疏曰：“感恩者皆称报，若此子念继母恩终，从而为报。”[②] 这样的解读使得这句话更普遍地适用于服丧实践。若要推及整部注解的特点，则意味着其非只字词集释，更为一种诠释性的解读。

此外雷次宗还有一部经学著作也见诸史籍，并有佚文留存至今。今辑本《五经要义》不过是一部诠释巨作的残篇断简（*disjecta membra*），我们认为其原始篇幅应相当可观，因为很难想象单篇短帙就能述一经，遑论五经了。《隋志》著录其为五卷，但又称“梁十七卷”，[③] 现有三种辑本存世。[④]

二 “义疏”体

在南北朝时期的经学中，以“义疏”体作注尤为盛行。马宗

---

① 《仪礼注疏》卷三十，第7b页。

② 《仪礼注疏》卷三十，第7b页。至于原始材料及其学术解读，参见简博贤《今存南北朝经学遗籍考》，第150～151页；焦桂美：《南北朝经学史》，第227页。

③ 《隋书》卷三十二，第938页。

④ 马国翰：《玉函山房辑佚书》第五册，第190～192页。据孙启治、陈健华编撰《中国古佚书辑本目录解题》（上海古籍出版社，2009）第88页所记，知《汉魏遗书钞》亦有辑本。有关此书的所有文献著录见季旭升编撰《群经总义著述考（一）》，台北：“国立”编译馆，2004，第114～117页。

霍这样解释其与先前注解体式的差别。

> 盖汉人治经，以本经为主。所为传注皆以解经。至魏晋以来则多以经注为主。……至南北朝则所执者更不能出汉魏晋诸家之外。但守一家之注而诠解之，或旁引诸说而证明之。名为经学，实即注学。于是传注之体日微，义疏之体日起矣。[①]

以下，马氏又将“义疏”体的来源追至讲论。

> 缘义疏之兴，初盖由于讲论。两汉之时已有讲经之例。石渠阁之所平，白虎观之所议，是其事也。魏晋尚清谈，把麈树义，相习成俗，移谈玄以谈经，而讲经之风益盛。南北朝崇佛教，敷座说法，本彼宗风，从而效之，又有升座说经之例。初凭口耳之传，继有竹帛之著，而义疏成矣。[②]

巧的是，口头传授、文本传播和孔子口授注经，正是前三卷《中国经学史》关注的主要话题。

在“义疏”体前，另一源于口传的注解体式是章句体。在《中国经学史》第一卷中，我探讨了这种体式的口头基础，即记录经师的口授：经师口传之经文为人所转录，其关于句读、音

---

① 马宗霍：《中国经学史》，上海书店，1984，第 85 页。

② 马宗霍：《中国经学史》，第 85 ~ 86 页。

读、字义的解说亦然。[①] 简博贤则明确将两汉章句体与此种稍晚的义疏体联系了起来。[②] 他注意到最早以“义疏”为题的著作是晋代伊说的《尚书义疏》。[③] 我要补充的是，这种体式是在梁武帝萧衍（464～549）示范与影响下才真正兴起的，这将会在下一章中谈到。

正如前人已经提到的，佛教讲经也促进了义疏体式的发展。事实上，牟润孙认为“疏”的原义并非注解，而是记录，他进一步指出“义疏”即“记其所讲之义”。[④] 他总结说：“儒生既采彼教之仪式，因亦仿之有纪录有讲义，乃制而为疏。讲经其因，义疏则其果也。”[⑤] 嗣后初唐官修的经典冠以“正义”之名，实际也源出此体。[⑥] 需要指出的是，义疏体的固有特质之一就是问答，从久佚的皇侃著作的钞本中就容易看出这点，第三章中第三节将对此钞本进行分析。

---

① 参见韩大伟（David B. Honey）《中国经学史·周代卷》第八章第六节“子夏与章句”。

② 简博贤：《今存南北朝经学遗籍考》，第2页。

③ 简博贤：《今存南北朝经学遗籍考》，第1页。伊说此书见于《隋志》，列于梁代同题十卷著作之后，和另一部亦成于梁代的同题三十卷著作之前。

④ 牟润孙（1908～1988）：《论儒释两家之讲经与义疏》，《注史斋丛稿（增订本）》（全二册）第一册，中华书局，2009，第88～155页。作为其皇侃《论语义疏》研究的一部分，梅约翰（John Makeham）对此有详细的介绍，参见其“Huang Kan and the *Shu* genre,” in *Transmitters and Creators: Chinese Commentators and Commentaries on the Analects*, pp. 79～95，又可参同书 Appendix D.，“Format and Early History of the *Elucidation of the Meaning*: Earliest Extant Japanese Handwritten Manuscript Copies,” pp. 391－396。乔秀岩《义疏学衰亡史论》（台北：万卷楼，2013）对大多数此类钞本都进行了仔细的探讨。

⑤ 牟润孙：《论儒释两家之讲经与义疏》，第88页。

⑥ 简博贤：《今存南北朝经学遗籍考》，第3页。

第二节　刘宋经师庾蔚之

上文述说雷次宗开馆鸡笼山时，已经提到了庾蔚之（卒于约424年），他辅佐雷氏，监总诸生。雷次宗的经学成就集中于《丧服》，考察庾蔚之则会涉及《礼记》，这也是南北朝时备受读者关注的话题。除去裁断礼仪问题的迫切实用需求外，《礼记》同《易》《论语》《孝经》一样，比较容易受到玄学诠释的影响，这是其流行的又一大原因。

庾蔚之在早期正史中无传，但有些零星记载，有的记载说明他曾参与朝廷议礼。[①] 与其同僚雷次宗一样，他也有关于《丧服》的著作，系其为贺循（260～319）《丧服要记》所作的注，[②] 但他用力最深的还是《礼记》，正如马国翰总结的那样："又撰《礼论钞》《礼答问》，究心于《礼》《服》，此其所长也。"[③]

庾蔚之的主要著述为《礼记略解》，此书对后代经师的影响甚至超过雷氏对《丧服》的研究。除去偶有释音义、句读者，此书更为强调对经文的阐释。据焦桂美的分析，其学术价值如下：第一，注重义理，文辞简约；第二，宗郑为主，间用卢（植）、王（肃）；第三，校勘文字，多得其正；第四，善于推断作记者之意；第五，力求合理阐释异文。总的来说，为了得到合理的结论，他主要采取了三种处理方式：以记述、传闻、逸辞释之；以

① 上述介绍参考了焦桂美《南北朝经学史》，第230～231页。

② 著录见《隋书》卷三十二，第921页。

③ 马国翰：《玉函山房辑佚书》第三册，第2页，又其所辑庾氏此书的所有佚文见第3～13页。

权礼与常礼不同释之；从文字训诂上寻因。[1]

庾蔚之的著作流播广远，甚至受到了北方经师的关注。清代的礼学专家，如朱彬（1753～1834）作《礼记训纂》、孙希旦（1736～1784）作《礼记集解》，都充分利用了庾氏此书，将其化入自己独特的经学研究中。尽管其未能取代多为人所本的皇侃疏，但孔颖达作《礼记正义》时也常引用此书。[2]

第三节　南齐经师王俭与其目录学

降及南齐，要讨论的第一个经师是王俭（452～489），他生于刘宋时期，但其主要成就是在南齐时期实现的。同时的刘瓛影响也很大，但是不在朝堂。马宗霍概括南朝前期经学史精义曰："齐世宏奖儒学之权，在朝操诸王俭，在野共推刘瓛。"[3] 以下就逐次考察二人。

王俭可谓南齐时代，乃至整个南朝时期影响力最大的经师。他出自琅琊（今属山东青岛、临沂）王氏，其先人中有名臣、权臣王导（276～339）、王敦（266～324）兄弟，以及最杰出的书法家王羲之（303～361）、王献之（344～386）父子。王俭的成就在于其改变了家族的关注重心，使其从对文学及其他志业的追求转向经学。

当其父王僧绰被杀害时，王俭只有一岁，因此他是被其叔父王僧虔抚养长大的。其父、叔父均以文学知名，王俭却醉心于古

① 焦桂美：《南北朝经学史》，第230～241页。

② 参见简博贤关于庾氏此书的分析，《今存南北朝经学遗籍考》，第153～160页。

③ 马宗霍：《中国经学史》，第80页。

雅之学。其少年老成、笃志好学之名为宋明帝（466～479年在位）所知。在刘宋朝，王俭先任秘书郎，后任秘书丞，这都反映在他的第一个研究领域——目录学中。据其本传所记，他在此方面的贡献即依《七略》撰《七志》四十卷。此前王俭曾上表求校坟籍，后又上表献所撰《七志》，表辞甚典。[①] 此外他还撰有另一部重要书目《元徽四部书目》四卷。两书目在元徽元年（473）均已完成，四卷本的《元徽四部书目》为官目，《七志》则为中国历史上第一部私修书目。

《七志》是一部解题目录（descriptive bibliography）。尽管其已佚，但就其他史籍的记载，周少川已能将其描述成“一部解题目录，除著录书目外，有序，有传录体解题”[②]。周氏引张舜徽（1911～1992）说曰：“造书目者止录当代著述始于王俭《七志》”[③]，这种说法为《隋志》对此书的著录“《今书七志》七十卷”[④] 所证成。

王俭以后的又一大目录学家，与其同时代而稍晚的阮孝绪（479～536），曾条列王俭《七志》与刘歆《七略》（基于其父刘向旧作）在分类和名目上的差异。

> 王俭《七志》改六艺为经典，次诸子，次诗赋为文翰，

① 《南齐书》卷二十三，第433页，其本传全文载第433～438页。《南史》卷二十二所载其传省去了部分历史记录，因而篇幅略短，见第590～596页。

② 周少川：《古籍目录学》，中州古籍出版社，1996，第126页。

③ 周少川：《古籍目录学》，第126页。译者注：张氏此语见《广校雠略》卷三，氏著《广校雠略·汉书艺文志通释》，华中师范大学出版社，2004，第57页。

④ 《隋书》卷三十三，第991页。

> 次兵书为军书，次数术为阴阳，次方技为术艺。以向、歆虽云《七略》，实有六条，故别立图谱一志，以全七限。[①]

王俭被视作南齐时代的目录学家、经学家，阮孝绪是梁代的目录学家，且其隐逸不仕，缺乏朝廷支持与资源，但他却在王俭七分的基础上，又将全录析为内、外编。[②] 王俭对于目录学发展的又一贡献在于其将佛道之书作为附录，这两种书录于正编之外，以及儒、道、佛的编排顺序，体现了王俭对三教经典的重视程度。[③]

至于王俭在经学研究领域的直接影响和贡献，焦桂美有如下总结。首先，王俭身体力行，不为时风左右，专经为务。以经学为正宗，恢复儒学正统地位。其学为时人所尚，转变学风、引领学术风尚。其次，奖掖后学。他提携、褒奖了甚多士子，其中许多人在梁代成为经学领军人物。[④]

王俭早年专攻《三礼》《春秋》，其在经学与其他领域的学术著作中，下文各种尤为知名，并全部见于《隋书·经籍志》。在《隋志》中，王俭被称为“齐太尉”，为朝中最为显赫的官员之一。顺便说一句，这种高官的著作的确很有分量。《古今丧服集记》三卷；[⑤]《礼论要钞》十卷，梁三卷；[⑥]《吉书仪》二卷，但

① 任莉莉：《七录辑证》，上海古籍出版社，2011，第3页。
② 关于阮氏基于王俭著作的创新，参见周少川《古籍目录学》，第127～129页。
③ 焦桂美：《南北朝经学史》，第205页。
④ 焦桂美：《南北朝经学史》，第205～210页。
⑤ 《隋书》卷三十二，第921页。译者注：《隋志》著录为《丧服古今集记》，《南齐书》《南史》王俭本传作《古今丧服集记》。
⑥ 《隋书》卷三十二，第923页。此书由何承天三百卷的巨作《礼论》抄撮而成，“俭抄为八帙，又别抄条目为十三卷”，说详见《南史》卷二十二《王俭传》，第595页。

关于此书我们所知甚少；[①] 此外就是《百家集谱》十卷。[②] 最后我们还要注意到前面提过的王俭的目录之学。呜呼，王俭的学术著作现已荡然无存，无从稽考。至于其文学作品的残篇尚有辑本，包括赋、各种朝议、诏策、礼议、书启及各体诗作。[③]

王俭对当时经学的最后一项贡献在于参与监修实际礼乐体系，尽管41年后王俭的继任者们才将其完成。他的功绩在于组织人员监修名为“五礼”的礼仪体系。[④] 此旷日持久的大型工程始自485年，至梁代的525年才完成。所有重要的问题，如五礼之体例、编纂之程序、人员之分工等具体问题的最初安排皆出王俭。[⑤]

第四节　南齐经师刘瓛

就声名来说，在野的刘瓛（434～489）堪比在朝的儒者王俭。刘瓛为沛国相（今安徽北部）人，少时在学习上就极有天赋，在经学方面尤为突出。降及晚年，他承刚刚登基的南齐开国皇帝——齐高帝萧道成（479～482年在位）之宣，咨询其对新政权合理施政的意见。刘瓛的回复是典型的不切实际的文人理想主义理念，却非经师的常态。

---

① 《隋书》卷三十三，第971页。

② 《隋书》卷三十三，第988页。

③ 见《汉魏六朝百三名家集》第四册，第2937～2980页；严可均辑《全齐文》，《全上古三代秦汉三国六朝文》第三册，第2840～2853页。

④ “五礼”系一通称，涵盖了所有典礼。据《周礼》记载，“五礼”包括：“吉礼”以祭祖酬神，祈福纳庆；“凶礼”以哀邦国之忧，吊天灾人祸；“宾礼”为诸侯朝见天子，以及诸侯之间相互拜访时所遵行；“军礼”涉及军事征伐、外出畋猎及一些公众事务；“嘉礼”则与婚冠、飨宴、庆贺等相关。

⑤ 焦桂美：《南北朝经学史》，第206页。

> 齐高帝践阼，召瓛入华林园谈语，问以政道。答曰："政在《孝经》。宋氏所以亡，陛下所以得之是也。"帝咨嗟曰："儒者之言，可宝万世。"又谓瓛曰："吾应天革命，物议以为何如？"瓛曰："陛下戒前轨之失，加之以宽厚，虽危可安；若循其覆辙，虽安必危。"及出，帝谓司徒褚彦回曰："方直乃尔。学士故自过人。"[①]

这种不切实际的回答当然不是皇帝所期待的，所以刘瓛只在早年当过几年官，之后就发誓永不入仕，并拒绝了所有起复。是以他并没有丰富的仕宦实践经验，却在育人、治学上颇有成就。其本传中有句"少笃学，博通《五经》。聚徒教授，常有数十人"[②]，实际也是他一生的写照。其学生中著名者有何胤（446～531），系庐江（今属安徽）人，乃何尚之之孙，公元438年，何尚之与雷次宗同受宋廷之诏，各立玄学、经学。何胤还著有《礼记隐义》。[③]

刘瓛的经学著作有下列数种：《周易乾坤义》一卷，《周易四德例》一卷，《周易系辞义疏》二卷，《毛诗序义疏》一卷，《毛诗篇次义》一卷，《丧服经传义疏》一卷，此外还有《刘瓛集》三十卷。[④] 另外，其关于《孝经》的著作未被《隋志》著录，简

---

① 《南史》，第1236页。刘瓛本传复见于《南齐书》卷三十九，第677～680页；《南史》卷五十，第1235～1238页。

② 《南齐书》卷三十九，第677页。《南齐书》卷五十所载氏本传对应部分为"少笃志好学，博通训义"，涉及德、才两方面的追求，尤为强调经训，见第1235页。

③ 详见第三章关于何胤的部分。

④ 《刘瓛集》现仅存书信一篇，见严可均辑《全齐文》，《全上古三代秦汉三国六朝文》第三册，第2891页。

博贤对此书及上面提到过的两部著作进行了分析。由于遗文十分有限，没有足够的细节，简氏未能切中刘瓛经学研究方法的肯綮，他只是尽可能地揭示这些散碎残章的本质。

简博贤首先论及的是将《周易乾坤义》《周易系辞义疏》合并的一种辑本。[①] 就刘瓛对“易”字的定义来看，典型的南朝思辨性诠释的圆通感显而易见。

> 易者，生生之德，有易简之义；不易者，言天地定位，不可相易；变易者，为生生之道，变而相续。[②]

刘瓛当然不只是在解释一个词，而是在疏通文义，其格式是诠释性的，他对《系辞传》第五章第三句所作的注亦然。理雅各(James Legge) 将“系辞传”译为“Great Treatise”，今译则多为“Appended Commentaries”。在理雅各全译本中，本节中此句及其上下文为:

> The Dao's rich possessions are what are intended by "the greatness of its stores"; the daily renovation which it produces is what is meant by "the abundance of its virtue". Production and reproduction are what are called the processes of change.

① 简博贤:《今存南北朝经学遗籍考》，第3~15页。十六条佚文载马国翰《玉函山房辑佚书》第一册，第232~233页。简书中第4页指出，其显为释《系辞》者，自当归于刘瓛《周易系辞义疏》，马氏将佚文误缀入《周易乾坤义》。

② 简博贤:《今存南北朝经学遗籍考》，第4页。

富有之谓大业，日新之谓盛德，生生之谓易。

刘瓛的注解简明扼要地阐释了万物生成的无休止过程，这就是《易经》所谓的“道”，它被限定在天地之内，既限制又允许生生造成的变易的无尽循环。刘瓛的注解既深刻又简单，[①] 孔颖达在作序时引用了刘氏之说，既保存了这段文辞，也提升了刘氏著作的地位。[②]

简博贤分析的第二部著作是《毛诗序义疏》。[③] 这部著作佐证了第一章中的一个论断，即陆德明《经典释文》、孔颖达《五经正义》对于南北经学研究的重要性，因为刘瓛这部佚书的两条佚文，就见引于这两部隋至初唐时期的开创性著作中，每部书中各存一条。[④]

第一条系对《毛诗》小序“风，风也，教也。风以动之，教以化之”[⑤] 一段所作的注，刘瓛简注之云“动物曰风，托言曰讽”，关于此段，现存的南北朝旧注中，唯有南奔的北朝经师崔灵恩（活跃于500年前后）所注同样简洁，其文曰“用风感物，则谓之讽”[⑥]。此外还有两条此时代的注文留存至今，亦是对《毛诗序》此段作注，却更为冗长发散。周续之（377～423）不解释字词的字面意思，而将其作为文体学的术语进行解读，“夫风雅

① 方东美即将《周易》的核心观点概括为“易者，生生之德”，参见方东美《生生之德》，台北：黎明文化事业股份有限公司，1987。

② 参见《周易正义序》，《周易正义》，第3页。

③ 简博贤：《今存南北朝经学遗籍考》，第26～28页。

④ 马国翰：《玉函山房辑佚书》第二册，第100页。

⑤ 《周南·关雎·小序》，《毛诗正义》卷一，第4b页。

⑥ 简博贤：《今存南北朝经学遗籍考》，第27页。

者体同，由我化物则谓之风，物由我正则谓之雅。考之礼教，其归不殊也"[①]。稍后的经师沈重（500～583）也做了同样繁复的注解："上风是国风，即诗之六义也。下风即是风伯鼓动之风，君上风教能鼓动万物，如风之偃草也。"[②] 即使是样本有限，不足以断定刘瓛注释风格的要旨，但至少从这四位学者对同一段经文的注释来看，我们可以看出其中一半显然是简要的释词，另一半则明显为繁复的诠释。纵然不能断定刘瓛的注释取径整体偏于简洁，但此时代确有两种注释取径无疑。

简博贤论及的第三部著作是《孝经说》，[③] 此佚书有五条佚文保存于孔颖达《五经正义》中，其中三条系解说经文大义，两条则为个别字词的训诂。从前各自别行的两种取径，诠释学或小学，其注释风格要么繁复，要么简洁，现在却常常合为一体。就下引经文来看，刘瓛的注释颇为简洁。

> 《孝经·士章》：故母取其爱，而君取其敬，兼之者父也。[④]
>
> 刘瓛曰：父情天属，尊无所屈，故爱敬双极。[⑤]

此处注释本于以思想演绎为基础的诠释，而非文本的凭证。而另一处聚焦于一虚词的注解则采取了相反的策略。

① 简博贤：《今存南北朝经学遗籍考》，第 27 页。

② 简博贤：《今存南北朝经学遗籍考》，第 27 页。

③ 简博贤：《今存南北朝经学遗籍考》，第 254～257 页。

④ 《孝经注疏》卷二，第 5b 页。

⑤ 《孝经注疏》卷二，第 6a 页。

《孝经·谏诤章》:若夫慈爱、恭敬、安亲、扬名,则闻命矣。[1]

刘瓛曰:夫犹凡也。[2]

这种解读是刘瓛独有的,传统的理解是以“夫”为发语词,意即“现在至于”(now as for)。对常见的虚词作新解需要极大的想象力,在传统的惯性下,读者通常会快速略过这样不起眼的字眼。这个注释相当简洁,而另一处对虚词的注释就相对繁复:

《孝经·天子章》:盖天下之孝也。[3]

刘瓛曰:盖者,不终之辞。明孝道之广,此略言之也。[4]

此前对“盖”的解读有郑玄“盖者,谦辞也”,及孔《传》“盖者,辜较之辞”等说。[5]

刘瓛《孝经说》不见于《隋书·经籍志》之著录,因为其在南朝末年即已亡佚,这也可以解释为何其对注疏传统无甚影响。然而从现存的几条佚文来看,此书对于经文的理解似乎颇有新意,意味着对于其同时代者,作为经师的刘瓛颇为重要。

---

① 《孝经注疏》卷七,第3a页。
② 《孝经注疏》卷七,第3b页。
③ 《孝经注疏》卷一,第5a页。理雅各(James Legge)译本不太令人满意,因为他忽略了“盖”字。
④ 《孝经注疏》卷一,第6a页。
⑤ 简博贤:《今存南北朝经学遗籍考》,第255页。

第三章

南朝学术（Ⅱ）：梁

梁武帝，俗家身份（secular identity）中被称作萧衍，通过个人垂范与行政诏令，在其新建立的南朝梁（502～557）复振了经学。《梁书·儒林传序》指出了其在建设国家儒学底蕴方面的成绩。

> 高祖有天下，深愍之，诏求硕学，治五礼，定六律，改斗历，正权衡。天监四年，诏曰："二汉登贤，莫非经术，服膺雅道，名立行成。魏、晋浮荡，儒教沦歇，风节罔树，抑此之由。朕日昃罢朝，思闻俊异，收士得人，实惟酬奖。可置《五经》博士各一人，广开馆宇，招内后进。"于是以平原明山宾、[①] 吴

① 明山宾（443～527）为官颇受爱重，历任显职，屡任国子博士。去世后，昭明太子萧统（501～531）为之举哀，赙钱十万。在他的经学著述中，有《吉礼仪注》二百二十四卷、《礼仪》二十卷、《孝经丧礼服义》十五卷，这些著述都没有流传到隋代。明山宾较为详细的传记在《梁书》卷二十七，第405～407页；又见《南史》卷五十，第1243～1244页。

> 兴沈峻、[①] 建平严植之、[②] 会稽贺玚补博士，[③] 各主一馆。馆有数百生，给其饩廪。其射策通明者，即除为吏。十数年间，怀经负笈者云会京师。又选遣学生如会稽云门山，受业于庐江何胤。分遣博士祭酒，到州郡立学。[④]

这或被斥为在王朝建立之初，为使其步入正轨而假意颁布的形式主义宣传（proforma propaganda），但这是少有的统治者言行相合的时代。因为经学的复振确实发生在梁代，至少在梁武帝46年统治生涯的前半段，即梁武帝大同年间（535～546）皇室溺于佛、道之前。

本章中，我们将有机会考察上述三位，即严植之、贺玚、何胤，当然还有梁武帝本人的著述。其他没有出现在《序》中的儒生也将受到关注，但我们现在先从梁武帝及其周围儒生集团开始。

---

① 沈峻，参见《梁书》卷四十八《儒林传》及本卷第四章第一节，但有一件有趣的事情值得在此征引——其人博通《五经》，尤长《三礼》。初为王国中尉，稍迁侍郎。任国子助教时为陆倕与徐勉荐为《五经》博士。陆倕，竟陵八友之一；徐勉（466～535），宋时国子生，受知于祭酒王俭。陆倕的荐书显示出一种独特的观点，至少关于《周礼》的观点有此迹象，如果没有生卒年，很容易让人联想到盛于北朝的郑玄的思想。引述如下："《五经》博士庾季达须换，计公家必欲详择其人。凡圣贤可讲之书，必以《周官》立义，则《周官》一书，实为群经源本。此学不传，多历年世，北人孙详、蒋显亦经听习，而音革楚、夏，故学徒不至；惟助教沈峻，特精此书。比日时开讲肆，群儒刘喦、沈宏、沈熊之徒，并执经下坐，北面受业，莫不叹服，人无间言。弟谓宜即用此人，命其专此一学，周而复始，使圣人正典，废而更兴，累世绝业，传于学者。"《梁书》卷四十八，第679页。

② 严植之，参见《梁书》卷四十八《儒林传》及本卷第四章第一节。

③ 贺玚，第三章第二小节有长篇论述。

④ 《梁书·儒林传》卷四十八，第661～662页。

第一节　梁武帝萧衍

萧衍，即后来的梁武帝，其人雅好文艺，精通军略，深谙权术，于经、史、佛、道之学亦颇有造诣。在南朝的开国皇帝中，他无疑是最有学问和成就的。他曾在宋初大经学家、教育家王俭属下出任东阁祭酒。萧衍的文学声誉使其跻身于萧子良“竟陵八友”这一诗人集团。除萧衍外，这些著名的成员还包括王融（卒于493年）、谢朓（464~499）、任昉（460~508）、沈约（441~513）、范云（451~503）、萧琛（480-531）和陆倕（470~526）。萧衍诗作现存约80首。[①]

梁武帝的学术成就主要集中在经学、修史、文学和宗教思想方面，尤其是佛理与三教融合。对后二者的权威讨论应参考森三树三郎的大作，可惜他很少涉及前二者，当然也无从对其进行考证分析。[②] 在修史方面，梁武帝不满以《汉书》为代表的断代体，于是他命人编写了一部新的著作——《通史》，共六百卷，以恢复司马迁所开创的传统，并由梁武帝亲自撰写序赞。凡是《通史》所不取之街谈巷语，或互有依违的材料，又别集为《小说》。

梁武帝提倡经学之举措主要有以下三个方面。第一，设立了中央、地方两级学制，并分遣博士祭酒到州郡立学，促进了经学的普及与传播。这方面的举措始于505年。大同七年（541）又

① 梁武帝的本纪参见《梁书》卷一，第1~29页；卷二，第33~59页；卷三，第63~95页。及《南史》卷六，第167~200页；卷七，第201~206页。

② 森三樹三郎：《梁武帝：仏教王朝の悲劇》，京都：平樂寺書店，1956。该书中只提及梁武帝经注之书名。

于宫墙西立士林馆，与国学并立，延集学者，使诸儒递相讲授，并令太子、皇子、宗室皆去听课受教。武帝亲屈舆驾，释奠于先师。遗憾的是，在梁武帝过去二十年致力推行儒学之后，对士林馆的投入却只持续了一两年。第二，重用通经之士以及优厚的俸禄有助于促进经学的发展，因为梁武帝天监八年（509）下诏，只有通一经才能进入仕途。这样的目的是依用汉代制度以经学为标准选贤于野，反对士族坐致公卿。第三，身体力行，重视以经学教育子弟。[①] 梁武帝诸子皆能通经，其中包括编撰了著名文学总集《文选》（编撰于520～530年）的萧统，他三岁受《孝经》《论语》，五岁遍读五经，悉能讽诵。[②]

梁武帝撰著了如下经学注疏：《春秋答问》《毛诗答问》《制旨孝经义》《周易讲疏》《六十四卦义》《二系义》《文言义》《序卦义》《乐社义》《尚书大义》《中庸讲疏》《老子讲疏》《孔子正言》。他又敕撰吉凶军宾嘉五礼，凡一千余卷。[③] 据《南史·儒林传》记载："及武帝撰制旨新义，选诸儒在所流通，遣越还吴，敷扬讲说。"[④] 这些出自武帝之手的经学注疏在全国范围内广泛流传。

焦桂美没有分析武帝的任何撰著，但简博贤带我们深入了解了三部分别关于《周易》《论语》《孝经》的注疏。《隋书·经籍志》没有罗列上揭梁武帝关于《周易》的五部著述，而以《周易

① 焦桂美：《南北朝经学史》，第200～204页。

② 《梁书》卷八，第165页。

③ 《梁书》卷三，第96页。译者注：《老子讲疏》不应入经注。

④ 《南史》卷七十一，第1752～1753页

大义》为题，总括为21卷。[①] 简博贤认为其书或为后人所定。[②] 马国翰辑得四条。[③] 说义者一，注音者三。史称武帝洞达儒玄，尚佛法，则似应讲王弼《易》学，然就佚文四节而论，虽有新说，大抵通马融、郑玄之义，有时偏重于马。[④] 当然，正如简博贤所言"夫书称御撰，类多假手群臣"[⑤]。

下列四条引文可以看出，梁武帝读经时有新说（innovative interpretation）。第一条中，梁武帝定义了孔子辅《易》之作，即题为《文言》的"文"字之含义。刘瓛《周易乾坤义》："依文而言其理故曰文言"，释"文"作"文本、文字"，[⑥] 孔颖达《正义》则释以"文谓文饰，以乾坤德大，故特文饰以为文言"。[⑦] 这种解释现已被广泛接受。但梁武帝从具体的文字层面迈入了更为广阔的抽象层面，即使他的方式并非阐释学的，至少也是历史的，他关注的是《文言》的作者，而非"文"的含义，即："文言是文王所制。"[⑧] 这种超越字义而关注文本实际语境的方式，使我们对注家有了更广泛的认识。至少在超越字义方面，唐代学者孔颖达并没有遵循。

---

① 《隋书》卷三十二，第911页。译者注：《隋志》实际著录梁武帝《易》学之作有《周易大义》二十一卷、《周易讲疏》三十五卷、《周易系辞义疏》一卷。简博贤《今存南北朝经学遗籍考》第97页云："或谓六十四卦二系文言序卦等义，即《隋志》著录之《周易大义》及《周易系辞义疏》"。

② 简博贤：《今存南北朝经学遗籍考》，第97页。

③ 马国翰：《玉函山房辑佚书》第一册，第234~235页。

④ 简博贤：《今存南北朝经学遗籍考》，第98页。

⑤ 简博贤条列史文以证其说，参见《今存南北朝经学遗籍考》，第102页。

⑥ 简博贤：《今存南北朝经学遗籍考》，第100页。

⑦ 简博贤：《今存南北朝经学遗籍考》，第100页。

⑧ 简博贤：《今存南北朝经学遗籍考》，第100页。

简博贤又考证了梁武帝关于《论语》的注疏。《梁书·武帝本纪》没有一处提及他把批判的目光投向过《论语》，《隋志》也没有注意到这一点。而马国翰从两部唐人著述中辑得三条佚文，[①] 简博贤论述了佚文的价值。

> 今考其佚文三节，颇存汉儒古义。史谓武帝洞达儒玄，似尚玄风矣。然说经多见朴质，语皆有据，亦可贵也。[②]

简博贤的例证是梁武帝对《论语·公冶长第五》中第十章的解读：

> 《论语》：宰予昼寝。
>
> 梁武帝注：昼当作画字。言其绘画寝室，故夫子叹朽木不可雕，粪土之墙不可圬。[③]

简博贤考证，这种新说本自扬雄（公元前53～前18）《甘泉赋》，这也证明简博贤所云，梁武帝用汉儒遗说。

另外两条佚文，梁武帝一依郑注，一准《鲁论》自立别说。[④] 显然梁武帝，或者更直白地说，他博学的捉刀侍从，袭用了汉儒的“语文学”（philological）精神，因此更为偏爱这种方法，而非同代南方经师及其所习用的空泛且不以文本为基础的臆测。

---

① 马国翰：《玉函山房辑佚书》第四册，第413页。一部是陆德明《经典释文》；一部是李匡乂（又作李匡文）（9世纪末）《资暇录》。

② 简博贤：《今存南北朝经学遗籍考》。第252页。

③ 简博贤：《今存南北朝经学遗籍考》，第252页。

④ 简博贤：《今存南北朝经学遗籍考》，第253～254页。

简博贤还考证了梁武帝《制旨孝经义》，即马国翰所题《孝经义疏》。《隋志》以后者为题，著录有十八卷。[①] 梁武帝不仅本身学识渊博，而且很容易受到大臣们的启发和开导。例如时任太常博士，后来贪财受贿的权臣朱异（483～549），“高祖召见，使说《孝经》、《周易》义，甚悦之……其年，高祖自讲《孝经》，使异执读”[②]。简博贤断定梁武帝书应为朱异所录，非自笔著也。[③]

现存佚文四条，三条辑自邢昺《孝经正义》，一条辑自《梁武帝集》，[④] 其中三条以训诂文字解经。第一条对孔子的字提出了匪夷所思的定义：“丘为聚，尼为和。”[⑤] 这与其说是文字的训释，不如说是借自孔子的那扫除一切的道德光辉。马氏所辑第三条试图理性阐明。

> 《孝经》：资于事父以事母，而爱同。[⑥]
>
> 梁武帝：《天子章》陈爱敬以辨化也。此章陈爱敬以辨情也。[⑦]

这种解说受到两处文本的启发，因此有充分依据。且说有思致，

---

① 《隋书》卷三十二，第934页。

② 《梁书》卷三十八，第538页。朱异的传记见于《梁书》卷三十八，第537～540页。他撰有《礼》《易》讲疏及仪注、文集百余篇。

③ 简博贤：《今存南北朝经学遗籍考》，第257页。

④ 马国翰：《玉函山房辑佚书》第四册，第186～187页。

⑤ 《孝经正义》卷一，第2a页。释“尼”为“和”，首见于刘瓛《孝经说》。译者注：《孝经正义》云：“刘瓛述张禹之义，以为仲者，中也。尼者，和也。”

⑥ 《孝经正义》卷二，第5b页。

⑦ 《孝经正义》卷二，第6a页。

后儒称之。[①]

第二条是关于天子之孝的长篇论述,[②] 第四条辑自《梁武帝集》中论明堂诏,题为“与群臣论明堂制”。[③] 虽非义疏之文,但马国翰缀之于《圣治章第九》“宗祀文王于明堂,以配上帝”之下。[④] 有趣的是,梁武帝是说,为诘难郑义。

梁武帝及其臣属非常重视这部注疏,因此中大通四年(532)三月,置制旨《孝经》助教一人,生十人。[⑤] 从以上对多种经注的分析中可以看出,梁武帝不仅通过开明的教育政策推动了经学的发展,而且在其执政期间还亲自参与学术交流。无论是致力于经学研究还是文学创作上,至少在礼学上,人们对梁武帝都持怀疑态度,但当人们看到他存世的文集,其中除了上述有关明堂的一篇外,还有六份诏书,多是关于处理诸如丧服、郊祀等问题时,这种怀疑便消解了。[⑥]

第二节 皇侃的先驱

下列三位儒生构筑了皇侃作为经注与诠释大师,取得杰出成就的底色。第一位是南渡北人崔灵恩,第二位是礼学大师何胤,最后一位是皇侃的老师贺玚。

---

① 俱参简博贤《今存南北朝经学遗籍考》,第257页。
② 《孝经正义》卷一,第4b页。
③ 刘殿爵编《梁武帝萧衍集逐字索引》,香港:香港中文大学出版社,2001,第27页。
④ 《孝经正义》卷二,第2a页。
⑤ 《梁书》卷三,第76页。
⑥ 刘殿爵编《梁武帝萧衍集逐字索引》,第27~29页。

一 崔灵恩

崔灵恩（活跃于500年前后）是一位北方经师，入南讲学颇见称重，从南朝正统来看，这一举动被委婉地称为“归国”。他官居显赫，历任多职，但仕宦生涯平淡无奇。他是“晚渡北人”中的一员，东晋与刘宋时期是北人南渡的高峰，南渡者也包括崔灵恩的一众族人，如刘宋时南渡的崔道固，以及在萧齐时南渡的四人——崔祖思、崔慧景、崔慰祖、崔怀慎。崔灵恩在梁时南下，正是见证南渡由一股浪潮变为细流的时代。也正是在这一时期，“晚渡北人”慢慢淡出中央政坛。[①] 崔灵恩的经学成就本身就很重要，同时亦揭示了其北学根底与在南方教授时所做的一些必要的变革间的内在区别（inherent differences）。

崔灵恩出生的清河东武城（今河北南部），也是崔氏一众族人的郡望。崔灵恩治经以博通见长：遍通《五经》，尤精《三礼》《三传》。南来前，崔灵恩仕为太常博士，梁武帝以其长于儒术，擢拜员外散骑侍郎，兼国子博士。聚徒讲授，听者常数百人。崔氏性拙朴无风采，因此掩盖了其解经析理甚有细致周密天赋的本质。但在一部关于《左氏》的著述中，崔灵恩便改变了与北人交往中所沾染的北学色彩。

> 灵恩先习《左传》服解，不为江东所行，及改说杜义，

① 参见刘春生《南朝时期晚渡北人的兴衰及其原因》，《汉学研究》第33卷，第4期第141～176页。关于社会考量、经济因素、学术现实等大背景的分析，参见焦桂美《南北朝经学史》，第64～79页。

每文句常申服以难杜，遂著《左氏条义》以明之。时有助教虞僧诞又精杜学，因作《申杜难服》，以答灵恩。[①]

崔灵恩的其他注疏显示了其学术广度，而非对北学的微妙的尊崇。他撰著有：《集注毛诗》二十二卷（《隋志》及两《唐志》著为二十四卷）、《集注周礼》四十卷、《三礼义宗》四十七卷、《左氏经传义》二十二卷、《左氏条例》十卷以及《公羊穀梁文句义》十卷。[②] 简博贤深入考察了其中两部，一部涉及《毛诗》，一部涉及《三礼》。对崔灵恩关于《礼记》注疏的讨论，将引出本节的主题——皇侃对《礼记》及其他经书的注疏。

马国翰所辑《集注毛诗》佚文真伪存疑。[③] 对它们的考察或可揭示崔灵恩的经义，却也夹杂了一些同时代佚名学者的观点。[④] 鉴于这种情形，最好的办法是将其略过，转而阅读崔氏更有考证价值、影响深远的《三礼义宗》。

至少从历史来看，这是崔灵恩最重要的注疏。《梁书》的本传云是书有四十七卷，后《隋书》又著录作三十卷，[⑤] 简博贤以为抑或涉上文注《周礼》四十卷而讹误。[⑥] 后世的经师与编者中，

---

① 《梁书》卷四十八，第 677 页。崔灵恩的传记仅限此页，基本又为《南史》（卷七十一，第 1739 页）引录。

② 《梁书》卷四十八，第 677 页。

③ 简博贤：《今存南北朝经学遗籍考》，第 129 页。佚文见马国翰《玉函山房辑佚书》第二册，第 105～113 页。

④ 不过，焦桂美更相信传统，她用了几页（第 267～270 页）的篇幅来分析这些佚文，她得出结论：崔注以毛为主，间取三家，所引经注文字，多胜俗本。焦桂美认为这是崔灵恩由北入南，得见南北诸本的结果。

⑤ 例如《隋书》卷三十二，第 924 页。

⑥ 简博贤：《今存南北朝经学遗籍考》，第 176 页。

孔颖达《正义》引崔书最多，约计40条。马国翰辑得《仪礼义宗》4条，《周礼义宗》31条，《礼记义宗》136条，长短总计151条。[①]

朱彝尊《经义考》辑录四家论述，其中李受评崔氏《三礼义宗》曰：

> 灵恩达于《礼》，总诸儒《三礼》之说而评之，为《义宗》，论议洪博，后世鲜能及。[②]

仔细考证代表性佚文证实了这一评价，前提是遵循总与王肃相左的郑玄之说。现存佚文并未揭示其广采诸儒，故而我们必须以李受的话来概括这一论断。

以下引自崔氏《三礼义宗》的大段申说很有代表性，涉及《周礼》中“以血祭祭社稷、五祀、五岳”：

> 郑玄注：“社稷者，土谷之神，句龙、后稷以配食也。”案：所据《郊特牲》云：“社祭土而主阴气，君南向于北牖下，答阴之义。”[③] 又云：“社者，神地之道。”[④] 又《周礼》

① 译者注：据焦桂美《南北朝经学史》统计，马国翰辑《仪礼义宗》4条、《周礼义宗》31条、《礼记义宗》137条，共计172条。

② 朱彝尊：《经义考》卷一百六十三，台北：台湾中华书局，1979，第2a页。

③ 《礼记注疏》卷二十五，第20a页。

④ 《礼记注疏》卷二十五，第20b页。理雅各（James Legge）翻译所据作“社所以神地之道也”。译者注：《礼记注疏》卷二十五作“社所以神地之道也”。《玉函山房辑佚书》及《通典》此处皆作“社者，神地之道”，韩大伟据《玉函山房辑佚书》录文。

以血食祭社稷、五祀、五岳，乐用灵鼓。[①] 大丧三年不祭，唯天地社稷越绋而行事。[②] 又王肃云："句龙、周弃并为五官，故祀以为社稷。"案：所据《左氏传》云句龙为后土，祀以为社。[③] 故曰伐鼓于社，责上公也。[④] 今俗犹言社公，上公之义耳。又牲用太牢，与地不同。若稷是谷神，祭之用稷，反自食乎？二家之说[⑤]，虽各有通途，但昔来所习谓郑为长，故依郑义。[⑥]

上揭崔灵恩《周礼义宗》佚文的显著特点在其互文性，微观而言引述《周礼》，宏观而言援引《礼记》《左传》。[⑦] 此外，他引郑、王而以宗郑为主，这与崔氏深厚的北学根底有关，而非其郑义为长。根据其他佚文，崔灵恩或引贺循注——第二章简要介绍了他的《丧服要记》，本傅咸（239～294）之说，亦引王肃注。焦桂美认为，《三礼义宗》偶尔援引王肃注，是崔灵恩染于南学习尚的反映，然终归以郑注为宗。

焦桂美对崔氏《三礼义宗》现存引文进行了梳理，概括其方

① "以血食祭社稷、五祀、五岳"引自《周礼注疏》卷十八，第5b页，亦即崔氏所疏经文。"乐用灵鼓"转述《周礼·地官·鼓人》："以灵鼓鼓社祭。"

② 《礼记注疏》卷十二，第8b页。

③ 经典中讨论句龙为后土处，参见《春秋左传正义》卷五十三《昭公二十九年》，第10a页。

④ 事见《春秋左传正义》卷四十八《昭公十七年》，第2a页。因日食中断了正常的祭祀仪式，对祀社的日期产生了争议。国君昭公在此争论中受到轻视。

⑤ 译者注：此处《通典》"二家之说"上有"崔灵恩云"四字。

⑥ 《周礼注疏》卷十八，第5b页。译者注：此段原文并非《周礼注疏》，所据马国翰《玉函山房辑佚书》所辑崔灵恩《三礼义宗》，原见《通典》卷四十五《社稷》。

⑦ 马国翰：《玉函山房辑佚书》第三册，第173、178页中亦征引《左传》，第172、194页征引《尚书》。第三册，第175页中亦散见征引《白虎通》。

法如下：第一，宗郑为主，少取王肃之说；第二，重视从文字训诂入手阐发经义；第三，重视阐释具体礼仪并揭示意义；第四，好用五行及纬书解经；第五，于经传无文处详加推演；[①] 第六，保存古本文字。[②]

在焦桂美勾勒的框架之外，一条关于《礼记》中年代（纪时）的疏文也有助于揭示崔氏《三礼义宗》之要旨，亦可例证崔灵恩对郑玄之背弃。

> 《礼记》：以三十年之通制国用，量入以为出。[③]
>
> 郑注：通三十年之率当有九年之蓄。
>
> 崔注：三十年之间，大略有闰月十三，足为一年。故惟有九年之蓄。[④]

这条看似简单的疏文表明，无论是否点出，崔氏注疏的本质不在依经，而在宗郑。作为三《礼》的主要注本，郑玄的观点无需特标。同样，崔氏也背弃了郑玄，对他而言郑玄一定程度上已与北学密不可分。郑注实际已被经典化，需要被阐发、补充、申说，时或被恭敬地驳正。常引崔氏经说的孔颖达即云："礼是郑学。"[⑤]

---

① 与上面所译10行佚文相比，我注意到有一条佚文长达64行（马国翰：《玉函山房辑佚书》第三册，第172～173页），另一条则超过79行（前揭本第189～191页），还有一条87行又2字（前揭本第183～185页）。

② 焦桂美：《南北朝经学史》，第254～266页。

③ 《礼记注疏》卷十二，第8a页。

④ 马国翰：《玉函山房辑佚书》第三册，第179页。

⑤ 孔颖达《礼记注疏》三叹之，细微之差见陈秀琳《礼是郑学说》，《经学研究论丛》第六辑，台北：台湾学生书局，1999，第113～118页。

崔灵恩礼注的影响，可从后世经师之吸收成果中窥见一斑。这些人包括本书即将考察的南方经师皇侃，北方经师熊安生以及孔颖达。[①] 清代礼学家如孙希旦、孙诒让（1848～1908）以及朱彬也大量吸纳崔灵恩的成果，随意翻开他们的著述，都是显而易见的。

二 何胤

何胤为何尚之之孙。本书第二章，宋文帝使何尚之主玄学馆，讲学鸡笼山。更贴切的是，何尚之立宅南郭外，立学聚生徒，得名“南学”。

何胤生于庐江灊县（今安徽），如其本传，其人治学广泛。

> 胤字子季，点之弟也。[②] 年八岁，居忧哀毁若成人。[③] 既长好学。师事沛国刘瓛，[④] 受《易》及《礼记》、《毛诗》；又入钟山定林寺听内典：其业皆通。而纵情诞节，时人未之知也；唯瓛与汝南周颙[⑤]深器异之。[⑥]

---

① 马国翰:《玉函山房辑佚书》第三册，第259、266页。

② 何点（卒于504年）传在《梁书》卷五十一，第731～733页；《南史》卷三十，第787～789页，其弟《何胤传》前，其人以处士见称，号为“通隐”，朝廷屡征而不就。何点、何胤及其家人未入《南史·儒林传》而在《南史·处士传》，当是史官失察。

③ 这暗合《何点传》载其父:“素有风疾，无故害妻，坐法死。”

④ 何师刘瓛，参见第二章第四小节。

⑤ 周颙（生于约473年），汝南安城人，书法家、文学家，其人有辞义，得亲近宿直。后隐居钟山，又以通晓《易》《老》，长于佛理见重当时。本传在《南齐书》卷四十一，第730～732页；《南史》卷三十四，第894～895页。

⑥ 《梁书》卷五十一，第735页，全传见第735～739页。

对儒学及佛学的贡献则列在传末。

> 胤注《百法论》、[①]《十二门论》各一卷，[②] 注《周易》十卷，《毛诗总集》六卷，《毛诗隐义》十卷，《礼记隐义》二十卷，《礼答问》五十五卷。[③]

在中国经学史上，“隐义”一词初指注书而书于卷背，现代学术则谓“隐”即“檃”之借字，为矫正之义。[④] 作为探讨皇侃及其《礼记义疏》的绪论，在这里我将考察何胤的《礼记隐义》。

何胤对礼学的贡献超越了学术层面，他从事虽令人厌烦却必要的行政管理工作（stewardship of administration），即继承王俭的角色，领导了第二章所论官修五礼的活动。[⑤]

马国翰辑得何胤《礼记隐义》佚文 62 条。[⑥] 简博贤认为是书诠释文义颇为“通达明畅”。通读《玉函山房辑佚书》中的佚文，简氏似乎在说《礼记隐义》直截了当，言简意赅。至少与崔灵恩相比，何胤之《礼记隐义》要言不烦。简博贤所举第一条佚文，亦即《玉函山房辑佚书》所辑《礼记隐义》的首条。

---

① 译作《大乘百法明门论》或《百法明门论》，是印度伟大思想家注释家论师世亲（约 316 ~ 约 396）的作品。

② 这部作品是印度僧侣龙树（活跃于 4 世纪左右）为破斥唯识宗学说所作。

③ 《梁书》卷五十一，第 739 页；《南史》卷三十，第 793 页。

④ 相关讨论参见焦桂美《南北朝经学史》，第 243 页；简博贤：《今存南北朝经学遗籍考》，第 126 页。

⑤ 参见第二章第三节对王俭及官修五礼的介绍。

⑥ 马国翰：《玉函山房辑佚书》第三册，第 14 ~ 20 页。译者注：焦桂美《南北朝经学史》作 63 条。

《礼记》：君子恭敬撙节，退让以明礼。在貌为恭，在心为敬。[①]

《隐义》：在貌为恭，在心为敬。[②]

以下是另一条颇为简洁的疏文：

《礼记》：负剑辟咡诏之。[③]

《隐义》：口耳之间曰咡。[④]

显然，此条疏文旨在训诂文字，作为“通达明畅”的例证似乎比较多余。但我在这里选择它，是为了阐明何胤《礼记隐义》的另一个特色：长于文字训诂。

何胤注以宗郑为主，不取卢植、王肃及近人说的特点折损了其价值，但何氏《礼记隐义》也有不取郑义、别出新说者，[⑤] 如：

《礼记》：如诸侯皆在而日食，则从天子救日，各以其方色与其兵。[⑥]

郑注：方色者，东方衣青，南方衣赤，西方衣白，北方

① 《礼记注疏》卷一，第10a页。
② 马国翰：《玉函山房辑佚书》第三册，第14页。
③ 《礼记注疏》卷一，第24a页。
④ 马国翰：《玉函山房辑佚书》第三册，第14页。
⑤ 焦桂美：《南北朝经学史》，第245页。
⑥ 《礼记注疏》卷十八，第24a页。

衣黑。兵，未闻也。[1]

《礼记隐义》：东方用戟，南方用矛，西方用弩，北方用盾。中央用鼓。[2]

虽未直接引述，但何注显然依据郑注又别出新说，相辅相成而非抵牾。何氏不仅补充了郑玄未闻的四方之兵，还增加了新的方位——中（the center）。但是限于注释的视野，何注并不引人注目。《正义》及其他著述的征引保存了零星佚文，却也表明了它的小范围影响。总而言之，何注自有其价值但少为人知。

三　贺玚

另一位同代礼学家是贺循之玄孙贺玚（452～510）。贺循为汉代会稽山阴（今浙江绍兴）贺氏之后，曾任太子太傅，著有《丧服要记》。[3] 贺玚祖贺道立，精研《三礼》。父贺损，亦传家学。贺玚传礼，二子并传玚业。玚弟之子贺琛亦从玚受业。[4] 这种家学传统很重要，贺循《丧服要记》、贺玚《礼记新义疏》作为贺氏礼学最重要的著作，二者之说已难区分。笼统称“贺氏”“贺云”，马国翰并辑归贺玚，因其传贺循之《丧服要记》，且为贺氏礼学之代表。[5] 正如第一章所说，南朝家学世代传经，贺氏

① 《礼记注疏》卷十八，第24a页。

② 马国翰：《玉函山房辑佚书》第三册，第18页。

③ 参见韩大伟《中国经学史·秦汉魏晋卷》第九章第四节，表9-3注意到有晋一代，《礼》注约25部，远超他经。贺玚的先祖是此时期活跃的礼学家，因此贺玚对《丧服》的注疏自然是其家学传统的产物。详见下文，及第71页注释①。

④ 《梁书》卷四十八，第672页；《南史》卷六十二，第1507页。贺琛，见《梁书》卷三十八，第540～551页。

⑤ 参见马国翰重辑贺玚《义疏》序，《玉函山房辑佚书》第三册，第20页。

即其中之代表，也是绵延不绝的世家之一。[①] 除了贺玚的个人经说，他还以皇侃老师的身份而闻名，皇侃是六朝时期最著名的经学家，也是下面研究的对象。

《梁书·贺玚传》《南史·贺玚传》篇幅不长，但详尽记述了其在教育、行政、讲学、学术方面对礼学的贡献，[②] 我从中摘录了以下要点。

> 玚少传家业。
>
> 四方受业者三千余人。[③]
>
> 齐时沛国刘瓛[④]为会稽府丞，见玚深器异之。尝与俱造吴郡张融，指玚谓融曰："此生神明聪敏，将来当为儒者宗。"
>
> （刘瓛）荐之为国子生，举明经，扬州祭酒，俄兼国子助教。历奉朝请，太学博士，太常丞。
>
> 有司举治宾礼，召见说《礼》义，高祖异之，诏预华林讲。
>
> 初开五馆，以玚兼《五经》博士。别诏为皇太子定礼，撰《五经义》。
>
> 领《五经》博士……所著《礼》、《易》、《老》、《庄》

---

① 贺氏传《礼》可追溯到汉代，《晋书·贺循传》记载贺氏礼学的创始人是庆普："贺循字彦先，会稽山阴人也。其先庆普，汉世传《礼》，世所谓庆氏学。族高祖纯，博学有重名，汉安帝时为侍中，避安帝父讳（刘庆），改为贺氏。"《晋书》卷六十八，第 1824 页。

② 《梁书》卷四十八，第 672 ~ 673 页；《南史》卷六十二，第 1507 ~ 1508 页。

③ 正如《世说新语》所指。译者注：《世说新语》云"会稽贺生，体识清远，言以行礼。不徒东南之美，实为海内之秀。"

④ 刘瓛，参见第二章第二节。

《讲疏》，《朝廷博议》数百篇，《宾礼仪注》一百四十五卷。

时武帝方创定礼乐，玚所建议多见施行。

玚于《礼》尤精，馆中生徒常百数，弟子明经对策至数十人。

事实上，有梁一代，甚至整个南北朝时期，贺玚在制定、修改、普及、撰写注疏，以及教授礼学等方面的贡献是无与伦比的。

上揭贺玚众多注疏及较短的衍生之作（spin-offs），《隋志》著录了其中六部：《丧服义疏》两卷、《礼记新义疏》二十卷、《礼记要钞》一百卷、《五经异同评》一卷、《谥法》五卷、《梁宾礼仪注》九卷。

贺玚《礼记新义疏》与何胤《礼记隐义》类似：宗郑注，重训诂。其申说郑注如下例。

《礼记》：冠而字之，敬其名也。①

郑注：重以未成人之时呼之重难也。②

贺玚《礼记新义疏》：重，难也。难未成人之时呼其名，故以字代之。③

但是除了一例句义新解，一例文字训诂，是前人《礼记》注

① 《礼记注疏》卷二十六，第15b页。

② 《礼记注疏》卷二十六，第15b页，《十三经注疏》本《礼记注疏》郑注无“重难也”三字，马国翰辑佚保留了这三个字，使得郑注更加清晰。

③ 马国翰：《玉函山房辑佚书》第三册，第12页。

疏所未及,[1] 我们也发现了贺注的诠释学倾向,如:

> 《礼记》:虞人致百祀之木,可以为棺椁者斩之。[2]
>
> 郑注:虞人,掌山泽之官。百祀,畿内百县之祀也。[3]
>
> 贺玚《礼记新义疏》:君者德著幽显。若存,则人神均其庆;没,则灵祇等其哀伤也。[4]

焦桂美引之以为贺玚礼学新说,认为贺疏从义理着眼而非文字。[5] 我同意这个论断,又推论:贺玚在一个充分发展且不言自明的训诂学传统下疏解郑注,这就解释了祀仪与君之德行的微妙关系,贺玚也确实通过君之德行存没的影响把这些联系了起来,但因此他也忽略了对祭仪、祭品等确定要素的解析。

这种具有特殊价值的创见使贺玚说礼有别于同仁。焦桂美举了一个很好的例子,但太过复杂不做详述,即孔颖达比较三家礼说,一是晋国外交家范宣子(卒于公元前 548 年),曾在齐国朝堂上论礼。另外两位是贺玚、皇侃。孔颖达依皇侃说,但清儒认为贺义实为长。[6] 焦桂美把这种创见归于贺玚的个人学养,但我认为即使不直溯贺循,至少也应归功于贺氏的家学传承。贺玚说礼体现出南朝经学重创见(innovative reading)、好立说

---

① 《礼记注疏》卷十,第 21b 页。
② 《礼记注疏》卷十,第 21b 页。
③ 《礼记注疏》卷十,第 21b 页。
④ 马国翰:《玉函山房辑佚书》第三册,第 21 页。
⑤ 焦桂美:《南北朝经学史》,第 250 页。
⑥ 焦桂美:《南北朝经学史》,第 250~251 页,原文参见《礼记注疏》卷四十一,第 2a 页。

（independent theorizing）之共性，但细密的阅读也一定为他的学生皇侃树立了一个榜样，鼓舞他将“义疏”学推向顶峰。

第三节　皇侃

皇侃以其中古时期最重要的《论语》注本——《论语义疏》编纂者的身份，在西方汉学界享有盛誉。皇侃的形象更像一个“玄学家”（ethereal and impractical thinker），他集采四十余家注，从抽象的诠释学而非具体的文本层面解说《论语》。[①] 就皇氏对《论语》哲学化的疏解而言，这种观点是合理的。梅约翰（John Makeham）称其为“朱熹《论语集注》之前流传最久的《论语》注本”[②]。皇侃的疏解揭示了其对人性、有情无情、范式、圣人品性、圣贤、言意、变与不变等问题的关注。[③] 作为六朝时人，皇侃常用当时的玄学术语来表达思想，同时，他亦暗中回应玄学、佛教对儒家思想的挑战，而不作具体指涉。[④] 然而，南朝最伟大

① 参见梅约翰（John Makeham）的论述：“皇侃的创新在于以‘疏’这一形式来阐述自己对一系列相关主题的哲学化看法，如人性存在不同品级。他的创新在于尽管受制于疏解何晏《论语集解》，但仍能对一个重要的思想体系进行综合的哲学阐释。”（梅约翰）John Makeham, *Transmitters and Creators: Chinese Commentators and Commentaries on the Analects*, pp. 96 –97.

② （梅约翰）John Makeham, “The Philosophical Character of Elucidation of the Meaning,” *Transmitters and Creators: Chinese Commentators and Commentaries on the Analects*, pp. 80。有关片段的研究参见简博贤《今存南北朝经学遗籍考》，第 239 ~246 页。更详细的分析参见焦桂美《南北朝经学史》，第 297 ~335 页。

③ （梅约翰）John Makeham, “The Philosophical Character of Elucidation of the Meaning,” *Transmitters and Creators: Chinese Commentators and Commentaries on the Analects*, pp. 96 –147。

④ 关于玄学与佛学对皇侃思想的影响，参见姜广辉主编《中国经学史》第二卷，中国社会科学出版社，2003，第 701 ~723 页；又可参见（梅约翰）John Makeham, “Buddhist and Institutional Influences on Huang's Thought,” *Transmitters and Creators: Chinese Commentators and Commentaries on the Analects*, pp. 148 –167。

的礼学家粗略掩盖了皇侃的总体学术面貌，因此我也将从文字训诂的角度对其加以审视。熊安生是北朝可与皇侃并驾齐驱的礼学大师，[①] 但是皇侃，而非熊安生的注释构成了孔颖达《礼记正义》的基础，并且为现代学术研究者所承认。在这里，我们自然会关注皇侃现存的《礼记》注疏。[②]

《梁书·皇侃传》将其成就置于宫廷讲学（courtly lectures）的文化中。

> 皇侃，吴郡人，青州刺史皇象九世孙也。[③] 侃少好学，师事贺玚，精力专门，尽通其业，尤明《三礼》《孝经》《论语》。起家兼国子助教，于学讲说，听者数百人。撰《礼记讲疏》五十卷，书成奏上，诏付秘阁。顷之，召入寿光殿讲《礼记义》，高祖善之，拜员外散骑侍郎，兼助教如故。性至孝，常日限诵《孝经》二十遍，以拟《观世音经》。[④] 丁母忧，解职还乡里。平西邵陵王[⑤]钦其学，厚礼迎之，侃既至，因感心疾，大同十一年，卒于夏首，时年五十八。所撰《论语义》十卷，与《礼记义》并见重于

---

① 熊安生，详见本卷第五章第二节。

② 《隋志》著录有《论语义疏》十卷，《隋书》卷三十二，第937页。《论语义疏》大部以钞本的形式保存于日本，并于清末回传中国，相关经纬可参（梅约翰）John Makeham, *Transmitters and Creators: Chinese Commentators and Commentaries on the Analects*, pp. 393–395。皇侃的著述还有《丧服文句义疏》十卷、《丧服问答目》十三卷、《孝经义疏》三卷，见《隋书》卷三十二，第920、934页。

③ 皇象是三国时期孙吴著名的书法家。

④ 即《妙法莲华经》第二十五“观世音菩萨普门品”。

⑤ 王冲（492～567）封号。王冲母为梁武帝妹，其人于陈代官居高位，领太子少傅，传见《陈书》卷十七，第235～236页。

世，学者传焉。[①]

对专家来说，这段话高度概括了当时的经学状况，因为它标志了口头与书面解经的分离，尽管简略的标题在某种程度上掩盖了这一点。皇侃此书全称《礼记讲疏》，包含了明显是宣之于口的术语——讲疏。引文最后提及皇侃另一部关于《礼记》的注疏，在《隋志》中被录作《礼记义疏》，[②] 相比之下，"义疏"是一种更为成熟的书面体裁。[③] 但它以讲学为基础，并以问答的形式出现。"讲疏"一体并非皇侃首创，因为同代的前辈梁武帝已有《中庸讲疏》。[④] 御前讲经是很常见的，尤其是以被后代命名且常态化的"经筵"的形式，但将讲学以义疏的形式笔之于书并流传，是在南朝后期达到了顶峰。

一　《礼记义疏》

孔颖达《礼记正义序》列举了晋宋以还，南北诸家中之为"义疏"者，其如贺循、庾蔚之、贺玚及崔灵恩，皆耳熟能详。回顾本书中尚未考察的北方之为义疏者后，孔颖达总结熊、皇二家礼学方法及其弊端如下。

---

① 《梁书》卷四十八，第 680 页；又见《南史》卷七十一，第 1744 页。皇侃经学的现代研究参见陈金木《皇侃之经学》，台北："国立"编译馆，1995；（梅约翰）John Makeham, *Transmitters and Creators: Chinese Commentators and Commentaries on the Analects*.

② 《隋书》卷三十二，第 922 页。

③ 在一篇介绍仅存于日本的皇侃《礼记子本疏义》钞本的文章中，童岭附论了笔之于书的"义疏"与宣之于口的"讲疏"之区别，参见童岭《六朝旧钞本〈礼记子本疏义〉研究史略——兼论讲疏义疏之别》，《中国典籍与文化论丛》第十五辑，2013，第 27 ~ 51 页，及童岭《六朝隋唐汉籍旧钞本研究》，中华书局，2017，第 207 ~ 213 页。

④ 《隋书》卷三十二，第 923 页。

> 其见于世者，唯皇、熊二家而已。熊则违背本经，多引外义，犹之楚而北行，马虽疾而去逾远矣。又欲释经文，唯聚难义，犹治丝而棼之，手虽繁而丝益乱也。皇氏虽章句详正，微稍繁广。又既遵郑氏，乃时乖郑义，此事木落不归其本，狐死不首其丘。此皆二家之弊，未为得也。然以熊比皇，皇氏胜矣。虽体例既别，不可因循，今奉敕删理，仍据皇氏以为本，其有不备，以熊氏补焉。[①]

简博贤与焦桂美都对皇侃《礼记义疏》进行了深入分析，焦桂美将皇氏的解经方法归类为以下几条。(1) 宗郑为主，又广采诸先儒或两汉、晋宋儒生之说，包括服虔（活跃于180年前后）、卢植、王肃、杜预、庾蔚之、何胤、崔灵恩及其师贺玚，且不盲从一家，正如其并不拘泥于郑。(2) 阐释义理为主，而非解决复杂文本。提出结论后，往往征引《礼》经、他经或大儒经注(master's literature) 证成己说。而同代经师很少征引文献印证己说，偶有征引，也多限于本经互证，即《礼记》之上下文或前后篇互相为说。相比之下，皇氏贯通群经，并能从历史语境、历史事件证《礼》。(3) 他采用的是按类分析运用科判体式，总结段义。为了做到这一点，他必须将《礼记》文划分为更小的部分，即段、节、注。他还辨析了节段的内部修辞结构以及句型结构与典型体例，这种节段的划分，借鉴了佛教的注经方法。(4) 从礼

① 《礼记正义序》，《礼记注疏》，第4页。

仪变迁的角度阐释礼制。这使他能够将《礼记》诸篇异文产生的原因归结为历史因素，而非文本因素。但有时又使皇氏改经文以就己意，无论基于历史或他所认为的正确礼制。(5) 释礼决疑，多所创见。尽管这种创见或使其陷于无据臆说，但他新颖且富于想象的见解却闪耀着光芒。[①] 当皇侃深入到修辞、历史、礼仪之下的文本细节时，他主要采用解释字词、读音、句读以及校勘文字。[②] 在消极方面，焦桂美指出了皇氏解经的两处不足：偶有无据臆说者，偶有据误本而误释者。[③]

在这里，我考察了皇侃《礼记义疏》说礼三例，可体现出皇氏从细微到平凡乃至超凡，从训解经文到诠释经文乃至自由诠释。

第一，训解经文（text-based exegesis）。表现独立阅读的最简单的方法即提出一种不同的句读。

> 《内则》：鲂、鲔烝，雏烧，雉，芗无蓼。[④]
> 贺玚《新义疏》：鲂鲔烝雏。烧雉，芗无蓼。[⑤]
> 皇侃《义疏》：鲂鲔烝，雏烧，雉，芗无蓼。[⑥]

---

① 焦桂美：《南北朝经学史》，第 276 ~ 293 页。

② 焦桂美：《南北朝经学史》，第 277 页。

③ 焦桂美：《南北朝经学史》，第 294 ~ 297 页。我们将在第五章中看到熊安生用一种探索性的批判眼光克服了后一缺陷。

④ 《礼记注疏》卷二十八，第 1a 页。

⑤ 引自简博贤《今存南北朝经学遗籍考》，第 81 页。

⑥ 引自简博贤《今存南北朝经学遗籍考》，第 81 页。马国翰将皇侃现存 325 条佚文编为四卷，见《玉函山房辑佚书》第三册，第 26 ~ 63 页，贺玚佚文见同册第 21 ~ 25 页。译者注：《礼记正义》卷二十八云“皇此一句，一读‘雉芗’为句”。

现代句法分析遵从皇氏说。皇氏不从师读，表现出行之有效又不失敬意的独立思考，亦表明其不囿成说。

第二，诠释经文（text-based interpretation)。此条也例证了皇侃与熊安生的区别，熊氏亦为其时的礼学宗师，堪与皇侃匹敌。

> 《乐记》：六成复缀以崇。天子夹振之而驷伐，盛威于中国也。[①]
>
> 皇侃《义疏》：武王伐纣之时，正与大将亲自执铎，以夹军众。今作《武》乐之时，令二人振铎夹舞者，象武王与大将伐纣之时矣。[②]
>
> 熊安生《义疏》：按《祭统》云："君执干戚就舞位，冕而总干，率其群臣，以乐皇尸。"[③] 又下云："食三老五更于大学，冕而总干。"尚得亲舞，何以不得亲执铎乎？此执铎，为祭天时也。[④]

熊、皇二家，同守郑注，而疏义互殊。但简博贤指出，郑注断句牵强，若从王肃，则皇氏说殊为正解。简氏又以为孔疏谓皇氏胜于熊氏，盖亦疑注之未可信矣。[⑤]

---

① 《礼记注疏》卷三十九，第 10a、10b 页。

② 马国翰《玉函山房辑佚书》第三册，第 52 页。

③ 这段引文或为熊安生有意删节，或为其引据劣本，马国翰所辑脱去画线部分："及入舞，君执干戚就舞位，君为东上，冕而总干，率其群臣，以乐皇尸。"译者注：参见《礼记注疏》卷四十九《祭统》，第 7a 页，韩大伟此处原引作"食三老五更于大学(所以教诸侯之弟也)"，马国翰《玉函山房辑佚书》无"所以教诸侯之弟也"，删。

④ 马国翰：《玉函山房辑佚书》第三册，第 95 页。

⑤ 简博贤：《今存南北朝经学遗籍考》，第 87 页。这种思路，简博贤采自齐召南（1703 ~ 1768)《礼记注疏考证》。

第三，是自由诠释的理论实例（free-floating hermeneutical theorizing），与任何特定经文无关。下列佚文引自孔颖达所作《礼记正义・记序》，[①] 因此脱离原文语境，以致我们无法分辨皇侃之用意。

> 礼有三起。礼理起于大一，礼事起于遂皇，礼名起于黄帝。[②]

孔颖达只同意第一个论断，认为后两者“其义乖也”[③]。但这条引文例证了皇侃作为阐释者，与文本保持的批评距离。与其将抽象原则礼义的起源归于一种总体抽象——大一不同，皇侃将礼事、礼名的缘起，置于人类的思想与意志之中。这种骈化的优雅表达，即便没有历史基础与孔颖达的小步推进，也足以令人印象深刻。[④] 关于自信的经学误读，皇侃是早期的典范。

二 《礼记子本疏义》

皇侃佚文的原始语境（original contextualization）确实是一个问题。事实上，所有在清代所谓“钩沉”的文献整理活动中被搜集的佚文，语境问题都困扰着那些辑佚者。但这个问题，至少在

① 马国翰没有注意到这条佚文，保存于《礼记注疏》卷一，第2a页。

② “大一”指创生天地万物的原始混沌之气。“遂皇”指燧氏，即所谓的“三皇”之首，中华文明的神话英雄，教人取火，其名中之“燧”字即“燧石”之意。黄帝为“五帝”之首，抛开“遂皇”不谈，他被认为是中国第一位君王，中华民族的祖先。

③ 《礼记注疏》卷一，第2a页。

④ 关于皇侃的历史依据及引述郑玄《六艺论》，参见《礼记正义・记序》，《礼记注疏》卷一，第1b页。

皇侃这里，因其保存于日本的另一部《礼记》注疏钞本的发现，得到了解决。[①] 当然，保存于日本的中国古钞本不仅是再现经注体式、文字书写的重要资料，还是保存更早，往往可能更权威的版本。[②] 池田四郎次郎在其《史记》校注本中运用了 12 种《史记》稿钞本，[③] 其中还包括保存于日本的久佚于中国的古书。这里应忆及 1880～1884 年杨守敬（1839～1915）任职中国驻日使馆时所编丛书的名称与性质。在驻日公使黎庶昌（1837～1896）的领导与帮助下，杨守敬编刻的《古逸丛书》，收录了 26 种久佚中国却存于日本的古书。[④] 归国时，杨守敬携有四年来所收集的珍本

---

① 另外两种长期藏于日本的钞本也揭示出六朝后期钞本的原貌，一种是陆德明《经典释文》中《礼记释文》之钞本，残卷一卷。另一残卷不著撰者，题为《讲周易疏论家义记》，纸数 37 张。据推测，钞录时间在奈良或平安时期。唐钞抑或日本传钞，同样存疑。但两种钞本皆藏于奈良兴福寺，参见黄华珍《日本奈良兴福寺藏两种古钞本研究》，中华书局，2011；童岭《六朝后期江南义疏体〈易〉学谫论——以日藏汉籍旧钞本〈讲周易疏论家义记〉残卷为中心》，《“中央研究院”历史语言研究所集刊》，第八十一本第二分，2010 年刊，第 411～465 页。

② 在本文作者对《史记》卷一百一十和《汉书》卷九十四上中出现的“匈奴意象”进行的平行文本的批评研究中，我运用了三份保存于日本的奈良时期的《史记》钞本，此钞本的复印件由倪豪士（William H. Nienhuauser, Jr.）教授提供。我的结论是，这些钞本中的文本书写更接近于《汉书》中保存的书法，而非《史记》的书法。后者似乎已根据《汉书》文本进行了重组，其书写也在《汉书》的基础上做出了时代化的调整。见韩大伟（David B. Honey）《〈汉书〉、钞本资料与〈史记〉的校勘：以〈匈奴列传〉为例》，《中国文学》1999 年第 21 卷。

③ Takigawa Kametarō（池田四郎次郎），Shiki kaichû kôshô《史记会注考证》，Taipei（台北）：Hongye Shuju（鸿业书局），1982.

④ 黎庶昌辑刻《古逸丛书》（全三册），江苏广陵古籍刻印社，1997。编者在序言中说，其中一个目的是揭示这些典籍的“真实面貌”。对于这样一套存有若干钞本与宋元古籍的丛书，“逸”字名副其实。后继则有博学如张元济（光绪壬辰进士）所编，题为《续古逸丛书》者。收书 47 种，历时 38 年，由上海商务印书馆出版于 1957 年。近有重排再版者，如张元济辑《续古逸丛书》（全四册），广陵书社，2013。出版社在重印前言云张元济继黎氏未竟之功，意味这些古书收集自日本。关于杨氏所编中重要书目之研究，参见（伯希和）Paul Pelliot, “Manuscrits chinois au Japon,” *T'oung Pao* 23（1924）: pp. 15－30.

古籍近20万卷。[①]

有关汉籍东传日本的故事丰富多彩且引人入胜，但在此无须详述。[②] 不过，一些突出的史实值得注意。

史籍中可见最早的汉籍东传，是日本应神天皇誉田别尊(270~310年在位）统治时期，从百济（公元前18~公元660年）来日本的使者王仁献上的《论语》十卷以及《千字文》一卷。[③] 六朝时期，汉籍东传的路径应是从中国大陆的辽东地区到乐浪地区（今三八线附近)，继而至朝鲜半岛南部，最后渡海而至日本这样一条陆路。[④] 汉籍传入三韩以及日本的路径主要是南朝以回赐形式来推动，是对朝贡诸国进贡的必要回赠。[⑤] 三韩的使臣提出或求取的书籍包括五经、三史，《玉篇》《字林》《字统》等训诂之书，《文选》以及各种经书注疏，以支持三韩及日本新立《五经》博士的教育工作。[⑥]

隋唐时期汉籍东传的情况变得更加复杂，并增加了两种新的因素。一是商人的参与，他们通过陆路前往朝鲜半岛或通过货船直航日本。二是佛教僧人的影响，无论是来华求学或朝圣的日本

---

① 参见童岭《六朝隋唐汉籍旧钞本研究》，第109页。第107~110页包含了童氏对杨守敬生平及访书日本的介绍。

② 关于钞、刻本东传日本的背景，参看 David Pollack, *The Fracture of Meaning: Japan's Synthesis of China from the Eighth Through the Eighteenth Centuries* (Princeton: Princeton University Press, 1986）及 Yü-Ying Brown, "The Origins and Characteristics of Chinese Collections in Japan," *Journal of Oriental Studies* 21 (1983): pp. 19-31. 关于汉籍东传日本的详细论述，参见童岭《六朝隋唐汉籍旧钞本研究》，第19~55页。

③ 童岭：《六朝隋唐汉籍旧钞本研究》，第33页。

④ 童岭：《六朝隋唐汉籍旧钞本研究》，第37页。

⑤ 童岭：《六朝隋唐汉籍旧钞本研究》，第37页。

⑥ 童岭：《六朝隋唐汉籍旧钞本研究》，第37~38页。

留学僧，还是前往日本弘法的中国僧徒。例如中国鉴真大师（688～763）东渡，随身携带的行李中就有经典四十八部。[①] 藤原佐世（卒于897年）撰于891年左右的《日本国见在书目录》，著录六朝隋唐的钞、刻本计1586部16734卷。[②]

传入日本并得以保存的关于皇侃之钞本题为《礼记丧服小记子本疏义》，俗称《礼记子本疏义》。[③] 此残卷为唐钞副本，写于六朝且时间不晚于557年。[④] 可喜的是残卷保存了皇侃《义疏》之原貌，因其流露出问答体与区分科段的痕迹——所谓科段，即划分同主题段落并加以介绍——当然，这份钞本也保存了孔颖达《礼记正义》的零星引文。残卷上众多藏印中，最早的是奈良时代圣武天皇（在位时间724～749年）皇后光明皇后（701～760）的私印。这份残卷的保存状况良好，很可能是因为它几个世纪以来一直安全地藏于奈良寺庙中，直到19世纪末由一位奈良的僧人卖给东京琳琅阁书店才为世人所知。今藏早稻田大学图书馆，

① 童岭:《六朝隋唐汉籍旧钞本研究》，第50～53页列举了这些书名。

② 童岭:《六朝隋唐汉籍旧钞本研究》，第83～84页。

③ 有关“子本”一词含义的学术讨论笔者仅一见，其说诚然迂曲但可确证“子本”乃原题。参见乔秀岩《义疏学衰亡史论》，生活·读书·新知三联书店，2017，第134页。乔氏认为题作“子本”，或因经注与疏义合钞。确切来说，我认为在句法上，子本的功能与常见的“子城”相近，表示附着于大城的小城。这份钞本似乎是藤原佐世《日本国见在书目录》（江苏广陵古籍刻印社，1990，第736页）所著《礼记子本疏义》的一部分。正因如此，书名并不能说明这份残钞仅仅附着于《丧服》一篇，更确切地说，“子本”似乎是恰当的，但在功能上更类似于正式的“疏义”。

④ 因其避陈武帝陈霸先（在位时间557～559年）讳，该钞本改易“先”字，如“先祖”作“前祖”。

可在网上查阅。[①]

华喆忠实校录了全钞，包括改正错讹与衍文，以求恢复原貌。他还摘注了孔疏中的相关材料。[②] 华喆又在每段文字前用“经”“注”“疏义”将文字内容区分开来，以替代原钞每段间所空之一字。“疏义”后又时见皇氏弟子郑灼按语。早先郑灼被认为是此书撰者，但这已被证误。[③] 这份钞本包括了《礼记注疏》卷三十二《丧服小记第十五》之大部，残卷宽 28.5cm，长 64.25cm，行约 29 字，偶有虫蛀留下的洞眼，但并不影响文字的识读。

就内部结构而言，残卷中标识为“经”的共有 74 条，其中包括同注文一起缺失，而直接续以疏义的第一条，该钞本即从此处开始。但是这些经文又因其用法之间的悬隔而被归纳为主题相近的科段三十有五。其中大部分科段包括一条经文及其注文与疏义，间或附有郑灼案语。但也可以找到更复杂的科段，比如科段 14 有 9 组经文，科段 15 有 5 组经文。这种主题的划分是义疏体取得的重大进步，但如果没有这份或其他古钞本的明显证据，就会被人忽视。

下面我将《礼记子本疏义》中具有代表性的段落翻译出来，其中包含两组完整的经文：

---

① http://www.wul.waseda.ac.jp/kotenseki/html/ro12/ro12_01134/index.html 关于这部钞本的历史及其现代研究，外加实物描述与可得版本，参见童岭《六朝〈礼记子本疏义〉研究史略——兼论讲疏之别》；华喆《汉唐间经典阐释变迁史论》，第 191 ~ 203 页；山本岩《〈礼记子本疏义〉考》，马云超译，文载童岭编《秦汉魏晋南北朝经籍考》，中西书局，2017，第 195 ~ 213 页。这是山本岩 1983 年发表的日文文章的中译，题为 Raiki shihon sogi kō，是中译名的日文读音。

② 华喆：《汉唐间经典诠释变迁史论》，第 204 ~ 232 页。

③ 乔秀岩：《义疏学衰亡史论》，第 133 ~ 134 页。

【经】男子冠而妇人笄。[1]

【疏义】因妇有终丧之笄，故此以下明男女冠笄恒相对也。吉时男子有冠，则女子吉笄也。若亲始死，男去冠，女去笄。若成服，为父，男则六升布为冠。女则箭筱为笄。若为母，男则七升布为冠，女则榛木为笄。故云“男冠妇笄”也。[2]

皇侃基于经文所作的合理分析直截了当。下面这例在某种意义上是非典型的，因为皇侃没有提出自己的观点，只是引据先儒经注：

【经】(男子冠而妇人笄，男子免而妇人髽。)其义：为男子则免，为妇人则髽。[3]

【疏义】庾云：“《丧服》往往寄异以明义，或疑免、髽以别有其旨，故解之。‘其义’，止于男子则免，妇人则髽，独以别男女而已。非别有义也。”贺玚云：“男去冠，犹妇去笄，义尽于此，无复别义，故云‘其义’也。”

灼案：上既云男免女髽，为名硕异，则恐嫌在物亦殊。故此解之矣。名虽随男女之别而立，“其义”所有，髽免之名耳，非异物也。故云“其义”为男免女髽也。

① 《礼记注疏》卷三十二，第1a页。

② 华喆：《汉唐间经典阐释变迁史论》，第205页。

③ 《礼记注疏》卷三十二，第1a页。

【注】别男女也。[1]

在这段经疏中，皇侃征引了两位前辈注家，即庾蔚之及其师贺玚。对他说的引据是此残卷，也可以认为是原卷的特色。在这份钞本中，皇侃八引庾蔚之，超过除郑玄外的其他注家，郑玄凡19引，其师贺玚只两引。其他则笼统题为“前儒”“通者”“通曰”“王云”。此外又有郑灼案语，全钞凡八见。

如上所述，该钞本被分为35科段，而答问则随着问题在不同点的抛出而出现，又随着“答曰”周而复始。但事实上这些答问很少出现在单条经文及简短《疏义》的科段，似乎只限于那些涉及先儒经注及皇氏大段《疏义》之处。例如上揭两组经文之间有另一经文及皇氏大段《疏义》，其中引证“通者”一、郑注四，又杂有问题六，巧妙集中注意力于重要问题。该钞本共有“或问”曰二十有二，分布于十科段中，包括郑灼两条案语。当孔颖达采掇《义疏》入《正义》时，这两个特点也就泯没，从而标志了“义疏”体的结束。[2]

---

① 华喆:《汉唐间经典阐释变迁史论》，第207页。

② 华喆的《汉唐间经典阐释变迁史论》总结了孔颖达《礼记正义》取用皇侃《礼记子本疏义》时所做改易之类型。他不取皇氏的问答及科段，调整经文编次。他还删去了皇侃的因声求名之说，又删去繁冗，简明其说。他还试图以皇攻皇。

第四章
南朝儒林

五十六卷的《梁书》中有《儒林》合传一卷（卷四十八），同一作者还著有三十六卷的《陈书》，其中亦有《儒林传》（卷三十三）。姚思廉的撰述是建立在其父姚察（533～606）此前的草稿基础上的。姚察来自浙北的吴兴（今属湖州），他将其对历史的迷恋、初尝撰述的文稿，乃至作为陈朝旧臣天然的南朝立场（southern perspective）和忠贞倾向（loyalist leanings），都传递给了自己的儿子。[①] 尽管可能存在派系分野，但这里所比较的两种《儒林传》的明显差异，还是出自学术而非文化上的考虑。对《南史》同类传记（卷七十一）作一简要评述，即可结束本章以及我对南朝部分的处理。

第三章以《礼记》和《论语》的杰出注家皇侃收束，相对应的，本该在第三章后别立这南朝的末代陈朝的专章。但在这个短

① 姚察的本传参见《陈书》卷二十七，第348～355页；《南史》卷六十九，第1689～1692页。姚思廉的传记见载于《旧唐书》卷七十三，第2592～2593页；《新唐书》卷一百二十，第3978～3979页。对于《梁书》的解析，参见 Damien Chaussende 为其所写的条目，载陈美丽（Cynthia L. Chennault）等编，*Early Medieval Chinese Texts*（Berkeley：Institute of East Asian Studies，University of California Berkeley，2015），第167～170页。

暂的王朝里几乎没有堪称杰出的经师。事实上，陈代的经师无一例外都就学于梁代，只是活到了陈代，就沿着已然根深蒂固的路子走了下去。姚思廉《陈书・儒林传序》的末句就点明了这一点，他诙谐地写道“今之采缀，盖亦梁之遗儒云”①。是以在处理梁、陈二代的平衡问题时，方式就像此前南朝文学的骈文创作风尚必须向题材让步一样。

下面两种《儒林传》均出自姚思廉之手，先是《梁书》，再则《陈书》。

第一节　《梁书・儒林传》所载经师

《梁书・儒林传》共收传主 13 位，本书已对其中三位进行了个别研讨：崔灵恩、贺玚、皇侃。表 4－1 提炼出了见于《梁书》的 22 位经师的生平信息，传主的姓名会以粗体标识，而附于传主的次要人物们，通常是其子嗣，也有两位是授受乃师学说的弟子，在表中这类小经师的名字用括号标出。

有些趋势是值得注意的。首先，在表格中 16 位注明了原籍省份的经师中，有八位来自浙江某地（这个数据不包括那些根据其父亲传记而显而易见其籍贯的儿子们，我只计入有明确记载者）。其他地理信息可能有意义，也可能没有，这是因为中国史官关注的是某人的祖籍，而非近来居处。但有两位经师被明言是南渡北人：崔灵恩和卢广。在第三章的讨论中，崔灵恩的价值在于，

---

① 《陈书》卷三十三，第 434 页。

表 4－1 《梁书·儒林传》所载经师

经师	省份	家庭/经济状况	孝行	教育	好尚三玄	著述	为官、授徒及成就等
伏曼容（421～502）	四川[①]	早孤		·自学[②] ·王俭资助[③] ·笃学	·《老》 ·《易》	·《丧服义》[④] ·《老》《庄》《论语义》，《周易》[⑤]《毛诗》《丧服集解》	·私学教师[⑥] ·御前讲《周易》[⑦] ·侍皇太子讲[⑧]
何佟之（449～503）	安徽[⑨]			·独学[⑩] ·王俭推重[⑪] ·好《三礼》[⑫]		文章、《礼义》百许篇[⑬]	·学士[⑭] ·侍皇太子讲[⑮] ·依礼定议[⑯] ·私学教师[⑰]
范缜（约 450～510）	四川[⑱]	·父早卒 ·少孤贫	事母孝谨	·拜师刘瓛[⑲] ·博通经术 ·尤精《三礼》		著《神灭论》	
严植之（457～508）	湖北[⑳]	少遭父忧	孝母[㉑]	·精解《丧服》《孝经》[㉒]《论语》[㉓] ·郑氏《礼》 ·《周易》《毛诗》 ·《左氏春秋》	·少善《庄》《老》 ·能玄言	《凶礼仪注》四百七十九卷	·《五经》博士[㉔] ·听者千余人[㉕]

续表

经师	省份	家庭/经济状况	孝行	教育	好尚三玄	著述	为官、授徒及成就等
贺玚[26]	浙江[27]			·为刘瓛所推举[28] ·少传家业《三礼》之学[29]		·著《礼》《易》《老》《庄讲疏》 ·《宾礼仪注》一百四十五卷	·国子助教[30] ·五经博士[31]
［子贺革（478～540）］				·通《三礼》 ·遍治《孝经》《论语》《毛诗》 ·《左传》			·国子博士[32] ·讲《三礼》[33]
（次子贺季）				明《三礼》			中书黄门郎，兼著作等
司马筠	河南[34]	·孤 ·贫		·师事刘瓛 ·博通经术 ·尤明《三礼》 ·好学			朝堂议礼[35]
（子司马寿）				·传父业 ·明《三礼》			
卞华	山东[36]	·幼孤 ·贫		·通《周易》 ·遍治《五经》 ·与贺玚同业友善[37]			《五经》博士[38]

续表

经师	省份	家庭/经济状况	孝行	教育	好尚三玄	著述	为官、授徒及成就等
崔灵恩[39]	河北[40]			·遍通《五经》 ·尤精《三礼》《三传》 ·笃学		·集注《毛诗》二十二卷，集注《周礼》四十卷 ·《三礼义宗》四十七卷，《左氏经传义》二十二卷，《公羊穀梁文句义》十卷[41]	国子博士[42]
孔佥	浙江[43]			·通《五经》 ·尤明《三礼》 ·《论语》 ·《孝经》 ·师事何胤			·三为国子助教[44] ·《五经》博士
（子孔俶玄）				颇涉文学			太学博士
（兄子孔元素）				善《三礼》			
卢广	湖北[45]			·遍讲《五经》 ·少明经，有儒术 ·精通《三礼》			·言论清雅，不类北人 ·在北为国子博士 ·在南为私学教师[46]

续表

经师	省份	家庭/经济状况	孝行	教育	好尚三玄	著述	为官、授徒及成就等
沈峻[47]	浙江[48]	太史叔明之侄；与之并师事宗人沈麟士[49]		·博通《五经》 ·尤长《三礼》 ·好学笃志[50]		助贺琛撰录《梁官》	·私学教师[51] ·国子助教[52] ·《五经》博士[53]
（子沈文阿）（503～563）[54]				尤明《左氏传》			·传父业 ·国子助教 ·《五经》博士[55]
张及	浙江						·传峻业 ·《五经》博士
孔子云	浙江						·传峻业 ·《五经》博士[56]
太史叔明（474～546）	浙江[57]	与侄沈峻师事宗人沈麟士		治《孝经》[58]《礼记》[59]	善《庄》《老》《周易》[60]		·讲说玄学[61] ·国子助教[62]

续表

经师	省份	家庭/经济状况	孝行	教育	好尚三玄	著述	为官、授徒及成就等
孔子袪（496～546）	浙江[63]	·孤 ·贫		·通经术，尤明《古文尚书》 ·好学[64]		·《尚书义》二十卷 ·《集注尚书》三十卷 ·续朱异《集注周易》一百卷 ·续何承天《集礼论》一百五十卷	·国子助教[65] ·助贺琛、沈峻撰录《梁官》[66] ·协助编纂御注经典[67]
皇侃（488～545）[68]	浙江[69]		性至孝[70]	·师事贺玚 ·尤明《三礼》《孝经》《论语》 ·好学		·《礼记讲疏》五十卷 ·《论语义》十卷 ·《礼记义》	·国子助教 ·讲《礼记义》[71]

注：

①译者注：《梁书》本传云伏氏“平昌安丘人”，后“与母兄客居南海”，安丘属山东，南海在岭南，均与四川无涉，疑误。

②译者注：《梁书》本传中未见相关记载。

③译者注：《梁书》本传只云“卫将军王俭深相交好”。

④题作“义”的注疏说明其为阐释性的，而非文本性的。译者注：《梁书》本传“令与河内司马宪、吴郡陆澄共撰《丧服义》”。

⑤对他关于《周易》的著作，一种“集解”的分析，见简博贤《今存南北朝经学遗籍考》，第201～206页。

⑥译者注：《梁书》本传“聚徒教授以自业”。

⑦译者注：《梁书》本传“宋明帝好《周易》，集朝臣于清暑殿讲，诏曼容执经。曼容素美风采，帝恒以方嵇叔夜，使吴

人陆探微画叔夜像以赐之”。

⑧译者注：《梁书》本传“永明初，为太子率更令，侍皇太子讲”。

⑨译者注：《梁书》本传“庐江灊人”。

⑩译者注：《梁书》本传“师心独学”。

⑪译者注：《梁书》本传“时太尉王俭为时儒宗，雅相推重”。

⑫我用“*Three Rites*”的标题替代原来的“*Three Ritual Classics*”一词，以节省表格空间。译者注：《梁书》本传“佟之少好《三礼》……读《礼》论三百篇，略皆上口”。

⑬《隋书》卷三十二，第920页著录之《丧服经传义疏》一卷就是何氏仅存的礼学著作。

⑭译者注：《梁书》本传“仍为总明馆学士”。

⑮译者注：《梁书》本传“齐建武中……侍皇太子讲”。

⑯译者注：《梁书》本传“佟之明习事数，当时国家吉凶礼则，皆取决焉，名重于世”，又“高祖践阼，尊重儒术，以佟之为尚书左丞。是时百度草创，佟之依《礼》定议，多所裨益”。

⑰译者注：《梁书》本传未见相关记载，或据“永元末，京师兵乱，佟之常集诸生讲论，孜孜不怠”所云，又《梁书》本传中有“历……国子博士”语，表中亦未涉及。

⑱译者注：《梁书》本传云范氏“南乡舞阴人”，南乡今属河南，对此地名的辨证参见〔清〕钱大昕《廿二史考异》卷二十六“范云传”下之考订，又陈垣《史讳举例》卷四第三十八“因避讳二人误为一人或一人误为二人例”。

⑲译者注：《梁书》本传“年未弱冠，闻沛国刘瓛聚众讲说，始往从之，卓越不群而勤学，瓛甚奇之，亲为之冠。在瓛门下积年，去来归家，恒芒屩布衣，徒行于路。瓛门多车马贵游，缜在其门，聊无耻愧”。

⑳译者注：《梁书》本传“建平秭归人”。

㉑译者注：按《梁书》本传未见严氏孝母之记载，唯称其“性淳孝谨厚……少遭父忧，因菜食二十三载，后得风冷疾，乃止”。

㉒严植之的经学著作见存于隋的唯一记录就是《集议孝经》一卷，见《隋书》卷三十二，第934页。简博贤《今存南北朝经学遗籍考》第259～261页对此种《孝经》注有所评议。

㉓严氏题为《论语说》的著作，简博贤《今存南北朝经学遗籍考》第249～252页有探讨。译者注：简氏此书讨论的《论

语说》出自颜延之而非严植之，疑误。

㉔译者注：《梁书》本传“高祖诏求通儒治五礼，有司奏植之治凶礼。四年，初置《五经》博士，各开馆教授，以植之兼《五经》博士”。

㉕译者注：《梁书》本传“植之馆在潮沟，生徒常百数。植之讲，五馆生必至，听者千余人”。

㉖关于贺玚的详细讨论，见第三章第二节。

㉗译者注：《梁书》本传“会稽山阴人”。

㉘译者注：《梁书》本传“齐时，沛国刘瓛为会稽府丞，见玚深器异之。尝与俱造吴郡张融，指玚谓融曰：‘此生神明聪敏，将来当为儒者宗。’瓛还，荐之为国子生”。

㉙译者注：《梁书》本传“祖道力，善《三礼》……玚少传家业……于《礼》尤精”。

㉚译者注：《梁书》本传“举明经，扬州祭酒，俄兼国子助教”。

㉛译者注：《梁书》本传“四年，初开五馆，以玚兼《五经》博士……七年，拜步兵校尉，领《五经》博士”。

㉜译者注：《梁书》本传“迁国子博士，于学讲授，生徒常数百人”。

㉝译者注：《梁书》本传“王初于府置学，以革领儒林祭酒，讲《三礼》，荆楚衣冠听者甚众”。

㉞译者注：《梁书》本传“河内温人”。

㉟译者注：《梁书》本传“高祖因是敕礼官议皇子慈母之服。筠议……于是筠等请依制改定：嫡妻之子，母没为父妾所养，服之五月，贵贱并同，以为永制”。

㊱译者注：《梁书》本传“济阴冤句人”。

㊲译者注：《梁书》本传“与平原明山宾、会稽贺玚同业友善”。

㊳译者注：《梁书》本传“天监初……兼国子助教，转安成王功曹参军，兼《五经》博士，聚徒教授”。

㊴关于崔灵恩的详细讨论，见第三章第二节。

㊵译者注：《梁书》本传“清河东武城人”。

㊶译者注：据《梁书》本传，失载“《左氏条例》十卷”。

㊷译者注：《梁书》本传“高祖以其儒术……兼国子博士。灵恩聚徒讲授，听者常数百人……还除国子博士，讲众尤盛”。

㊸译者注：《梁书》本传“会稽山阴人”。

㊹译者注：《梁书》本传“历官国子助教，三为《五经》博士”，则应三为五经博士而非国子助教，疑误。

㊺译者注：《梁书》本传“范阳涿人……天监中归国”，当为河北人，“湖北”非。

㊻译者注：《梁书》本传云“天监中归国……兼国子博士，遍讲《五经》。时北来人，儒学者有崔灵恩、孙详、蒋显，并聚徒讲说，而音辞鄙拙；惟广言论清雅，不类北人。仆射徐勉，兼通经术，深相赏好。寻迁员外散骑常侍，博士如故”，则其为国子博士在南不在北，所谓“在南为私学教师”，恐是误读“时北来人……聚徒讲说”一句。

㊼沈峻传记收入《梁书》卷四十八，第678~679页，又《南史》卷七十一，第1740~1741页。和他学术评价相关的一件有趣轶事见于第三章，对梁武帝及其支持经学的的介绍中。

㊽译者注：《梁书》本传“吴兴武康人”。

㊾关于沈麟士的介绍，及对其著作《周易要略》的研究，见简博贤《今存南北朝经学遗籍考》，第192~195页。《隋书》卷三十二，第920页著录了一种他所著的《丧服经传义疏》。简著还研究了他的《论语训注》，见第233~239页。

㊿译者注：《梁书》本传“家世农夫，至峻好学……昼夜自课，时或睡寐，辄以杖自击，其笃志如此”。

51译者注：未在《梁书》本传中找到相关明确记载，或据“麟士卒后，乃出都，遍游讲肆”得出？

52译者注：《梁书》本传“兼国子助教……惟助教沈峻，特精此书。比日时开讲肆，群儒刘岩、沈宏、沈熊之徒，并执经下坐，北面受业，莫不叹服，人无间言”。

53译者注：《梁书》本传“奏峻兼《五经》博士。于馆讲授，听者常数百人……复兼《五经》博士”。

54沈文阿亦是《陈书·儒林传》的第一位传主。

55译者注：《梁书》本传“太清中，自国子助教为《五经》博士”。

56译者注：《梁书》本传“传峻业者，又有吴郡张及、会稽孔子云，官皆至《五经》博士”。

57译者注：《梁书》本传“吴兴乌程人”。

58《隋书》卷三十二，第934页著录有《孝经义》。译者注：《隋志》“《孝经义》一卷，梁扬州文学从事太史叔明撰”。

59简博贤《今存南北朝经学遗籍考》还讨论了其《论语集解》，第246~247页。《隋书》卷三十二，第936页著录了一种未标明卷数的《集解》。译者注：按《隋志》著录称“梁有……梁太史叔明集解……各十卷”，则并非未注明卷数，上揭简著亦从《隋志》及阮孝绪《七录》以之为十卷。

60译者注：《梁书》本传“少善《庄》《老》……其三玄尤精解”。

㉑译者注：《梁书》本传“其三玄尤精解，当世冠绝，每讲说，听者常五百余人”。

㉒译者注：《梁书》本传“历官国子助教”，此外传中尚有“邵陵王纶好其学，及出为江州，携叔明之镇。王迁郢州，又随府，所至辄讲授，江外人士皆传其学焉”之记载，表中未录。

㉓译者注：《梁书》本传“会稽山阴人”。

㉔译者注：《梁书》本传“少孤贫好学，耕耘樵采，常怀书自随，投闲则诵读。勤苦自励”。

㉕译者注：《梁书》本传“兼国子助教，讲《尚书》四十遍，听者常数百人”。

㉖译者注：《梁书》本传“中书舍人贺琛受敕撰《梁官》，启子祛为西省学士，助撰录”。

㉗译者注：《梁书》本传“高祖撰《五经讲疏》及《孔子正言》，专使子祛检阅群书，以为义证。事竟，敕子祛与右卫朱异、左丞贺琛于士林馆递日执经”。

㉘皇侃传的译文与详细解读，见第三章第三节。

㉙译者注：《梁书》本传“吴郡人”。

㉚译者注：《梁书》本传“性至孝，常日限诵《孝经》二十遍，以拟《观世音经》”。

㉛译者注：《梁书》本传“起家兼国子助教，于学讲说，听者数百人……召入寿光殿讲《礼记义》，高祖善之……兼助教如故”。

北方通行的仍是《左传》服虔注，而南方已流行杜预注，崔灵恩试图引入新学的尝试虽然流产了，但揭示了在学术考量中，根深蒂固的政治利益仍有一席之地。卢广被描述成和崔灵恩大约同时“归国”（514 年）。紧接在卢广之后的《沈峻传》强调了《周礼》作为群经源本的重要性，并指出相关学问在南方已经失传，但在北方仍然盛行，却为北人的不雅发音（uncouth pronunciation）所碍。[①] 学术传衍中出现这种疏误，也确实打击到了南方的优越感。

其次，并不是这批经师的所有学术著作都会被列入表 4－1。如太史叔明，其学问传播超出浙江范围，却没有任何著作归之于他，但《隋书·经籍志》著录了《论语集解》十卷和《孝经义》一卷，《新唐书·艺文志》《旧唐书·经籍志》则著录了《孝经发题》四卷。[②] 从《儒林传》所记的著作来看，当时礼学研究仍然是领先的，阐释性的注释占了上风，而忽略了对文句的疏解。

再次，需要注意的是，被注明了孝行的经师寥寥无几。22 位经师中，只有 14%，也就是三位符合这一历史叙事传统。当然，那些小经师的相关信息本就不多，所以在此公式中可将其剔除。余下 13 位主要经师中，有三位被归为淳孝，占 23%，这可能是个更有意义的指标。如果孝这种道德品质不仅仅是修辞夸饰，而是确有其事，那么它作为一种老生常谈的情感很容易被注意到。相较于年轻的唐王朝的经师们——短暂的隋代覆亡后他们已享有

① 参见第三章第 55 页注释①对相关篇章的翻译。

② 《隋书》，第 934、936 页；《旧唐书》卷四十六，第 1980 页；《新唐书》卷五十七，第 1442 页。

数十年的太平盛世，孝行的缺失可能是对梁代经师某种类型化的非议。陈代经师被称作孝的比例甚至比梁代还低，凡 17 位经师中只占到 6%，若是在计算中去掉三位小经师，则是 7%，简言之，陈朝数代中只有一位经师因孝行受到表彰。如果我们要扭转这些百分比的意义，似乎唐初学者可从贬损梁、陈来光耀大唐的角度进行解读。

最后一点是对玄学及其依托文本兴趣的下降。据记载，有三位经师研究《老子》，两位研究《庄子》，两位研究《周易》，只有两位研究或讲说玄学。当然，专门针对这些文献的研究是存在的。《隋志》著录的 18 种《老子》注疏中，六种编著于梁，其中最著名的为梁武帝所撰《老子讲疏》六卷；又 21 种《庄子》注中，五种出自梁代，最抢眼者则为梁简文帝萧纲（503～551，550 年在位）所撰《庄子讲疏》十卷。[①] 但是这些《老子》《庄子》注无一出自经师之手，自然也与《儒林传》所收经师无关。《周易》又是另一种情况，因为它既可被入世的儒家学者研究，也为出尘的道家隐士所关注（在某些情况下，超脱的佛家僧侣亦有关注）。《隋书》著录的 69 种《周易》著作中，有 14 种著于梁代，或是传至此时被重新发现或整理。遗憾的是，除伏曼容注《周易》八卷外，这些著作中没有一部出自《儒林传》中人之手。第三章第二节讨论的著名学者何胤也有一部类似的十卷注。这些作者中另一值得注意的著名参与者就是朱异，他又见于表 4－1 的孔子祛条下。朱异有《集注周易》一百卷，大概是因为其不够

① 《隋书》卷三十四，第 1000～1002 页。

繁复，孔子袪又续一百卷。朱异的地位足够突出，可在《梁书》中别立一传，与更有名的经学家贺琛并列。至少在梁武帝全身心投入佛教之前，他亦乐此不疲，也著有《周易大义》二十一卷。

除崔灵恩、贺玚、皇侃外，表4-1所录者均为二流经师（B-grade classicists），但这是从历史角度来说的。从初唐的观点来看，较之隋唐经师的著作，这些经师已显得过时，因此不值得在《儒林传》外为其别立专传。尽管姚思廉卒于637年，此时唐太宗李世民（599~649，626~649年在位）正推行编定《五经正义》的工程，但我确信，正如姚氏所作梁之《儒林传》所显示的：此时的经学已经摆脱了对南朝经学的独有依赖（exclusive dependency）。

第二节 《陈书·儒林传》所载经师

姚思廉还著有《陈书》。事实上，在姚思廉编纂《梁书》前，他本是受命于隋，在其父所著的基础上赓续其成。唐代的开国皇帝唐高祖又重申此令，但直到629年唐太宗李世民又一次下诏重修，才使这一工程再次启动。[①]

表4-2所载经师的详细情况充分证明了姚思廉的结论：陈代的儒生，“盖亦梁之遗儒”。这也能解释为什么许多传记都记载了这些经师在梁代的成就，因为短命的陈代并没有足够的时间培

① 关于《陈书》编纂的过程，参见Damien Chaussende为其所写的条目，收入陈美丽（Cynthia L. Chennault）等编，*Early Medieval Chinese Texts*，pp. 44-47。

表 4－2 《陈书·儒林传》所载经师

经师	省份	家庭/经济状况	孝行	教育	好尚三玄	著述	为官、授徒及成就等
沈文阿 (503～563)[①]	浙江[②]			·少习父沈峻业 ·研精章句 ·颇传之舅王慧兴经术[③] ·博采先儒异同，自为义疏 ·治《三礼》《三传》[④] ·斟酌裁撰其父遗稿制礼[⑤]		·《仪礼》八十余卷 ·《经典大义》十八卷	·国子助教 ·《五经》博士 ·东宫学士[⑥] ·国子博士 ·讲《孝经》《论语》 ·议朝堂礼仪[⑦]
沈洙 (518～569)	浙江[⑧]			·治《三礼》《春秋左氏传》，《五经》章句，诸子史书[⑨] ·好学			·国子博士 ·与沈文阿同掌仪礼
戚衮 (519～581)	浙江[⑩]			受《三礼》于刘文绍	参加简文帝主持的玄儒道学质难[⑪]	撰《三礼义记》，[⑫]《礼记义》四十卷[⑬]	·太学博士 ·国子助教 ·"对梁武帝策问经义"

续表

经师	省份	家庭/经济状况	孝行	教育	好尚三玄	著述	为官、授徒及成就等
郑灼（514～581）	河北[14]	家贫，抄义疏以日继夜，笔毫尽，每削用之		·受业于皇侃 ·尤明《三礼》 ·尝梦皇侃，自后义理逾进[15] ·聪敏，励志儒学			·梁简文引为学士[16] ·国子博士
张崖	江苏[17]			传《三礼》于刘文绍		·广沈文阿《仪注》 ·撰五礼	国子博士
陆诩	浙江[18]			习崔灵恩《三礼义宗》			·讲礼博士[19] ·侍王读书[20]
沈德威	浙江[21]			遁于天目山，遂治经业			·侍太子讲《礼传》 ·太学博士 ·国子助教 ·五礼学士
贺德基	浙江[22]			少游学于京邑，积年不归		于《礼记》称为精明，世传《礼》学	三世儒学，俱为祠部

续表

经师	省份	家庭/经济状况	孝行	教育	好尚三玄	著述	为官、授徒及成就等
全缓	浙江[23]			·治《周易》 ·受《易》于博士褚仲都[24] ·笃志研玩，得其精微	·治《老》《庄》 ·时人言玄者咸推之		·国子助教 ·专讲《诗》《易》
张讥	湖北[25]	·幼丧母 ·年十四，通《孝经》《论语》		·受学于周弘正[26] ·幼聪俊，有思理	·笃好玄言 ·讲《周易》《老》《庄》而教授[27] ·儒生、僧、道并传其业[28]	·撰《周易义》三十卷，《尚书义》十五卷，《毛诗义》二十卷，《孝经义》八卷，《论语义》二十卷，《老子义》十一卷，《庄子内篇义》十二卷，《外篇义》二十卷，《杂篇义》十卷，《玄部通义》十二卷 ·后主尝敕人就其家写入秘阁	·与皇帝论议《孝经》[29] ·为太子讲《老》《庄》[30] ·国子助教 ·与周弘正论《易》[31]

续表

经师	省份	家庭/经济状况	孝行	教育	好尚三玄	著述	为官、授徒及成就等
顾越（493～569）	浙江[32]	·少孤 ·勤苦自立 ·聪慧有口辩		·说《毛氏诗》，傍通异义 ·于义理精明，尤善持论			·五经博士 ·国子博士 ·侍东宫读
（龚孟舒）	浙江[33]			·治《毛氏诗》 ·善谈名理			国子助教
沈不害（518～580）	浙江[34]	·幼孤		·十四召补国子生 ·好学		·治经术，善属文 ·著治《五礼仪》一百卷 ·《文集》十四卷	·太学博士 ·国子博士 ·上书求复立国学、改定乐章[35]
（子沈志道）	浙江			少知名			
王元规（516～589）	山西[36]	八岁而孤	性孝，事母甚谨	·从沈文阿受业 ·十八，通《春秋左氏》《孝经》《论语》《丧服》 ·好学		著《春秋发题辞》及《义记》十一卷[37]； 《续经典大义》十四卷[38]； 《孝经义记》两卷，《左传音》三卷，《礼记音》两卷	·两度领国子助教[39] ·授陈后主《礼记》《左传》《丧服》等义[40] ·国子祭酒 ·参议国家大礼[41]

续表

经师	省份	家庭/经济状况	孝行	教育	好尚三玄	著述	为官、授徒及成就等
（子王大业）				·知名 ·聪敏			
陆庆	浙江[42]			·好学 ·遍知《五经》[43]	值梁季丧乱，乃覃心释典		

注：

①此表中有浙江吴兴沈氏的四位主要代表人物（另附一次要人物），沈文阿是其中第一位。参见唐燮军《六朝吴兴沈氏及其宗族文化研究》，台北：文津出版社，2006。

②译者注：《陈书》本传“吴兴武康人”。

③译者注：《陈书》本传“祖舅太史叔明、舅王慧兴并通经术，而文阿颇传之”，此处失载太史叔明。

④简博贤：《今存南北朝经学遗籍考》，第209～219页讨论了沈氏《春秋左氏经传义略》二十五卷，此书著录于《隋志》，见《隋书》卷三十二，第930页。此外还有一部他的著作亦著录于此，题为《经典玄儒大义序录》，二卷，见《隋书》卷三十二，第930页。

⑤译者注：《陈书》本传“绍泰元年……兼掌仪礼。自太清之乱，台阁故事，无有存者，文阿父峻，梁武世尝掌朝仪，颇有遗稿，于是斟酌裁撰，礼度皆自之出”。

⑥译者注：《陈书》本传“梁简文在东宫，引为学士，深相礼遇，及撰《长春义记》，多使文阿撮异闻以广之”。

⑦译者注：《陈书》本传“高祖崩，文阿与尚书左丞徐陵、中书舍人刘师知等议大行皇帝灵座侠御衣服之制……及世祖即皇帝位，克日谒庙，尚书右丞庾持奉诏遣博士议其礼。文阿议……诏可施行”。

⑧译者注：《陈书》本传“吴兴武康人”。

⑨沈洙本传强调“学者多涉猎文史，不为章句，而洙独积思经术”。

⑩译者注：《陈书》本传“吴郡盐官人”。

⑪译者注：《陈书》本传“梁简文在东宫，召衮讲论。又尝置宴集玄儒之士，先命道学互相质难，次令中庶子徐摛驰骋大义，间以剧谈。摛辞辩纵横，难以答抗，诸人慑气，皆失次序。衮时骋义，摛与往复，衮精采自若，对答如流，简文深加叹赏”。

⑫简博贤：《今存南北朝经学遗籍考》，第141～145页讨论了《周礼音》的佚文。

⑬译者注：《陈书》本传“衮于梁代撰《三礼义记》，值乱亡失，《礼记义》四十卷行于世”。

⑭译者注：《陈书》本传“东阳信安人”，属浙江，河北误。

⑮译者注：《陈书》本传“尝梦与皇侃遇于途，侃谓灼曰：‘郑郎开口’，侃因唾灼口中，自后义理逾进”。

⑯译者注：《陈书》本传“简文在东宫，雅爱经术，引灼为西省义学士”。

⑰译者注：《陈书》本传“晋陵张崖”。

⑱译者注：《陈书》本传“吴郡陆诩”。

⑲译者注：《陈书》本传“梁世百济国表求讲礼博士，诏令诩行”。

⑳译者注：《陈书》本传“天嘉初，侍始兴王伯茂读”。

㉑译者注：《陈书》本传“吴兴沈德威”。

㉒译者注：《陈书》本传“会稽贺德基”。

㉓译者注：《陈书》本传“吴郡钱塘人”。

㉔褚仲都系浙江人，为褚脩之父，褚脩被列入《梁书·孝行传》，见《梁书》卷四十七，第657～658页。在其子本传中，褚仲都被说成是“善《周易》，为当时最”。他著有《周易讲疏》十六卷及《论语义疏》十卷，并见著于《隋志》。简博贤的《今存南北朝经学遗籍考》讨论了其《周易讲疏》的佚文，见第47～61页；对其《论语义疏》的分析见同书第247～248页。

㉕译者注：《陈书》本传“清河武城人”，则属河北而非湖北，误。

㉖周弘正（496～574）是另一位足以列入《儒林传》的著名经学家，但他能别立一传，大概是因为其作为国子祭酒对梁、陈二代皇室的影响力。本传中多录其议礼的记录，他原与袁宪（529～598）合传，袁氏严格来说是一名政治家，顺便一提，他也是隋灭陈之际唯一得以善终的高官。周弘正曾任国子博士，亦是梁、陈两代的尚书仆射。其“特善玄言，兼明释典”。他的著述似乎都基于其在国子之讲演，因此著作宏富，却未必有新意。其中有《周易讲疏》十六卷，《论语疏》十一卷，《庄子疏》八卷，《老子疏》五卷，《孝经疏》两卷，《集》二十卷。据简博贤所论，其《周易》著述延续王弼观点，而其尝试创新的解

读盖出猜测、而非有洞察或依据，见简博贤《今存南北朝经学遗籍考》，第 61 ~ 75 页。周氏本传载《陈书》卷二十四，第 305 ~ 310 页，又《南史》卷三十四，第 897 ~ 900 页。

㉗简博贤的《今存南北朝经学遗籍考》还分析了一种张讥本传失载的《周易讲疏》佚文，见第 15 ~ 25 页。

㉘译者注：《陈书》本传“吴郡陆元朗、朱孟博、一乘寺沙门法才、法云寺沙门慧休、至真观道士姚绥，皆传其业”。

㉙译者注：《陈书》本传“简文在东宫，出士林馆发《孝经》题，讥论议往复，甚见嗟赏，自是每有讲集，必遣使召讥”，是此时简文尚未为帝。

㉚译者注：《陈书》本传“及侯景寇逆，于围城之中，犹侍哀太子于武德后殿讲《老》《庄》”。

㉛译者注：《陈书》本传“是时周弘正在国学，发《周易》题，弘正第四弟弘直亦在讲席。讥与弘正论议，弘正乃屈，弘直危坐厉声，助其申理。讥乃正色谓弘直曰：‘今日义集，辩正名理，虽知兄弟急难，四公不得有助。’弘直曰：‘仆助君师，何为不可？’举座以为笑乐。弘正尝谓人曰：‘吾每登座，见张讥在席，使人懔然。’”

㉜译者注：《陈书》本传“吴郡盐官人”。

㉝译者注：《陈书》本传“时有东阳龚孟舒者”。

㉞译者注：《陈书》本传“吴兴武康人”。

㉟译者注：《陈书》本传“自梁季丧乱，至是国学未立，不害上书……诏答……又表改定乐章，诏使制三朝乐歌八首，合二十八曲，行之乐府”。

㊱译者注：《陈书》本传“太原晋阳人”。

㊲《陈书》卷三十三，第 452 页下校注［二三］称此二书为沈文阿书之续作。《隋书》卷三十二，第 930 页著录了二书的全称：“王元规续沈文阿《春秋左氏传义略》，足以证成此假说。”

㊳分析见简博贤《今存南北朝经学遗籍考》，第 219 ~ 223 页。

㊴译者注：《陈书》本传“天嘉中，除始兴王府功曹参军，领国子助教，转镇东鄱阳王府记室参军，领助教如故”。

㊵译者注：《陈书》本传“后主在东宫，引为学士，亲受《礼记》《左传》《丧服》等义，赏赐优厚”。

㊶译者注：《陈书》本传“每国家议吉凶大礼，常参预焉”。

㊷译者注：《陈书》本传“时有吴郡陆庆”。

㊸译者注：《陈书》本传下有“尤明《春秋左氏传》”语。

养起本朝的经师。在中国史传的记述中，沈不害之子沈志道被称为“少知名”，可能就是一位未来的经学大师，其本传却戛然而止于“祯明三年（589）入隋”。[①] 可叹者，《隋书》所载也未提及此后沈氏在新朝的行迹。

用我们现代人的眼光来看，由南入北者中最知名的当然是颜之推（531～约597）。[②] 他并非专门的经师，也不完全是学者。但他所受的经学教育对他作为官员、文人、书家、画家都很有帮助。颜之推起家于梁代，552年为避篡夺梁位的叛逆侯景（卒于552年）的劫掠，他追随梁的皇子至湖北。复为地方争斗与叛乱所席卷，终在554年被俘入长安。两年后其妻子亦随之至此。[③] 他最终决定留在北土，不再南归仕于承梁的陈代。他就任于北齐宫廷，官至黄门侍郎，此后他就以此职衔闻名。自北周在576年灭北齐，他也曾官于北周，最终在隋代作为高官为人所重。作为睿智的国家重臣与家族之长，颜之推将自己对文化的洞察、政治的反思以及殷切的劝诫汇集为《颜氏家训》一书，是书蕴含了丰富信息，亦能为有思想的读者带来启发和愉悦，得到了学者广泛

---

① 《陈书》卷三十三，第448页。

② 至于经学领域，另有两位在北方影响力更为显著的南人。沈重来自浙江，系一位著述宏富的注家。和颜之推一样，梁朝覆灭后他暂迁湖北，很快又去了长安。此后他被看作是北周的经学家，第六章第三节之表6－3将会收入他。萧该（约535～约610）来自江西（译者注：萧该为梁鄱阳王萧恢之孙，并非江西人），他加入了编订《切韵》的非正式团体，还著有两部音义类注疏，将在第八章第一节论及隋代音韵学发展的部分内容中讨论他。

③ 译者注：韩大伟原文 two years later his family joined him there。根据《北齐书·颜之推传》“值河水暴长，具船将妻子来奔，经砥柱之险，时人称其勇决”语，“妻子来奔”非谓家人自南入长安与之团聚，而是随之自西魏入北齐。

而长久的推崇。①

虽然颜之推不是严格意义上的经学家，但他在教育和学术、南北文化和语言（主要是发音和用词的不同）的差异、持家之法、终身学习之重要以及佛教之妙趣等方面都广有论述。他对《老子》《庄子》拥有学术兴趣，却并未同时致力于玄学。这是一个有益的例子，提醒我们：根据一个人的阅读习惯不一定能推出与这些书相关的其他兴趣。就颜之推而言，他在接受道家思想的同时，也舍弃了玄学。

在《陈书·儒林传》中，有两处详述了北方经学的影响。其一是在《陈书·戚衮传》——一位淹留北方的梁代经师的传记，据《陈书·戚衮传》所记，当时有一位北朝经师宋怀方，入南"归国"时携带了《仪礼》《礼记》疏。官国子博士之时，他曾反驳了《仪礼》一种"义"体注解，或许这就是梁武帝的未刊之作。② 对其所携注疏，宋怀方一直"秘惜不传"。直到死前，他告诉其家人说"吾死后，戚生若赴，便以《仪礼》《礼记》义本付之，若其不来，即宜随尸而殡"。我们应当推定，对《仪礼》文本中的问题，宋怀方所持的反面观点当源于他南奔时所携的注疏。

第二个案例就是来自山西太原的王元规。其本传明言北方的《左传》之学在梁代已传至南方："自梁代诸儒相传为《左氏》

---

① （邓嗣禹）Teng Ssu-yü, *Family Instructions for the Yen Clan: Yen-shih chia-hsün. An annotated translation* (Leiden: Brill, 1968).

② 译者注：据《陈书·戚衮传》"就国子博士宋怀方质《仪礼》义"句，此句主语为戚衮，并非国子博士宋怀方，"《仪礼》义"（a *yi* commentary on the *Ceremonials and Rituals*）恐怕并非为梁武帝注疏。

学者，皆以贾逵、服虔之义难驳杜预，凡一百八十条，元规引证通析，无复疑滞。"[①]

表 4-2 所录 17 位经师（其中三位为小经师）中，除一位以外，其他都注明了其家所在地域的信息。在这 16 位经师中，共有 12 位，合 75% 来自浙江。这比梁时来自此重要地区的经师占比的 44% 有所上升，这可能反映了该国皇权的颓缩，难以吸引更广区域内的学者；又或是儒家思想的吸引力（lure of Confucianism）下降。无论怎样，这都是一个值得思考的数据。

17 位经师中只有两位对玄学、《老子》或《庄子》表现出了兴趣。《隋书・经籍志》中反映此代玄学成就的也很少。关于《周易》的唯一著述就是周弘正的十六卷《周易义疏》，他与表 4-2 中的张讥有关，[②] 他还著有《庄子内篇讲疏》八卷。[③] 除此以外，陈代经师对这三部影响深远的典籍均未有论述。陆庆本传的末句正显示了佛教对于儒学的恶劣影响。在描述了陆氏如何辞不就官、屏居修禅之后，姚思廉下了断语，"由是传经受业者盖鲜焉"[④]。

第三节　《南史・儒林传》所载经师

南、北二史之《儒林传》出自另一位踵武其史家父亲的孝子之手。李延寿（卒于 680 年）是一位唐代史家，他仍旧按司马迁、班固以降续成父辈未竟之业的古老著史方式来撰写史书，此

---

① 《陈书》卷三十三，第 449 页。
② 《隋书》卷三十二，第 912 页。
③ 《隋书》卷三十四，第 1002 页。
④ 《陈书》卷三十三，第 450 页。

前所见姚思廉与其父姚察亦是此种模式的一个案例。是以在治史的动机中，孝道占据了举足轻重的地位，这也许可以解释为什么一旦历史记载中出现了孝，史官们就必然会强调这种美德。另一强大力量似乎也推动着李延寿，他要努力破除所论的这一时代中干扰南、北政权彼此理解的文化盲点（cultural blinders）。李延寿的父亲曾以南、北方对彼此的典型看法为例，把这种普遍存在的扭曲而自以为是的心态提炼了出来：北人因其对发型的偏好被称为“索虏”，南人则因为所居近东海被归为“岛夷”。[①] 李延寿著史时试图“修正”这些在明显非人化的转喻中显现的先入为主的偏见。[②]

李延寿的父亲李大师（570～628）为相州（今属河南安阳）人，曾以编年体草拟南北各朝史。当其卒后14年，李延寿开始承续乃父之业时，按照正史改造其体例，分为帝王本纪、个人传记和群体合传。李延寿曾入官修史局，参与唐代国史及《晋书》《隋书·经籍志》的修撰，但其《南史》《北史》为私家著述。这两部私史都成于659年，前者八十卷，后者一百卷。相较于早先用语高古、辞藻华丽的史书而言，这两部史书的优势在于李延寿删去华丽的辞藻，减少高谈阔论，增补亡佚史事，使得李氏在相关史家中地位颇为显要。以上是对李延寿著作的总体评价，虽然在这两种《儒林传》中我几乎没有找到可补姚思廉或其他史家

① 晁公武（约1105～约1180）撰，孙猛校证《郡斋读书志校证》（上册），上海古籍出版社，1990，第241页。

② 晁公武撰，孙猛校证《郡斋读书志校证》（上册），第241页。李延寿本传见《旧唐书》卷七十三，第2699页。Mark Strange 和 Jakub Hruby 对《南史》的分析载陈美丽（Cynthia L. Chennault）等编，*Early Medieval Chinese Texts*，pp. 209－216.

述及经师的信息，除了偶尔列出一部新著作，偶尔插入一段历史记录，或是一书卷数不同。[①]

《南史·儒林传》共收22位主要的经师（即在书中独立一目）与16位小经师（即被附在其师长名下）。共计38位传主中，有六位被明确为陈代经师，其余32人以时间顺序排列，其生涯横跨数朝，最终卒于陈或隋。传主以梁代经师伏曼容为首，故并没有确实归于宋齐二代的经师得入此群英会。《南史·儒林传》所载的22位大经师，梁、陈二史俱已论及，只是《梁书·儒林传》所载13位经师中有两位、《陈书·儒林传》所载14位经师中有四位未被收入《南史》的此传。因此李延寿在发掘南朝被忽视的经师中隐藏着的人才方面并没有任何创造，他对这些朝代重加限断，至于经学大师，只在最后两代，梁代最为显著出现。

第四节　结论

三种《儒林传》表明，以总述的形式陈述信息，其优点在于能方便地把学术动向（scholarly trends）、地域演进（regional derivations）和具体的经典著作集中呈现，但缺点更多，包括没能完整地记录传主的所有学术著作，而又收录了许多并未能对经学研究做出多大贡献的小经师，他们只能反映一位大经师对其家族及弟子的影响范围。最糟糕的是，这些《儒林传》会考虑到大经师在其他领域的恶名将其置于传外，这种恶名在其重要的政治生

① 李延寿本传见《旧唐书》卷七十三，第2600～2601页；《新唐书》卷一百零二，第3985～3986页。

涯或作为文人隐士的典范作用上展现得最为显著。对于这些杰出的政治家们，与政治相关的历史记录及其他文书都会被长篇累牍地引用，而作为经师，他们的儒学著作却少见称引。

从我的这部经学史的现代观点看来，经师的政治履历不过是背景，在很大程度上偏离了我们的叙事主线（narrative line）；我们有意将其经学成就置于其政治事功之上。但至少按照中国传统史学的观点，后者才是衡量一个儒生平生功业成功与否的主要标准。无论如何，这些传记保存了他们的信息，我们应当尽可能地利用它们，而非武断地认定其讲完了整个故事。

第二部分　北朝、隋及初唐

第五章
北方学风

北朝在311年，永嘉年间（307～312）的八王之乱后正式开始，延及589年隋朝重新一统天下[①]。政治动荡、宫廷政变、对峙政权的兴衰迭起，纷繁复杂的事件使得对这段经学史进行线性处理至少是笨拙的，特别是这种做法并不能阐幽发微。不如以著名经师作为叙述的重点来得清晰。不过自我们现在所处的历史距离，凭借此时代丰富的传统史著，也可看出总体的趋势，下文将详述这些趋势。首先，我将回顾三位史家的著作，一位是传统史家，两位是当代“修正主义”（revisionist）史学家，他们就北方经学的性质给出了三种彼此矛盾的解读。

第一节　对北方经学性质解读的三种观点

唐代史家李延寿（活跃于650年前后）所撰《北史·儒林传序》构建了对北朝经学的传统理解。皮锡瑞的名著《经学历史》从李延寿《儒林传序》中提炼出了精髓：“江左，《周易》则王

① 译者注：韩大伟先生的“北朝”，包括了通常史学意义上的“十六国”的匈奴汉国刘聪攻陷洛阳，直至隋平陈。更接近“河洛”“北方”这样的概念内核。

辅嗣，《尚书》则孔安国，《左传》则杜元凯。河洛，《左传》则服子慎，《尚书》《周易》则郑康成。《诗》则并主于毛公，《礼》则同遵于郑氏。"[①]

根据这种观点，南北经学的差异从根本上说源于尊奉的经典注释各异。当然，序文中也描述了一些风格差异，如："南人约简，得其英华；北学深芜，穷其枝叶。"[②] 两处引文构成的《北史》中的此段文字，既是《儒林传序》的卒章显志，亦即留给读者的最后印象。其将南北经学的异同归结于对习经课程的简单选择。王弼以其对《周易》的诠释在经注传统中登峰造极，由于他的突出地位，近来有种观点认为孔颖达《五经正义》充斥着沾染了玄学色彩的南方经学。是以南学吸收、取代北学是源于文化因素，将其注疏的观点与当时知识分子的观点进行了调和。

这种基于文本的南朝文化优势论（cultural superiority）最近受到了潘忠伟的反驳。他辩驳称北朝经学家刘焯及其挚友刘炫的影响力与王弼一样强大，尤其是在《诗经》和《礼记》注疏上。那部著名的、由孔颖达编定的经书并不止反映南方学术。事实上，尽管南方经学家皇侃、北方经学家熊安生所作《礼记》注解同样声名显赫，即是孔颖达训解此书的基础，但在此学术交融中，南渡北人崔灵恩三礼注疏的加入，确保了孔颖达礼学实际上基于北方经学，南方经学只充当了辅助角色。[③]

---

① 《北史》卷八一，第2709页；皮锡瑞：《经学历史》，第166页。此处及下条引文并已见称于第一章。

② 《北史》卷八一，第2709页。

③ 参见潘忠伟《北朝经学史》。

然而与此结论相悖的事实表明，孔颖达注《礼记》直接称引南方经学家多于北方经学家，且孔氏作注的底本为皇侃注本，也许就是日本现存钞本《礼记子本疏义》的原本。在孔颖达引及的南北经学家中，五位来自南朝：崔灵恩、庾蔚之（卒于约464年）、贺玚、贺循，当然还有皇侃；三位来自北朝：徐遵明、李业兴（484～549），以及熊安生，除非我们想说，南渡北人崔灵恩应该按照他就学之处来划定区域。[①] 这样一来，就会出现南北平分秋色的状况，但对底本皇侃注本的依仗，又使得天平偏向了南方经学。隋代（581～618）北人刘炫、刘焯的著述对孔颖达注解工作尤为重要，使得评价倾向性更为显著，因为他们大量取法于南方经学传统。

当代经学家陈鸿森接受了北学为南学所并的传统观点，但将其归结为一个此前未被发现的因素。尽管皮锡瑞认为郑玄、服虔之学大行于北朝，似乎可以证明北学更为纯正，陈鸿森解释说，就北朝经学总体状况而言，在某些经典上较为空疏，且直到末季都甚拘守，少有发明。他是在仔细考察了历史记载后做出的这一结论，其阐幽发微胜过皮锡瑞的宽泛论断。[②]

在一篇从“盛衰”角度评议南北朝经学的重要文章中，黄忠天纯然立足于历史而非文本因素，包括政策支持、教育机构、文化考量以及书籍生产等经学背后的因素。他还概括出了以下五个

① 《礼记正义序》，《礼记注疏》卷一，第3a、3b页。关于五位南方经学家的讨论见第二、三章，本章将论及三位北方经学家。

② 陈鸿森：《北朝经学的二三问题》，《“中央”研究院历史语言研究所集刊》，第六十六本第四分，1995，第1075～1101页。

方面的结论：（1）与南方相比，北朝君主在心态及制度上都更重视经学；（2）北朝国祚较长、较稳定，是以更能稳步推进官学；（3）北朝国子学与地方学都较南朝数量多、持续久，然而就私学而言，南朝参与者更众，南方文化底蕴对经学繁盛的促进作用远大于北朝官方支持所起的作用；（4）盛行于南方的玄学的影响，使得皮锡瑞认定南朝经学不如北朝“纯正”，然而南朝经学面对新思潮更能创新，更为开放，无论是纯正或是创新，均可成为判定此时代经学盛衰的指标；（5）北朝书籍的普遍缺乏，既延缓了汉化过程，又阻碍了经学的发展。见载于史、可断定出自南北经学家的经学著述的数量细分如下：《周易》南朝 44 部、北朝 11 部；《尚书》南朝 16 部、北朝 3 部；《诗经》南朝 32 部、北朝 8 部；《三礼》南朝 108 部、北朝 26 部；《春秋》南朝 84 部、北朝 22 部。[①] 这些只是暂时的数据，因为已知的书名及作者的数量远多于可判定其地理归属者的数量，不过这些数据仍是具有启发性的，且与历史记载相合——总的来说，南朝书籍丰富而北朝书籍短缺。

至于北朝经学兴衰过程中的具体风尚，焦桂美做了如下历史概述，并指出以下要点，经学的性质与质量问题——是否如前所述，趋于南朝还是北朝——在她的简要研究中却并未被涉及。

从 386 年北魏（386 ~ 534）建国，到 581 年北周（557 ~ 581）灭亡，此所讨论的时期凡 195 年。534 年，北魏分裂为东魏

① 黄忠天：《南北朝经学盛衰评议》，《“政大”中文学报》第 12 期，2009，第 89 ~ 120 页。

(534～550)、西魏（535～556），550年，北齐（550～577）取代东魏，而577年，北周又灭了北齐。我们不会按照朝代，而是按时间顺序来划分论及的经师们。作为核心的北魏、北齐、北周三朝尤为肯綮。以下是对焦桂美对北朝经学研究的学术成果的节略。[①]

北魏一代之经学可分为三个阶段。第一阶段包括道武帝（386～409年在位）至献文帝（466～471年在位）统治期间，系初步发展时期，表现为立太学、置博士、增加国子太学生之生员。献文帝设立乡学，由国家下令，置博士、助教、生员。这一举措扩大了教育对象的范围，此前仅限于在京城的贵族子弟，此项举措纳入了广大的乡里平民，进一步巩固了经学的基础。

第二阶段是经学的兴盛期，包括了孝文帝（471～499年在位）至宣武帝（499～515年在位）在位时期。孝文帝博学多通，能讲五经，创造了支持鼓吹经学的环境，使得其经学研究的精微处为南朝所不能及。对于弘扬经学和具体实施政策，宣武帝同样给予了高度重视，置国子、立太学、树小学于四门并诏求天下遗书。

第三阶段为516年至535年，接连几任皇帝短祚，缺乏强有力者主政，初时置立学校的主张也未及落实，故而经学无可避免地式微。在527年以后，经学与北魏国力同衰。李郁的《礼记》学、卢辩的《大戴礼》学似乎就是此时代经学唯一的回光返照。[②]

---

① 焦桂美：《南北朝经学史》，第336～345页。

② 卢辩及其学术是第五章第二节的重点，李郁的其他方面则不为人知。

至于北齐（550~577）一朝，以开国皇帝文宣帝（550~559年在位）最崇儒学，不难料到，这是因为法统观念的重要组成部分——政权的合法性就建立在儒家价值观的基础上。他为孔子后裔改封，亲临并修葺曲阜的孔庙，令国子学生研习《礼经》，又将残损的52枚熹平石经（刻于175~183年）移至其都城邺城（今河北南部临漳），并恢复乡里的地方教育，在国家层面为经学张目。然而他本人并未践行儒道，反而是个暴戾残忍的统治者，在这种矛盾的情况下，源出儒家的经学自然无法大兴。孝昭帝（560~561年在位）欲恢复礼度，重视教育的改革和礼乐制度的重建。其继任者，母弟武成帝（561~565年在位）继续其改革，甚至亲自策试秀才，经过考试的考生们获得了秀才的地位，通过策试后将被授予官职。这一史事是北齐史传中最后一次提及教育与经学。

北周（557~581）是北朝又一不遗余力地推行儒学教育的朝代，其选择以周为朝代名称，本身就是有意识地使这一新王朝与古之周朝，以及其思想体系的提炼者——孔子保持一致。前期的君主依照《尚书》制定国之大典。北周武帝（561~578年在位）亲讲《礼记》，强调周代古礼的颁行对于其治下昌明的作用。[①] 在朝堂论难过后，他明确规定了国家意识形态的优先级：以儒为先，道次之，佛为后。他礼遇甚或以殊礼对待熊安生等经师。可

① 关于《周礼》在北朝后期的作用，参见（裴士凯）Scott Pearce，“Form and Matter: Archaizing Reform in Sixth-Century China”，收入（裴士凯）Scott Pearce，（司白乐）Audrey Spiro，（伊沛霞）Patricia Ebrey，*Culture and Power in the Reconstitution of the Chinese Realm*，200 - 600（Cambridge，MA：Harvard Asia Center，2001），pp. 149 - 178。

惜他三十六岁即逝，三年后政权落入杨氏手中，杨氏为皇族宇文氏的外戚，也就是之后隋代的建立者。

正如陈鸿森观察到的，尽管上揭北方三朝官方推崇儒学，并在制度上有所发展，但北朝之经学著作相对荒疏，少有发明。经学显然不是国家支持的产物，而是源于个人的学识和付出，乃至根深蒂固的文化传统。在这样的历史背景下，我们现在转向考察个别经师经学研究的文本，试图揭示他们的研究历程、具体的注释方法，以及北方经学世家的相对重要性。

第二节 治《礼记》的北朝经师

一 徐遵明

徐遵明是北朝最早广有盛誉的经师。其弟子众多、教学生涯历时较久，对北朝经学的发展产生了巨大的影响。全文翻译《北史·儒林传》中他的传记是非常有价值的，其本传展现了他对名师的访求（包括名师的个人缺点）、与小经师们的交接、与同学的交游、其所致力的重要经学文本，以及基于稀见写本保存经典文献的线索，这些内容能揭示出当时经学的一般状况。简言之，一位经师在乱世中丰富多彩的一生志向与事业被简单勾勒出来，在某些方面，还用温和的笔触突出了细节。[①] 当然，对于史传中所提到的某些人物、事件得加些注释，这是为现在的研究者们提

① 《北史》卷八十一，第 2720～2721 页。《魏书》所载徐氏本传内容更多，但是某些历史记录的插入，如李业兴上书皇帝为徐遵明求取谥号，使得此传过于冗长，超出了翻译能够处理的合理长度，《魏书》卷八十四，第 1855～1856 页。

供一些必要的背景知识，而对于旧时的读者来说，这些早就烙印在他们的头脑和记忆里了。

徐遵明字子判，华阴人也。幼孤，好学，年十七，随乡人毛灵和[①]等诣山东求学。至上党，乃师屯留王聪[②]，受《毛诗》《尚书》《礼记》。一年，便辞聪游燕、赵，师事张吾贵[③]。吾贵门徒甚盛。遵明伏膺数月，乃私谓友人曰："张生名高而义无检格，凡所讲说，不惬吾心。请更从师。"遂与平原田猛略就范阳孙买德。[④] 受业一年，复欲去之。猛略谓遵明曰："君年少从师，每不终业，如此用意，终恐无成。"遵明乃指其心曰："吾今知真师所在矣，正在于此。"乃诣平原唐迁[⑤]，居于蚕舍，读《孝经》《论语》《毛诗》《尚书》《三礼》。不出门院，凡经六年，时弹筝吹笛，以自娱慰。又知阳平馆陶赵世业家有《服氏春秋》，是晋世永嘉旧写。遵明乃往读之，复经数载。因手撰《春秋义章》为三十卷。

是后教授门徒，每临讲坐，先持经执疏，然后敷讲。学徒至今，浸以成俗。遵明讲学于外，二十余年，海内莫不宗

① 毛灵和其他事迹不可考。

② 王聪其他事迹不可考。

③ 《魏书》有一篇张吾贵的简短传记，其中重点见第六章表 6-1。传中称张氏习《礼》《易》而不通《左传》，直到其需讲授此经，于是迅速在当地寻觅一位专家为之讲。一月之内，张氏兼读杜、服，及讲，隐括两家，异同悉举。参见《魏书》卷八十四，第 1851 页。

④ 田猛略、孙买德其他事迹均不可考。

⑤ 唐迁其他事迹不可考。

仰。颇好聚敛，与刘献之[1]、张吾贵皆河北聚徒教授，悬纳丝粟，留衣物以待之，名曰影质，有损儒者之风。遵明见郑玄《论语序》云“书以八寸策”，误作“八十宗”，因曲为之说。其僻也皆如此。献之、吾贵又甚焉。

遵明不好京辇，以兖州有旧，因徙属焉。元颢[2]入洛，任城太守李湛[3]将举义兵，遵明同其事。夜至人间，为乱兵所害。永熙二年，遵明弟子通直散骑侍郎李业兴[4]表求加策命，卒无赠谥。

徐遵明传有意识地强调其生平和学术与郑玄的相似性，即四处从师、广泛就学、博通经术。此外，该传记还通过徐氏找到的《服氏春秋》旧写，进一步明确了徐、郑二人的联系，服虔注即基于郑氏注。对徐氏之“僻”的指责源于其治学不够严谨，亦以经文为不可改动者，因为他似乎满足于就谬误的文字曲为之说，而非进行初步的校勘以实现最佳的解读。从唐代的观点来看，这是一个很容易提出的批评。但是，对写本进行全面的整理原不必

① 刘献之，河北中部博陵人，为博观众籍的经师，其著名撰述颇多，有：《三礼大义》四卷、《三传略例》三卷、《注毛诗序义》一卷、《章句疏》三卷，其注《涅槃经》未就即卒。其《左传》学有一奇怪之处，每讲之，至隐公八年（公元前 715 年）辄止，不但忽略了隐公（即《左传》开篇第一公）的最后三年，更不及此后的十一公。是以其弟子不能究解《左传》，刘氏则为新说辩驳称至隐公八年《左传》义例已了。其本传见载于《魏书》卷八十四，第 1849 ~ 1850 页；又《北史》卷八十一，第 2713 ~ 2714 页。他也被收入第六章表格 6 - 1。

② 元颢（485 ~ 529）为皇族拓跋氏后裔，在朝政纷乱之时反叛皇帝，攻破首都洛阳，并在此建立了其短命王朝。

③ 李湛为太子舍人，曾随其父李浑出使南陈，《北齐书》卷二十九，第 394 页，有其简略的本传，《北史》卷三十三，第 1207 页全同。

④ 李业兴是第五章第二节的关注核心。

是徐氏精神追求的一部分，也显然并非其同时代南北朝少数人思想的组成部分。而且由于可利用到的版本不足，在此种情形恐怕无论如何也不可能做到这点。对徐遵明的批评，应只限于斥责他未指出经文有不可解之处的可能，这是当时学界的标准做法，现在也是如此。

徐遵明的经学注疏无一见著于《隋志》，这说明其著作早佚，很可能是为稍后皇侃、熊安生之学的盛名所掩盖。其他现存典籍中也未见任何佚文留存。所以，无论是他作为经学家的高名，还是其对版本疏于考证所带来的令人困扰的谬误，都只能对史传所记不加分析地信以为真。

二 李业兴

可堪比对的是，徐遵明的得意门生李业兴的著作则在唐代书目中留下了印迹。李氏有两部著作见载于《隋书·经籍志》，均为篇幅短小的历法之书（chronologies）。[①] 他的经学著作则未在后世产生任何影响。但他既然被列入《北史·儒林传》，则反映了中国中古时期对其的看法，孔颖达也承认在《礼记正义》中曾借鉴李氏。[②]

李业兴生于山西东南部的上党，其父、祖并以儒学举孝廉。

---

① 《壬子元历》与《七曜历疏》，均为一卷，见《隋书》卷三十四，第1023、1024页。李业兴本传见《魏书》卷八十四，第1861~1865页；又《北史》卷八十一，第2721~2725页。译者注：除上所述两种著作外，《隋志》还著录有李业兴《甲子元历》一卷，《七曜义疏》一卷，共四种。

② 译者注：韩大伟原文 Kong Yingda acknowledged his debt to Li among the sources of his own *Correct Meaning* commentary of the *Records of Ritualists*. 其意可能就是将《礼记正义序》中涉及的北学传礼者归入唐人作《正义》时的参考对象。

他志学精力、不惮勤苦，习惯负帙从师，或许说明他希望将受之于师者与书籍所载相互印证。他“耽思章句，好览异说”，其用力于文献更是表现明显。正是因为这种学术取径与开放的态度，他才成为徐遵明的弟子，尽管此时徐遵明声誉尚不高，著录尚寡。正是李业兴对其时更为著名的经师鲜于灵馥的一次不如人意的拜诣，这次鲜于灵馥对于《左传》的解说不太恰切，使得李业兴返回至徐遵明身边时，鲜于灵馥的生徒均从之。这批学生的涌入使得徐遵明声名大起。[1]

李业兴此后的研究博涉百家，图纬、风角、天文、占候以及历算。跟随父祖的脚步，李业兴亦举孝廉，为校书郎，参修国历（daily imperial diary），尽管历官甚多。他继续修改旧历，包括殷历与黄帝历。在升任高官，任皇帝侍读时，他参与修订、解释礼制，包括乐器、衣服与百戏等。他又任官职在北魏后的一朝，遍仕早期诸帝。他热爱收藏古籍，搜集达万卷，晚年览读不息，手自补治，躬加题帖。当世诸儒服其礼学渊博。大概是通过口传心授，学界才将其注解保存下来传至唐人，孔颖达才得以在作疏时利用到。

529 年，李业兴代表北魏出使梁朝，其间有一段有趣而又耐人寻味的情节。梁武帝、大臣朱异与北人李业兴间进行了一场私人谈话。大臣问了他许多问题，涉及战略、地理、国家安全及礼制。皇帝却是从学术角度询问他，就《诗》《书》《易》《礼》等经典，从玄学与佛学思维的角度来探讨，并采用了问答和辩论的形式，而这位方正的儒生显然对这些技巧既不精通也不感兴趣。

① 鲜于灵馥其他事迹不可考。

李业兴要么直接承认对这些内容不了解，要么径自回答，有时还很尖锐。整个事件提供了一个极好的入口，让我们得以一窥南北方之间截然不同的知识背景。[①]

三　熊安生

熊安生是孔颖达所采用北方礼学的第三大宗源头。[②] 我将译出《北史》所载其简传的前面部分，庶几可解其为师治学的成就。

> 熊安生字植之，长乐阜城人也。少好学，励精不倦。从陈达[③]受《三传》，从房虬[④]受《周礼》，事徐遵明，服膺历年，后受《礼》于李宝鼎[⑤]，遂博通《五经》。然专以《三礼》教授，弟子自远方至者千余人。乃讨论图纬，捃摭异闻，先儒所未悟者，皆发明之。……安生既学为儒宗，尝受其业，擅名于后者，有马荣伯、张黑奴、窦士荣、孔笼、刘焯、刘炫等，[⑥] 皆其门人焉。所撰《周礼义疏》二十卷，《礼

---

① 《魏书》卷八十四，第1863、1864页。乔秀岩非常敏锐地分析了这一情节，揭示了此次交锋所表现的独立思想脉络，显示了南北学术根本不同的立足点。参见乔秀岩《义疏学衰亡史论》，第193～199页。

② 译者注：这里的“第三”（the third source）是承上文而来，前面已述徐遵明、李业兴，此述熊安生为第三。

③ 陈达其他事迹不可考。

④ 房虬其他事迹不可考。

⑤ 李宝鼎其他事迹不可考。

⑥ 荣伯为马光之字，其为河北邯郸附近武安人。马氏精通《三礼》，又博览图书谶纬。在隋代前期，马光与张黑奴、窦仕荣、孔笼，以及此处未提及的其他两位同时代人（张仲让、刘祖仁）一道入长安任太学博士，名列“六儒”。“六儒”中有五人身世均不幸，说详《隋书·马光传》。马氏被誉为北朝自熊安生以降唯一一位《三礼》儒宗。《隋书》卷七十五之《儒林传》，第1717页，及《北史》卷八十二，第2761页，均有其简短的传记，第七章译有《隋书》中本传。隋代的两位著名儒者，刘焯、刘炫将在第八章中论及。

> 记义疏》三十卷、[①]《孝经义》一卷,[②] 并行于世。安生与同郡宗道晖、张晖、纪显敬、徐遵明等为祖师。[③]

熊安生的老师中有徐遵明，亦即熊氏与李业兴为同门。是以可以合理推测，无论是通过传播李业兴的口授，或是凭借熊氏自己的经注，熊安生都是李业兴经说传播的源头之一。熊氏经学著作集中在《周礼》《礼记》上，两种注疏均是卷数较多的义疏体。相较而言，只有一卷的《孝经义》肯定是对当时常例的一种形式上的认同。清代藏书家马国翰曾从孔疏中辑出熊氏著作的 321 条佚文。[④]

在本书第三章中，我引及孔颖达对皇侃、熊安生二氏《礼记》著作优缺点的对比，此处复引之。

> 其见于世者，唯皇、熊二家而已。熊则违背本经，多引外义，犹之楚而北行，马虽疾而去逾远矣。又欲释经文，唯聚难义，犹治丝而棼之，手虽繁而丝益乱也。皇氏虽章句详正，微稍繁广。又既遵郑氏，乃时乖郑义，此事木落不归其本，狐死不首其丘。此皆二家之弊，未为得也。然以熊比皇，皇氏胜矣。虽体例既别，不可因循，今奉敕删理，仍据

① 《周书·熊安生传》著录此书为四十卷。

② 《周书·熊安生传》题为《孝经义疏》。

③ 《北史》卷八十二，第 2743～2745 页；《周书》卷四十五，第 812～813 页。

④ 马国翰：《玉函山房辑佚书》第三册，第 69～103 页。可做对比的是，马氏还辑出了皇侃《义疏》的 325 条佚文，说明孔颖达稍偏重于后者。

皇氏以为本，其有不备，以熊氏补焉。[①]

先前我曾分析了皇熊氏对于经文中同一段的不同注释，并论证皇侃的解读更为合理。[②] 焦桂美曾据孔颖达存录的熊氏义疏的大量佚文，勾勒出了熊氏解经的特色，我将再分析几段新的经文，以核验其说，并展示熊氏的注释方法。

第一，熊氏独尊郑注，心无旁骛。这包括自己阐明郑义，以及对误解郑义者予以驳正。第二，注重互证，务求有据。这种互证法自然引书范围广，包括经书、经注、纬书，以及先秦、秦汉其他文献。在使用材料之时其方法灵活，既有上下文互证，又有诸经、诸书互证，也从文法上释礼——迄今为止这在经学家中并不多见——还有说解具体场合用礼。第三，深入探讨，后来居上。第四，与郑玄及北朝其他经学家一样，好引谶纬与阴阳五行。第五，善于总结礼制条目。第六，力图解释异文带来的问题，扩大解读视野以追溯其起源，处理方法也灵活多样。第七，熊氏认为《礼记》的可信度低于《周礼》及其郑注却高于经书以外的其他先秦、秦汉文献。[③]

以下就是熊安生校释的一些具体案例。

《礼记·曲礼》：国君下齐牛，式宗庙。[④]

---

① 《礼记正义序》，《礼记注疏》卷一，第 3a、3b 页。

② 参见第三章第三节。

③ 焦桂美：《南北朝经学史》，第 382 ~ 398 页。

④ 《礼记注疏》卷四，第 22b 页。

> 熊安生《义疏》：此文误，当以《周礼》注为正。[①]

熊安生判定此段文字有误，一则此句本身文义不通，二则是《周礼》郑注中存有更好的版本。熊安生的文本批评距离，可在其于神圣的《礼记》文本之外坚持的观点中展现。熊氏博采文献，重视郑玄在其注中保留的这段经文的异文，并将之与经典的原文等量齐观。郑玄原本注的是下面这句："凡有牲事则前马"[②]，注曰："王见牲则拱而式，居马前却行，备惊奔也。《曲礼》曰：'国君下宗庙，式齐牛。'"[③] 较之徐遵明未发现讹误反而试图曲为之说，遑论校勘的行为，熊安生在校读经文上有了一次飞跃。这是作为校雠家的熊氏保持清明的最佳案例。

> 《礼记·玉藻》：沐浴，史进象笏，书思对命。[④]
>
> 熊安生《义疏》：按下大夫不得有象笏，有象字者误也。明山宾云有地大夫故用象。[⑤]

孔颖达并未保留皇侃的解读，只是说："皇氏载诸所解者不同，

---

① 《礼记注疏》卷三，第24b页。需要注意到，理雅各（James Legge）是按照正确的文辞翻译的这句，却误将"bend towards the cross-boards"（译者注：对译"式"）、"dismounts"（译者注：对译"下"）两词颠倒。

② 《周礼注疏》卷三十二，第14b页。

③ 《周礼注疏》卷三十二，第14b页。

④ 《礼记注疏》卷二十九，第11b页。

⑤ 《礼记注疏》卷二十九，第12a页。明山宾为梁武帝时博士，精通礼学典章，对其人的介绍见第三章第54页注释①。译者注：原文为"熊氏又解与明山宾同，云有地大夫故用象"，熊氏说当只有"有地大夫故用象"云云，此不当有"明山宾"。

以此为胜，故存之耳。"[1]

> 《曲礼》：取妻不取同姓，故买妾不知其姓则卜之。[2]
>
> 郑玄注：为其近禽兽也。[3] 妾贱，或时非媵，取之于贱者，世无本系。
>
> 熊安生《义疏》：卜者，卜吉凶。既不知其姓，但卜吉则取之。

孔颖达以“义或然”评论熊氏。[4] 郑注关注的论点在于是否要娶地位低下的小妾，因为礼制之隔须维护社会等级，避免胡乱婚娶沦为禽兽。他还告诫人们，不要娶不知姓的小妾，这会扰乱宗谱世系。熊安生关注的则是占卜的作用与结果。在这个例子中，郑玄基于自己构建的全面的礼学体系，从宏阔的诠释角度切入对此经文的解读；熊安生则是一个直截、单纯的校勘者，他阐明了经文的字面意思。

焦桂美提出熊安生对北朝经学的影响有三大方面，以此收束了其对熊安生为师治学的分析。首先，他课徒数千，其亲近门人中，马光、刘焯、刘炫等皆为隋代名儒。[5] 其次，他为孔颖达

① 《礼记注疏》卷二，第12a页。

② 《礼记注疏》卷二，第14a页。

③ 孔颖达引用《礼记・郊特牲》“无别无义，禽兽之道也”语解释此处禽兽之喻，见《礼记注疏》卷二十六，第19a页。

④ 《礼记注疏》卷二，第15b页。

⑤ 应当记起，刘焯、刘炫，以及被称为北方儒宗的马光。马光为隋初朝中享有盛名的“六儒”之一，此外六人中还有张黑奴、窦仕荣、孔笼、张仲让，均见上揭的熊安生本传文末。

《礼记正义》奠定了基础。最后，他为《礼记》的进一步研究提供了借鉴。[①]

四 卢辩

卢辩出自范阳涿地（今属河北涿州市）的望族卢氏。自卢氏先祖，东汉经师卢植首迁于范阳，此家族于西晋时期兴起（第一章中讨论卢植、郑玄二人对于北方经学的影响之关联时亦曾及此）。至于《魏书》卷四十七所述此族世系，则以卢玄（活跃于431年前后）为首。其中提到49人均属此家族各房各支，其中有十人记述较详。卢辩与其兄卢景裕未收入此卷，但卢景裕在《魏书·儒林传》中别有一目。《北史》卷三十亦专为卢氏所设，共有传记十九篇[②]，均有大量资料。其中有卢辩传、卢景裕传，卢景裕为《周易》专家，稍后会论及其著作。[③]

在清代经学家的研究视野转移到久被忽略的《大戴礼记》前，其普及度远不及另一相关的礼学著作《礼记》——更规范地说是《小戴礼记》，在此间漫长的经学史上，卢辩就作为唯一一位《大戴礼记》的注家而知名。[④] 正是在其兄长卢景裕的榜样作用和鼓励下，卢辩才有了注释此经的动力，"其兄景裕为当时硕儒，谓辩曰：'昔侍中注《小戴》，今汝注《大戴》，庶纂前修

① 焦桂美：《南北朝经学史》，第398~399页。

② 译者注：《北史》卷三十共有传记二十五篇。又，本段"49""十"韩大伟统计似乎与《北史》数据有不同。

③ 《北史》卷三十，第1098~1104页。

④ 关于这两种文献及其来历的分析，参见韩大伟《中国经学史·周代卷》第二章第五节"《礼经》"。

矣。’”[①] 在这部经典的流传史中，卢辩注极为重要，如果他未曾介入编纂，此书能否大致完整地留存下来都是个问题。阮元（1764～1849）曾有句名言，以呼吁同时之人将研究志趣转向此书：“十三经之外宜亟治者，惟《大戴礼记》矣。”[②]《大戴礼记》本有85篇，其中包含原本《礼记》的内容，降及唐代仅剩39篇，留存至今。而在这残损的文献中，只有24篇有卢辩注。

清代经学家王聘珍（18世纪中叶）更以惨淡的笔触描绘了《大戴礼记》研究关注度的可悲状况——即使有卢辩注的存续之功，避免其为历史彻底遗忘。

> 夫以大戴之书，同是圣贤绪余，自古未立学官，两汉经师不为传注，陆德明不为音义，迄无定本。后周卢辩虽为之注，然而隋唐宋志并不著录，则其书传者盖寡，是以阙佚过半，其存者亦讹变不能卒读。[③]

卢辩的本传称他少年好学，博通经籍。正光（520～525）初年举秀才，为太学博士，这是其历官之始，他历任官职多为政治官僚，而非与教学相关。他最终为北周开国皇帝太祖文皇帝所召，令他依据《周礼》所载古官职，兼用秦、汉官名，建立一个新的

① 《北史》卷三十，第1100页。
② 阮元：《大戴礼记补注序》，引自方向东《大戴礼记汇校集解》第一册，中华书局，2008，第7页。
③ 王聘珍：《大戴礼记解诂·叙录》，中华书局，1983，第5页。

职官体系。[①]

焦桂美将卢辩的注释方法分为五种。第一，重视训诂，阐释大义；第二，注重校勘，保存异文；第三，注释简明，考订详实；第四，广征博引，从上古经典到汉代的经师哲人，从史书到《老》《庄》，标目者凡三十余种，还有更多著作为其直接或间接引述而不注出处；第五，尽管卢氏主宗郑玄之说，但也间或驳之，而采其他注家之说，或自为新说。[②]

正如孔广森（1752～1786）所强调的那样，卢辩的贡献主要在于保存了此书以及与之相关的古注之学：

> 今所存见劣及四十，文句讹互，卷帙散亡，因未列于校官，亦罔闻于传述。唯北周仆射范阳公卢辩景宣始为之注，起汉氏之坠学，绍涿郡之家绪矣。[③]

至于说其他具体的学术成就，卢辩的著作帮助我们复原，至少是推断，他所利用的古本原貌。另外，卢辩注不仅保存了大量自汉代到北朝对于此书的经学研究，更为清代考据学家复兴这一礼学典籍的研究奠定了基础。但其不足也相当明显，其中如卢注过于简约，常常不能阐发此经典的精深之处，此外就是许多文本讹

---

① 《北史》卷三十，第1101～1104页罗列了这些官职。卢辩死后，此体系又得到了进一步修改。

② 焦桂美：《南北朝经学史》，第358～367页。

③ 《大戴礼记补注序录》，转引自焦桂美《南北朝经学史》，第367页。译者注：见孔广森撰，王丰先点校《大戴礼记补注》，中华书局，2013，第5页，“唯”作“惟”“今所存见”作“今所存者”。

误，既有源于所据《大戴礼记》底本者，亦有大量他书引文不确。[①]

在《大戴礼记》中随机选择六篇进行分析，可以揭示卢辩注的分布密度。集解以卢辩注为首，其中《公服》一篇里卢辩注占到了 72%。[②]《盛德》篇略同；《保傅》篇则降至 65%；《子张问入官》复升及 68%，《武王践阼》更以 77% 为最；《夏小正》则是未存下任何卢辩注的 15 篇之一。根据这些统计数据，显然卢氏经学即是校读（critical understanding）此书的根本。以下就是一些卢辩注释中的重要例子，大多数都属于文本校勘的领域。既然不存在可堪比对的其他《大戴礼记》古注本，我就以清代与今人学说为例。

> 《子张问入官》：且夫忿数者，狱之所由生也。[③]
>
> 卢辩注："数"疑"敷"字之误。[④]
>
> 方向东案："敷"当是"敖"之误字。[⑤]

清代注家均以"数"与上下文不合，作为文本讹误的明证。尽管终是不确，但是卢辩主张的校勘与现代学者方向东所提倡的解读

① 参见焦桂美《南北朝经学史》，第 367～379 页中其对卢辩注优缺点的评价。

② 译者注：此处原文 Lu's work occupies 72 percent of them in the "Duke's Tally"，集解云云系意译，原文但说"Among all annotations"。经检，韩大伟谓占比，盖据《大戴礼记汇校集释》统计，用某篇内含卢氏注的集解条目数/总的集解条目数。

③ 方向东：《大戴礼记汇校集解》第二册，第 800 页。

④ 方向东：《大戴礼记汇校集解》第二册，第 805 页。

⑤ 方向东：《大戴礼记汇校集解》第二册，第 805 页。

最为相近，至少从字形相似上来说如此。我以为“敖”意为“傲慢”，字形常作“傲”，这就提供了一种合理的，至少是可读的理解：“况且，愤怒和傲慢就是狱讼的来源。”

> 《保傅》：及太子少长，知妃色，则入于小学。小者，所学之宫也。[①]
>
> 卢辩注：古者太子八岁入小学，十五岁入大学也。[②]
>
> 王念孙：此文本作“则入于学。学者，所学之官也”。今本“入于学”作“入于小学”，“学者”作“小者”，皆涉卢注“入小学”而误。案卢注云：“古者太子八岁入小学，十五入大学”，此是总说太子入学之事，非正文作小学而卢释之也。既云太子少长知好色则入于学，则是十五入大学，非八岁入小学矣。“宫”、“官”亦字之误。[③]

王念孙在卢辩注中找到了一处逻辑问题，还发现了一处文字讹误的存在。在方氏为同属《保傅》篇的另一段文字所下的其他案语中，他找到了三处文字讹误，“布”讹作“市”，“盛”作“咸”，“上爵”作“尚爵”，这表明卢氏所据底本错谬颇多。[④] 不过也有反例说明卢氏所据本对正确解读《大戴礼记》确有帮助。在王聘珍所注《大戴礼记》中，他根据卢氏底本进行校订，说来也怪，

---

① 方向东：《大戴礼记汇校集解》第一册，第323页。
② 方向东：《大戴礼记汇校集解》第一册，第323页。
③ 方向东：《大戴礼记汇校集解》第一册，第323～324页。
④ 方向东：《大戴礼记汇校集解》第一册，第327页。

这也是《保傅》中的一段。

> 《保傅》:《青史氏之记》曰。[①]
>
> 卢辩注：一曰《青史子》。[②]
>
> 王聘珍《解诂》:《汉书・艺文志》:"小说家：《青史子》五十七篇。古史官记事也。"[③]

王聘珍确认了卢辩所录别本异文的重要性，证实其为古史官记事的准确书名。

卢辩本《大戴礼记》及其注释的重要性，以及此文本的问题都很明确。清代有很多文字训诂学者对此文本进行了大量校正，但此事丝毫无损于卢氏著作保存古代文献之功，亦不能掩盖清人的校释工作正始于卢氏注的事实。

第三节　治《礼记》之外经典的北朝经师

礼学专家是北朝经师的主流学术形象。在此我会介绍一些致力于其他经典的注家，稍微平衡下这种局面。研究表明，尽管礼学典籍的学术研究尤为突出，但关注其他经典的注家在方法论上也颇有益处可取。

一　卢景裕与《周易》研究

卢景裕亦出自范阳涿地（今属河北西北方的涿州市）的古老

① 王聘珍:《大戴礼记解诂》，第 59 页。
② 王聘珍:《大戴礼记解诂》，第 59 页。
③ 王聘珍:《大戴礼记解诂》，第 59 页。

望族卢氏。尽管较之卢辩，这位兄长的经学更为广博，但历史影响并不如他，因为卢辩有保存《大戴礼记》及依据《周礼》制定礼仪体系之功。当然，卢辩的本传也称他博通经籍，但这一记载缺乏细节，故而我们无法比较兄弟两人在博通经学方面孰优孰劣。卢景裕作了大量注疏，涵盖了现在所谓十三经中的绝大多数，但只有其《周易注》现存足够多的佚文，约有二十节，可以展示其注释方法的肯綮。我将首先节选其本传，以开始我的研究:

> 景裕字仲孺，小字白头。少敏，专经为学。居拒马河，将一老婢作食，妻子不自随从。又避地大宁山，不营世事。居无二业，唯在注解。其叔父同职居显要，而景裕止于园舍，情均郊野。谦恭守道，贞素自得，由是世号居士。节闵初，除国子博士，参议正声，甚见亲遇，待以不臣之礼……
>
> 先是，景裕注《周易》《尚书》《孝经》《论语》《礼记》《老子》，其《毛诗》《春秋左氏》未讫。齐文襄入相，[①]于第开讲，招延时俊，令景裕解所注《易》。景裕理义精微，吐发闲雅……景裕虽不聚徒教授，所注《易》大行于世。又好释氏，通其大义。天竺胡沙门道烯，每译诸经论，辄托景裕为之序。[②]

---

① 北齐文襄帝（521～549）二十八岁卒，被杀害于谋篡东魏、建立北齐中的争斗中。他是北齐高祖神武帝高欢（496～547）的长子，其死后被尊为文襄皇帝，庙号则为世宗。“人相”盖指其于549年任大丞相或相国。其传记见《北齐书》卷三，第31～38页；《北史》卷六，第232～236页。

② 卢景裕本传见《魏书》卷八十四，第1859～1860页；《北史》卷三十，第1098～1099页。此处选译自后者，以其简明而切中要害。

卢景裕为经学名家徐遵明的弟子，故其博学似乎也是顺理成章的。遗憾的是，历史观念仅将这位卓有成就的经学家视为《周易》一经的注家。不过，这一观点大概也与时人对他这部著作称道相符合，所以在这种情况下，现在的评价就不是基于偶然的历史留存，而确实合乎卢景裕著作的佳处。

据史籍著录可知南北朝时期的其他《周易》注本，大概有十多种存有佚文，可以窥见具体的研究取径。简博贤对其中15种进行了分析。我曾在第二章第四节中分析了刘瓛《周易义疏》(将分别题作《周易乾坤义》《周易系辞义疏》的两书合为一体)，以代表南朝经师。现在我考察卢景裕的《周易》注解著作以代表北朝。

讨论卢景裕的《周易》之学的基础就是一个二十节佚文的辑本，此辑本但云“卢氏”，并未确指卢景裕。马国翰在为其所辑《周易卢氏注》所作的长篇序言中说明：此书见著于《隋书·经籍志》，一帙十卷，[①] 并将之归于卢景裕。马氏将此细节的缺失作为唐代经师忽视北朝经学的表现，其立场实承隋而来。持这种立场也就意味着在做学术评价时，详述南学，对北学却草草带过。[②]

---

① 《隋书》卷三十二，第910页。辑本参见马国翰：《玉函山房辑佚书》第一册，第256~259页。黄奭（1809~1853）：《黄氏逸书考》卷十五［上海古籍出版社，1996，系据道光年间（1821~1850）刻、1925年补刻本影印］。黄氏辑本有佚文二十一节，多第十四卦“大有”下一节，见第2b页。马氏所辑第二十二卦“贲”下，“九三”误作“九二”。顺便一说，这两种辑本都辑自李鼎祚（中晚唐）《周易集解》，我所用者为台北商务印书馆，1968。

② 马国翰：《玉函山房辑佚书》第一册，第256页。译者注：马氏此处原文为：“隋、唐志佚其名者，盖由萧梁之代，南北分疆，故《七录》所记详南而略北，《隋志》本《七录》，《唐志》因之，故多缺亡耳。”

焦桂美和简博贤对卢氏《周易》注进行了仔细的研究，我概括焦氏的研究成果，并借用简氏分析的一个例子，快速总结此章，以为剩下三位值得注意的北朝经师留些篇幅。[①]

焦桂美将卢景裕注释方法的核心归为四方面。第一，同其弟卢辩一样，卢景裕力图通过文字训诂以阐明奥义，这是典型的北朝经师的取径，承袭自郑玄《易》注。

第二，卢氏注倾向于用象数解《易》，以“升降”“变卦”“互体”等义例解经。“升降”关注的是一卦之内，爻与体的移动方向。阳爻自然上升，阴爻自然下降。其基于各爻，或与其他爻的关系，并以“变卦”的义例来解读一卦。以此观点解《易》并形成一种成熟的定例当归功于荀爽（128～190），此正与王弼和其他玄学拥趸所持的“义理”说针锋相对。“变卦”是《周易》筮法的核心，其分离出一个“本卦”，并揭示此卦与所变卦或其他相关卦象之间的关系。“互体”则是将一卦之内最多可构成的四个经卦的组合分离出来，从而扩大了可作解释的重点的数量。

第三，卢氏亦承用郑玄解易范式，即所谓“承”“乘”“比”“应”四种关系的组合。这种范式关注的是一卦之内各爻间的内部关系：“承”意为在下的阴爻承接在上的阳爻；“乘”则是阳爻凌驾于阴爻之上；[②]“比”表示一卦之内相邻两爻间的密切联系；“应”即两爻各据其性，或阴或阳，而产生的呼应，应有时相吸，

---

① 焦桂美：《南北朝经学史》，第353～357页；简博贤：《今存南北朝经学遗籍考》，第109～119页。

② 译者注：“乘”一般指阴爻凌驾在阳爻之上，即下文所谓的“乘刚”。此处原文理解可能稍有偏差。

有时相斥。[①]

第四，“消息卦”亦名“十二月卦”，为十二卦组成的序列，其卦象中阳爻数目从一渐增至六。简言之，卢景裕承续了郑玄奠定的汉代《易》学，尤其是借琐屑的文本考证揭示经文大义。在北朝末季，他也开启了一种普遍的取向，即追寻文本的“义理”，这是魏晋玄学研究取径的特点。[②]

> 《师》：六三：师或舆尸，凶。
>
> 《象》曰：师或舆尸，大无功也。[③]
>
> 卢景裕注：失位乘刚，内外无应。以此帅师，必大败，故有舆尸之凶，功业大丧也。[④]

“承”“乘”“比”“应”说的影响在这条注文中尤为凸显，“乘刚”“应”中就两次用到了这些术语。另外，“刚”是阳爻的特

① 关于这些术语，参见（尼尔森）Bent Nielsen 在 *A Companion to Yi Jing Numerology and Cosmology*（London：Routledge，2003）一书中的简单解释，我认为他翻译的郑玄的四种关系说不太准确，我更倾向于译为“Supporting”，“Mounting”，“Associated or Neighboring”与“to Respond，to Correspond”。译者注：正文所采尼尔森译法为：“Reception”（*cheng* 承），“Ascent”（*cheng* 乘），“Adjacent”（*bi* 比），“Response”（*ying* 应）。

② （尼尔森）Bent Nielsen，*A Companion to Yi Jing Numerology and Cosmology*，第 274 ~ 276 页。焦桂美：《南北朝经学史》，第 353 ~ 357 页。王弼《易》学对卢氏注的影响，黄庆萱：《魏晋南北朝易学书考佚》（华东师范大学出版社，2012），第 680 ~ 703 页有讨论。

③ 《周易正义》卷二，第 9b 页。卫礼贤（Richard Wilhelm）译，*The I Ching or Book of Changes*. Bollingen Series XIX（1967；rpt. Princeton：Princeton University Press，1980），第 423 页。

④ 马国翰：《玉函山房辑佚书》第一册，第 257 页。《尚书》中的“功”常用来指代开国的成就。

性之一，故而阳爻能为在下的阴爻所承。

> 《剥》:《象》曰：剥，剥也。柔变刚也。[①]
>
> 卢景裕注：此本乾卦，群阴剥阳，故曰为剥也。[②]

这处注解则是“消息”说的典范。正如简博贤对其的解读：“消息者，阴往阳来为息，阳往阴来为消；故有阳息卦，有阴消卦……剥卦由阴消乾而来，故卢注云：‘此本乾卦。’”[③]

> 《噬嗑》:《象》曰：……刚柔分，动而明，雷电合而章。[④]
>
> 卢景裕注：此本否卦。乾之九五分降坤初，坤之初六分升乾五，是刚柔分也。分则雷动于下，电照于上，合成天威，故曰雷电合而成章也。[⑤]

卢氏此注包含了“升降”说的思想，因为我们能看到出现在相关卦象中的各爻升降，且其形诸上下的雷电等自然现象。

---

① 《周易正义》卷三，第16b页。（卫礼贤）Richard Wilhelm 译，*The I Ching or Book of Changes*, p. 500。

② 马国翰：《玉函山房辑佚书》第一册，第257～258页。

③ 简博贤：《今存南北朝经学遗籍考》，第115页。

④ 《周易正义》卷三，第11a页；（卫礼贤）Richard Wilhelm 译，*The I Ching or Book of Changes*，第490页。卫氏原译为“form lines”，我调整为“are displayed”。译者注：此就“章”之译文而言。

⑤ 马国翰：《玉函山房辑佚书》第一册，第257页。

二　徐彦与《春秋公羊传》注

徐彦所作义疏与何休《春秋公羊解诂》[①] 一并列为官方认可的注释，均被《十三经注疏》所载，极为权威。然而徐彦却是一个神秘的人，其朝代归属不明。第一部著录此书的目录未载明撰者，《新唐志》《旧唐志》亦并未纠补此问题。[②] 传统观点认为他是唐代人，此说得到了许多史家的支持，最终四库馆臣们亦从此说。与之相对的观点则说他是北朝人，同样得到了一批出色的学者的支持，最为突出者当推清代校刻《十三经》的阮元，当代支持此说的还有潘重规。阮元的论断中包含了六条证据，与其文章风格及徐彦所用经文版本性质相关，其所据版本似较陆德明《经典释文》更古。[③] 潘重规则关注徐氏所引其他书籍，得到了和阮元一样的结论。[④] 他进一步大胆断言，这部著作的真正作者为高允（390～487），一位著名的大臣、文人和经学家，曾致力于注《左传》《春秋公羊传》。[⑤] 另外，姜宁认为《春秋公羊传》注疏应出于510～580年的某位北朝经师之手。[⑥] 黄开国对这一问题进行了深入研究，他认为，目前我们最多只能说这部著作产生于南北朝，但也有可能是某位唐朝的经师大量依据此时代的材料，并

---

① 韩大伟：《中国经学史·秦汉魏晋卷》第七章第一节“何休与今文经学最后的辉煌”曾论及何休及其经注。

② 《隋书》卷三十二，第931页，著录有《春秋公羊疏》十二卷。译者注：此处原文 the bibliographical monographs of the *Old History of the Tang* and the *New History of the Tang* do not redress this deficiency。旧说均以两《唐志》不载此书。

③ 焦桂美：《南北朝经学史》，第400～403页，详细叙述了这两种观点的论据。

④ 潘重规：《春秋公羊疏作者考》，《学术季刊》四卷一期，1955年。

⑤ 高氏本传亦附录其子及其他亲眷传记，即《魏书》卷四十八整卷（第1067～1096页）。第1090页还著录了他所作四部经注，包括《左传释》与《公羊释》。

⑥ 转引自黄开国《公羊学发展史》，人民出版社，2013，第439页。

据己意剪裁而成。[①] 焦桂美从徐彦为北朝人之说，在此我亦从之。

总而言之，黄开国认为这部著作对经学有两大贡献。第一，其为何休《解诂》作疏，使得《春秋》三传的传统注疏臻于完备。第二，其有助于理解何休著作。徐彦大抵以何休之说为纲，当遇到何休的谬误时，多为之辩解回护而非批评。正如黄开国指出的，这点完全符合通行于整个南北朝隋唐时期的“注不驳经，疏不驳注”的注解理念。[②] 既然徐彦对何休如此亦步亦趋，却又缺乏后者保存的前代旧说，即时不时有对立观点，以及后者的新见，故也不难理解徐彦注不为人所重。因此，黄开国总结说这种注疏未对《公羊》学的发展做出多大贡献。[③]

但现代学者赵伯雄从方法论演进的角度切入，发掘了几种值得注意的独特方法，这就展现了徐彦作为一名经学家的独立高标。[④] 第一，解释疑词，补充根据。第二，标注出处，核对引文。第三，多方申述，以明何注。第四，校勘文字，改正讹谬。第五，阐明史实，少申阴阳。就何氏而言，第一、第二、第三这三种方法可称独特，至少其运用之法是独特的。

三 苏宽、贾思同与《春秋左传》

南朝时期，杜预（222～285）的《春秋左传注》一直是学界的主流，直到514年，崔灵恩抵达建康，人们才再次对与之抗衡

---

① 黄开国：《公羊学发展史》，第435－440页。

② 黄开国：《公羊学发展史》，第442页。

③ 黄开国：《公羊学发展史》，第442页。

④ 赵伯雄：《春秋学史》，山东教育出版社，2004，第331～345页。在此我所据为焦桂美对赵氏分析的大段归纳，焦桂美《南北朝经学史》，第403～413页。

的服虔注和服注所本的郑玄注产生了兴趣。[①] 本章最后论及的两位经学家是北朝的杜预《左传注》的专家，他们复归于南朝经学的取径，也反映了这一时代之末，南朝、北朝经学日益趋同的大势。

苏宽是另一位史传失载的经师，其名字仅见于孔颖达《春秋左传正义序》，在论及当时尚存并为其所用的注本时，他列举道："其为义疏者则有沈文阿、苏宽、刘炫。"[②] 沈文阿服膺杜预之学，[③] 刘炫则在我对隋代经学的论述中会论及。在北方的《左传》注家群体中，苏宽常被视为在北方经学对此经的研究中推动学杜风尚之人，尽管从历史记载来看，连他是否为贾思同一派都不清楚。马国翰通过孔颖达所存，辑得 24 条佚文，即焦桂美论证所本。[④]

就苏宽《春秋左传义疏》看来，其诠释方法有四个突出特点。第一，他多从杜预之说，甚至在一些明显有误之处为杜氏辩解。例如杜注在为一个事件断代时误判，与《左传》经文所记相差两年，忠实信徒苏宽则断言杜注之明显错谬"必是后写之误"[⑤]。第二，苏宽时引《公羊》《穀梁》以证成其说。这点也说明他视野开阔，并非盲从《左传》与杜预之说。第三，苏宽敢于

① 参见第三章第二节。

② 《春秋正义序》，《春秋左传正义》，第 3～4 页。

③ 沈文阿（503～563）是梁陈之际的经学家，焦桂美对其《春秋左氏经传义略》的分析见《南北朝经学史》，第 271～276 页；又参简博贤《今存南北朝经学遗籍考》，第 209～219 页；沈秋雄：《三国两晋南北朝春秋左传学佚书考》，台北："国立"编译馆，2000，第 631～727 页。

④ 马国翰：《玉函山房辑佚书》第四册，第 36～40 页。

⑤ 马国翰：《玉函山房辑佚书》第四册，第 38 页。

黜落汉代注家，如何休、贾逵（174～228），当然还有服虔。第四，苏宽喜欢停下来概括其所见的“义例”，即《左传》文本中反复出现的注解模式，或是明显的叙事框架，杜预开创了此种做法，其后学苏宽则亦步亦趋。

贾思同（？～540）是北魏经师，益都（今属山东寿光）人。[①] 他代表了一小批支持杜预解说的志同道合的《左传》专家，并作为侍讲，授静帝此经。国子博士卫冀隆支持服虔说，与之持相对观点。其辩驳结果如下。

> 思同之侍讲也，国子博士辽西卫冀隆[②]为服氏之学，[③] 上书难《杜氏春秋》六十三事。思同复驳冀隆乖错者十一条。[④] 互相是非，积成十卷。诏下国学集诸儒考之，事未竟而思同卒。卒后，魏郡姚文安、乐陵秦道静[⑤]复述思同意。冀隆亦寻物故，浮阳刘休和[⑥]又持冀隆说。至今未能裁正焉。[⑦]

上文揭示了各学派阵营里的成员。申杜派有贾思同、姚文安、秦道静、苏宽，以及贾思同的兄长贾思伯（468～525），这里并未提及他，但他确是一位著名的《左传》专家，同其弟弟一样，他

---

① 贾氏本传见《魏书》卷七十二，第1612～1616页；《北史》卷四十七，第1733～1734页。
② 卫冀隆其他事迹不可考。
③ 《魏书》此“为服氏之学”，《北史》卷四十七，第1733页，作“精服氏学”。
④ 《北史》卷四十七，第1733页，作“一十余条”。
⑤ 除《北齐书·儒林传》略有提及外，姚文安、秦道静其他事迹均不可考。
⑥ 刘休和其他事迹不可考。
⑦ 《魏书》卷七十二，第1616页。

也曾任侍读，并授此前一位皇帝《杜氏春秋》，其本传与乃弟传紧接在一起。[①] 申服派以卫冀隆为首，其同道还有其他事迹不可考的刘休和。

马国翰据孔颖达《正义》所存的文字，辑得佚书《春秋传驳》的九条佚文。[②] 焦桂美核查了这些用言语争斗、辩护的佚文，总结说两派互有短长。无论是贾思同还是卫冀隆，其说或源自杜预，或本乎服虔，但在其注释的主要论调背后，并无可统摄全局的阐释框架。(现有)材料也并不足以评定其主要的注释方法。因为我未在这里发现任何有所发明的新方法，所以我将仅以一处引文作为收束，于我而言，其表现了彼此对立的解读间最为有趣的交融。

《春秋·襄公九年》：冬，公会晋侯、宋公、卫侯、曹伯、莒子、邾子、滕子、薛伯、杞伯、小邾子、齐世子光伐郑。十有二月，己亥，同盟于戏。楚子伐郑。[③]

《左传》：晋人不得志于郑，以诸侯复伐之。十二月，癸亥，门其三门。闰月，戊寅，济于阴阪，侵郑。[④]

杜预注：以《长历》参校上下，此年不得有闰月戊寅。

---

① 《魏书》卷七十二，第1612~1615页；《北史》卷四十七，第1730－1733页。

② 马国翰：《玉函山房辑佚书》第四册，第32~35页。

③ 《春秋左传正义》卷三十，第17b~18a页。（杜润德）Stephen Durrant，（李惠仪）Waiyee Li，（史嘉博）David Schaberg 译，*Zuo Tradition Zuozhuan*（左传）：*Commentary on the "Spring and Autumn Annals"*（全三册）（Seattle：University of Washington Press，2016），第二册，第949页。此即现在可用的新英译本，较于理雅各（James Legge）的译本，我会优先使用此本。

④ 《春秋左传正义》卷三十，第30b页。（杜润德）Stephen Durrant 等译，*Zuo Tradition*，第二册，第961页。

> 戊寅是十二月二十日，疑“闰月”当为“门五日”。“五”字上与“门”合为“闰”，则后学者自然转日为月。[①]

不论是理雅各的旧译，还是杜润德、李惠仪、史嘉博等人精审的新译本《左传》，都是依据的杜预校语而非原来的文辞，尽管其译文所附汉语原文保留了原来的文字。新译本对此处校改的必要性做了如下解释：“通行文本中有‘闰月戊寅’（即闰月的戊寅日）。”然而这个闰月中并无戊寅日，晋国入侵当在十二月。根据杜预的校订，闰月或许是门五日之误，“他们入门用了五天”[②]。正是在这段文字的校正问题上，卫冀隆驳斥了杜预的校改，而秦道静、苏宽支持杜氏。

> 《春秋传驳》：卫氏难云：“案：昭二十年朔旦冬至，其年云‘闰月，戊辰，杀宣姜’，又二十二年云‘闰月，取前城’，并不应有闰。而传称闰，是史之错失，不必皆在应闰之限。杜岂得云‘此年不得有闰’，而改为‘门五日’也？若然，闰月杀宣姜，闰月取前成，皆为‘门五日’乎？”
>
> 秦氏释云：“以传云：‘三分四军’，又云‘十二月癸亥，门其三门’，既言三分，则三番攻门，计癸亥至戊寅十六日，番别攻门五日，三五十五日。明日戊寅，济于阴阪，上下符合。故杜为此解。”

---

① 《春秋左传正义》卷三十，第30b页。

② （杜润德）Stephen Durrant 等译，*Zuo Tradition*（左传）：*Commentary on the "Spring and Autumn Annals"*，第二册，第960页，注212。

> 苏氏又曰："案：《长历》襄十年十一月丁未是二十四日，十一年四月己亥是十九日。据丁未至己亥一百七十三日。计十年十一月之后，十一年四月之前，除两个残月，唯置四个整月。用日不尽，尚余二十九日。故杜为《长历》于十年十一月后置闰。既十年有闰，明九年无闰也。"[①]

卫冀隆代表的是服虔一脉，因此他的论述驳斥了杜预，奇怪的是，他并未引及服虔以正其说，相反，他发难的依据是《左传》的完整文本，因为《左传》记有杜预所谓并不存在，除非是因传抄之误产生的"闰月"。他更进一步反驳了杜氏否认闰月存在的推理，这就搅乱了杜氏的历法推算。卫氏指出，杜预将"闰"的字形结构看作"门五"两字所合而成，从文献学来说并不合理，因为这与《左传》其他处的语境不符。以一部较早的经典——《尚书》为例，任何熟读其文本的人，在发现同一字形在不同的语境中（甚或同一篇之内）被假借以表示不同的词语时，都不会感到惊讶，所以卫冀隆的论证有误。

秦道静以一个互文的案例作为回应。如前引文，他引了襄公九年另一月下的经文"三分四军"，以证成其三番攻门之说。用这段文字辩解称曾有三次攻战，秦道静其实是背离了杜预的解读，杜预将之理解为"分四军为三部"。孔颖达《正义》记录了三位前代注家的观点，贾逵解读此段经文，以为其意为十二部；郑众（卒于83年）解为三部；杜预以为分为十二部，则一部人

① 马国翰：《玉函山房辑佚书》第四册，第34～35页。

少，不足亢敌，故其从郑众三分之说。[①] 姑且不考虑此分军队命令逻辑上的重要性，这段经文的字面意思确实是指三个部分，将之解读为不同的三部进行的三次独立攻战是没有理由的，更没有训解先例。和卫冀隆的论证一样，秦道静的论证逻辑也有误，其对杜预将“闰”视作两字合文之误而进行的文本校改并没有什么帮助。尽管秦道静试图推衍杜说，可若是接受秦说，杜预就别是一解了。

苏宽或许是察觉到了秦道静的论证无力，于是仔细研究其时前后的历法，以证明在攻郑之时，确有可能没有闰月。在公元前564年的冬天不可能存在闰月的情况下，校勘者们就可以尽其所能地处理“闰”。这一新思路虽然未能推衍杜预之说，却从一个新角度支持了他，并为经学注解提供了新方法，做出了贡献。

① 《春秋左传正义》卷三十，第29a页。

第六章

北朝儒林

本章，我将主要以表格的形式分析《魏书》《北齐书》《周书》这三部史书的《儒林传》，所列表中包含了受过训练的经师，许多还从事经学教育。我将额外提供一份总述，概括《北史·儒林传》中反复出现的信息，作为本章的结论。这些表格提供了各色无所关联的信息，因此我们有必要浏览这些传记的简述，以确定如若存在有趋向，是哪些引起了后世史家的注目。

第一节　《魏书·儒林传》所载经师

《魏书》是北齐文宣帝（550～559 年在位）诏令魏收（507～572）纂修的北魏（386～534）王朝断代史。纂修者魏收，北魏太学博士，入齐后历任著作郎等，掌诏诰、修国史。北齐天保二年（551），中书令魏收受命纂修魏史，天保五年（554）书成。天保八年（557），魏收任太子少傅，监国史。[①]

① 《魏收传》见于《北齐书》卷三十七，第 483～500 页；《南史》卷五十六，第 2023～2038 页。关于《魏书》，参见 Kenneth Klein 的介绍，文载陈美丽（Cynthia L. Chennault）等编 *Early Medieval Chinese Texts*, pp. 368－372。

下面节录的《魏书·儒林传序》很有趣，原因有二：第一，它揭示了《左传》杜预注在北方以山东青州——杜预后人在山东世居之地为切入点的流传，青州也成为杜预注流传的前沿阵地，当时的知识氛围也为杜注的流传提供了土壤。第二，关于一些大儒及次要人物（minor figures）的学术活动缺乏具体细节，这无疑说明了问题，而下引《儒林传序》则将他们称为经典的“传授、讲说”者。正如表6-1，大部分儒生满足于孔子所云“述而不作”，与时代对话的经学著述渐少。

> 汉世郑玄并为众经注解，服虔、何休各有所说。玄《易》《书》《诗》《礼》《论语》《孝经》，虔《左氏春秋》，休《公羊传》，大行于河北。王肃《易》亦间行焉。晋世杜预注《左氏》，预玄孙坦、坦弟骥于刘义隆世并为青州刺史，传其家业，故齐地多习之。自梁越以下传受讲说者甚众。今举其知名者附列于后云。[1]

《魏书·儒林传》选录大儒17位，其中表6-1的徐遵明、卢景裕及李业兴见于本卷第五章。次要的子孙或生徒，只有对传授大儒之学或传经有贡献者方才列入，不事经学的子嗣一般标数而不记名，有关这些家族成员的记载似乎仅限于袭爵或袭官。表6-1共约略展示所选22位经师的生平。

---

① 《魏书》卷八十四，第1843页。

表6－1 《魏书·儒林传》所载经师[1]

经师	省份	家庭/经济状况	孝行	教育	好尚三玄	著述	为官、授徒及成就等
梁越（卒于公元433年），有一子一孙	河北			·少而好学 ·博综经传			·《礼经》博士 ·授诸皇子经书
卢丑，有一子	河北						授世祖经
张伟，有二子	山西			·学通诸经 ·讲授乡里 ·受业者常数百人			中书博士
（子，张仲继）				学尚有父风，善《仓颉篇》《易林》			
梁祚（402～488），有二子	甘肃			·尤善《公羊春秋》、郑氏《易》 ·笃志好学历治诸经	郑氏《易》		
平恒（412～486），有一子	河北			耽勤读诵，研综经籍			

续表

经师	省份	家庭/经济状况	孝行	教育	好尚三玄	著述	为官、授徒及成就等
陈奇	河北	少孤，家贫	至孝	·常非马融郑玄解经失旨，志在著述《五经》 ·志在著述《五经》 ·博通坟籍		注《论语》《孝经》	论《诗》《书》《易》于廷
常爽，有一子一孙[②]	河南			·笃志好学 ·博闻强识 ·五经百家多所研综	·明习纬候	《六经略注》[③]	·教授门徒七百余人 ·时人号为“儒林先生”
刘献之[④]，有四子	河北	少孤而贫		·雅好《诗》《传》 ·受业于渤海程玄	注《涅槃经》未就	·《三礼大义》四卷 ·《三传略例》三卷 ·《注毛诗序义》一卷 ·《章句疏》	
（子，刘爱古）						传父《诗》而不能精通	
（子，刘参古）						传父《诗》而不能精通	
张吾贵[⑤]	河北			从郦诠受《礼》，牛天祐受《易》			

续表

经师	省份	家庭/经济状况	孝行	教育	好尚三玄	著述	为官、授徒及成就等
刘兰	河北			·受《春秋》《诗》《礼》于中山王保安 ·排毁《公羊》，又非董仲舒 ·年三十余，始入小学	明阴阳		·立黉舍，聚徒二百 ·讲书于州城南馆 ·学徒前后数千 ·为国子助教
孙惠蔚（452～518），有二子	河北			·年十三，粗通《诗》《书》及《孝经》《论语》 ·年十八，师董季道讲《易》 ·年十九，师程玄读《礼经》及《春秋》三传			·侍读东宫 ·皇宗博士 ·上疏校理观、阁典籍
（子，孙伯礼）							国子博士

续表

经师	省份	家庭/经济状况	孝行	教育	好尚三玄	著述	为官、授徒及成就等
徐遵明[⑥]	山西	幼孤		·师屯留王聪，受《毛诗》《尚书》《礼记》，一年 ·师事张吾贵，数月 ·就孙买德受业，一年 ·诣平原唐迁，读《孝经》《论语》《毛诗》《尚书》《三礼》，凡经六年 ·好学		《春秋义章》三十卷	讲学于外二十余年
董徵，有一子	河南			·年十七，师清河监伯阳，受《论语》《毛诗》《春秋》《周易》 ·就河内高望崇受《周官》 ·后于博陵刘献之遍受诸经 ·好古			·讲授生徒 ·四门小学博士 ·教授四王

续表

经师	省份	家庭/经济状况	孝行	教育	好尚三玄	著述	为官、授徒及成就等
刁冲，有一子	山东	十三而孤	孝慕过人	·志学 ·学通诸经 ·偏修郑说	阴阳、图纬、算数、天文、风气之书莫不关综		·讲授生徒 ·四方学徒就其受业者岁有数百
卢景裕[⑦]	河北			·早岁不营世事，惟在注解 ·少聪敏，专经为学	·注《老子》 ·好释氏，多序诸经论	·注《周易》《尚书》《孝经》《论语》《礼记》 ·注《毛诗》《春秋左氏》未讫	·国子博士 ·讲学于邺 ·不聚徒教授
李同轨（500～546）	河北			学综诸经	·兼读释氏 ·好医术		·齐献武王引同轨在馆教诸公子 ·国子博士
李业兴，[⑧]有二子一孙	山西			·耽思章句，好览异说 ·师事徐遵明 ·爱好坟籍，鸠集不已 ·志学	博涉图纬、风角、天文、占候，尤长算历		出使萧梁
（孙，李伯）				业兴以其学授之			

注：

①《魏书》卷八十四，第1841～1868页。

②常爽之孙常景，有文名，曾删正张华（232～300）《博物志》并撰《儒林》《列女传》各数十篇，本传载《魏书》卷八十二，第1805～1808页。

③《魏书·常爽传》存有这部佚籍的序言，节选其结语如下："《六经》者先王之遗烈，圣人之盛事也。安可不游心寓目，习性文身哉！顷因暇日，属意艺林，略撰所闻，讨论其本，名曰《六经略注》以训门徒焉。"《魏书》卷八十四，第1848～1849页。

④刘献之，参见本卷第五章第二节关于徐遵明的叙述。

⑤张吾贵，同见本卷第五章第二节治《礼记》的北朝经学家。

⑥参见本卷第五章第二节对徐遵明及其经学的分析。

⑦见于本卷第五章第三节。对于卢氏《周易注》仅存佚文的分析，参见焦桂美《南北朝经学史》，第353～357页及简博贤《今存南北朝经学遗籍考》，第109～119页。

⑧参见本卷第五章第二节。

表 6－1 所列的 17 位经师中，只常爽、刘献之、徐遵明、陈奇及卢景裕五位有所著述，大致可分为《论语》三部、《孝经》三部及总义类二部，又有《诗》《书》《易》《春秋》《礼记》及《三传》《三礼》各一部。这表明，能进入公众视野的经学研究极为有限。而另一方面，表 6－1 显示经书的授受蓬勃发展，17 位经师中有 12 位或曾私聚生徒，或曾讲授官学，或曾任职博士。这两种趋势——著述的缺乏（paucity of scholarship）与经师的过量（plethora of teaching masters）——都证实了第五章引言中提到的历史趋势。

第二节　《北齐书・儒林传》所载经师

《北齐书・儒林传序》介绍了北齐（550～577）一朝经学的基本情况以及大儒徐遵明以下的经学传授，《北齐书・儒林传序》中涵盖了表 6－2 所列诸儒，除大儒 15 名以外，有次要者四，或子、孙以传其家学，或为官与之共事，事迹皆无考，总计表列经师 19 名。《北齐书・儒林传序》中又特别提及《左传》杜注的北传。[①]

> 凡是经学诸生，多出自魏末大儒徐遵明门下。河北讲郑康成所注《周易》。遵明以传卢景裕及清河崔瑾[②]，景裕传权会，权会传郭茂[③]。权会早入京都，郭茂恒在门下教授。其后能言《易》者多出郭茂之门。河南及青、齐之间，儒生多讲王辅嗣所

---

① 《北齐书・儒林传》中未标“其人无考”者见表 6－2。

② 崔瑾其人无考。

③ 郭茂其人无考。

注《周易》，师训盖寡。

齐时儒士，罕传《尚书》之业，徐遵明兼通之。遵明受业于屯留王总，传授浮阳李周仁及渤海张文敬[1]及李铉、权会，并郑康成所注，非古文也。下里诸生，略不见孔氏注解。武平末，河间刘光伯、信都刘士元始得费甝《义疏》，乃留意焉。[2] 其《诗》《礼》《春秋》尤为当时所尚，诸生多兼通之。

《三礼》并出遵明之门。徐传业于李铉、沮儁、田元凤、冯伟、纪显敬、吕黄龙、夏怀敬[3]。李铉又传授刁柔、张买奴、鲍季详、邢峙、刘昼、熊安生。安生又传孙灵晖、郭仲坚、丁恃德[4]。其后生能通《礼经》者多是安生门人。诸生尽通《小戴礼》[5]，于《周》《仪礼》兼通者十二三焉。

通《毛诗》者多出于魏朝博陵刘献之[6]。献之传李周仁，周仁传董令度、程归则[7]，归则传刘敬和[8]、张思伯、刘轨思。其后能言《诗》者多出二刘之门。

河北诸儒能通《春秋》者，并服子慎所注，亦出徐生之门。张买奴、马敬德、邢峙、张思伯、张雕、刘昼、鲍长

---

① 王总、李周仁及张文敬等人皆无考。

② 刘光伯、刘士元及费甝等人皆无考。

③ 李铉、沮俊、田元凤、冯伟、纪显敬、吕黄龙、夏怀敬等人皆无考。

④ 郭仲坚、丁恃德无考。

⑤ 常题为《礼记》。

⑥ 刘献之，参见本卷第五章第二节。

⑦ 董令度、程归则，皆无考。

⑧ 刘敬和，师事程归则，其他无考。程规则善《诗》，故刘敬和弟子刘轨思亦精说《诗》，参见《北齐书》卷四十四，第588页。

暄、王元则[①]并得服氏之精微。又有卫觊、陈达、潘叔度[②]虽不传徐氏之门，亦为通解。又有姚文安、秦道静[③]初亦学服氏，后更兼讲杜元凯所注。其河外儒生俱伏膺杜氏。其《公羊》《穀梁》二传，儒者多不措怀。《论语》《孝经》，诸学徒莫不通讲。诸儒如权会、李铉、刁柔、熊安生、刘轨思、马敬德之徒多自出义疏。虽曰专门，亦皆粗习也。

今序所录诸生，或终于魏朝，或名宦不达，纵能名家，又阙其由来及所出郡国，并略存其姓名而已。俱取其尤通显者列于《儒林》云。熊安生名在周史，光伯、士元著于《隋书》，辄不重述。

《北齐书》由李德林（530~590）、李百药（564~648）父子赓续而成。李德林历仕北齐、北周，为官、修史。其人素有文名，撰著《齐书》二十七卷，李百药于初唐受命编纂齐史，成《齐书》五十卷，[④] 其中大半赓续父作，因此《隋书》以一卷纪其事而其子百药仅三行附于传后。[⑤] Kevin Klein 认为，由于“狭隘的风格与基调”（parochial voice and tone），其并不为人所接受。[⑥]

---

① 王元则其人无考。

② 卫觊、陈达、潘叔度皆无考。

③ 姚文安、秦道静无考，仅见于《贾思同传》中服、杜之争，参见本卷第五章第三节。

④ 关于《北齐书》，参见 Kenneth Klein 的介绍，载于陈美丽（Cynthia L. Chennault）等编 *Early Medieval Chinese Texts*，pp. 13 – 17。

⑤ 《隋书》卷四十二，其中第 1193 ~ 1208 页为李德林，第 1209 页为李百药。

⑥ 陈美丽（Cynthia L. Chennault）等编 *Early Medieval Chinese Texts*，p. 13。

表 6－2 《北齐书·儒林传》所载经师[①]

经师	省份	家庭/经济状况	孝行	教育	好尚三玄	著述	为官、授徒及成就等
李铉[②]	河北	贫苦		·从刘子猛[③]受《礼记》，房虬[④]受《周官》《仪礼》，鲜于灵馥[⑤]受《左氏春秋》 ·从徐遵明受业，五年 ·春夏务农，冬乃入学		·撰定《孝经》《论语》《毛诗》《三礼义疏》 ·《三传异同》《周易义例》 ·撰著合三十余卷 ·《字辨》[⑥]	·燕、赵间能言经者，多出其门 ·教授诸王 ·国子博士 ·参议礼律 ·草定新律 ·特曾廷尉少卿，及还葬故郡，太子致祭奠之礼，并使王人将送，儒者荣之。
刁柔[⑦]	山东		居母丧以孝闻	综习经史，尤留心礼仪		助魏收纂修《魏书》[⑧]	国子博士
冯伟	河北			·少从李宝鼎[⑨]游学 ·尤明《礼》《传》			门徒束脩，一毫不受

续表

经师	省份	家庭/经济状况	孝行	教育	好尚三玄	著述	为官、授徒及成就等
张买奴[⑩]	山东			经义该博			·太学博士 ·国子助教 ·门徒千余人 ·诸儒咸推重之
刘轨思	山东			·说《诗》甚精 ·少事刘敬和			国子博士
鲍季详[⑪]	山东			·甚明《礼》，听其离析文句，自然大略可解 ·通《左氏春秋》 ·李宝鼎都讲			·自有徒众 ·太学博士
（从弟鲍长暄）				兼通《礼》《传》			
邢峙	河北			·游学燕、赵间 ·通《三礼》《左氏春秋》 ·少好学，耽玩坟典			·四门博士 ·国子助教 ·以经入授皇太子

续表

经师	省份	家庭/经济状况	孝行	教育	好尚三玄	著述	为官、授徒及成就等
刘昼[12]	山东	·少孤贫 ·杖策入都，披览坟籍		·考策不第，属意于文[13] ·爱学 ·从李宝鼎受《三礼》 ·从马敬德习《服氏春秋》			
马敬德[14]	河北			·随徐遵明学《诗》《礼》 ·略通大义而不能精 ·研求《左传》，为诸儒所称			·教授燕、赵间，生徒随之者众 ·河间郡王每于教学追之 ·国子博士 ·侍讲《春秋》
（子马元熙）				·传父业 ·钻研经典			以《孝经》入授皇太子
张景仁	河北	幼孤家贫		·学书为业 ·工草隶			·侍太子书 ·极大影响了书法的发展
权会[15]	河北	贫		受郑《易》《诗》《书》《三礼》	明风角，解玄象		·四门博士 ·诸王师 ·修国史 ·教授生徒

续表

经师	省份	家庭/经济状况	孝行	教育	好尚三玄	著述	为官、授徒及成就等
张思博[16]	河北			治《毛诗》章句		《左氏传刊例》十卷	・国子博士 ・诸王师 ・以二经教齐安王廓
张雕[17]	河北	贫贱		・遍通五经 ・尤明《三传》 ・雅好古学			・弟子远方就业者以百数 ・国子博士，后加国子祭酒 ・皇帝侍读 ・监国史
孙灵晖[18]	河北			・《三礼》及《三传》，皆通族曾王父惠蔚[19]之宗旨 ・就鲍季详、熊安生质问疑滞 ・明敏，日诵数千言 ・书籍多，学于家 ・不求师友			・太学博士 ・国子博士 ・授南阳王经

续表

经师	省份	家庭/经济状况	孝行	教育	好尚三玄	著述	为官、授徒及成就等
（子孙万寿）				· 博涉群书 · 《礼》《传》俱通大义			
马子结							南阳王府谘议参军，灵晖时为王师
石耀[20]	河北					《石子》十卷	

注：

①《北齐书》卷四十四，第 581 ~ 599 页。

②李铉（活跃于 500 年左右）传参见《北齐书》卷八十一，第 2726 ~ 2727 页。

③除了来自河北东南部的章武地区以外，刘子猛其人无考。

④常山（今石家庄地区）房虬，其人无考。

⑤渔阳（今天津地区）鲜于灵馥，尝授李业兴《左传》，不能对问，业兴遂转投徐遵明，参见本卷第五章第二节。除此外，鲜于灵馥无考。

⑥撰著之由："铉以去圣久远，文字多有乖谬，感孔子'必也正名'之言，乃喟然有刊正之意。于讲授之暇，遂览《说文》，爰及《仓》《雅》，删正六艺经注中谬字，名曰《字辨》。"《北齐书》卷四十四，第 585 页。

⑦刁柔传又见《北史》卷二十六，第 950 页。

⑧《魏书》中与刁柔内外通亲者并虚美过实，深为时论所讥，《北齐书》卷四十四，第 587 页。

⑨李宝鼎无考。

⑩《张买奴传》见《北史》卷八十一，第 2728 页。

⑪鲍季详又见于《北史》卷八十一，第2728页。

⑫《刘昼传》又见《北史》卷八十一，第2729页。

⑬刘昼考策不第，乃恨不学属文，制一首赋，曰："儒者劳而少工，见于斯矣。我读儒书二十余年而答策不第，始学作文，便得如是。"又撰《高才不遇传》三篇，《北齐书》卷四十四，第589页。

⑭《马敬德传》又见《北史》卷八十一，第2731～2732页。

⑮《权会传》又见《北史》卷八十一，第2733页。

⑯《张思博传》又见《北史》卷八十一，第2734页。

⑰《北史》本传作"张雕武"，《北史》卷八十，第2734～2736页。

⑱《孙灵晖传》又见《北史》卷八十一，第2719页。

⑲孙惠蔚，北魏秘书监，其他事迹无考，《北齐书》卷四十四，第596页。

⑳《石耀传》又见《北史》卷八十一，第2719页。

表 6 – 2 所列的 19 位经师不见于本卷其他章节，其中只李铉著有经疏五、字书一，张思博有《左氏传刊例》，有功经学。余者则作为教师，传授经学。但 19 位经师只撰有七部著述，与南朝经学的蓬勃对比鲜明，揭示出北朝经学的凝滞。毋庸讳言，官方支持不足、学术书籍匮乏，个人因素（诸如研究的内在动力）空前低落。倡经渐息、著述日少，北齐一代经学的衰微无可回避。

家法纯正（purity of scholarly lineages）是北朝经学的突出特点，世代传承保存了先师的经说，比如徐遵明，其学即承自郑玄，这种传承有助于建构先师的威望。尽管如此，但授受无论如何清晰有自，都不应转移对其中著述质量的关注。遗憾的是，后世史家，如今文派皮锡瑞在其《经学历史》中，即惑于"家法"纯正，而未曾检视北朝的经学著述，这种家法传承重于著述内容的观点，贯穿于其《经学历史》中。赵翼（1727 ~ 1814）认为："六朝人虽以词藻相尚，然北朝治经者尚多专门名家。盖自汉末郑康成以经学教授门下，著录者万人，流风所被，士皆以通经绩学为业。"[①] 因此家法纯正并不一定保证经学大昌，这当然取决于历代经师在承继旧学基础上所起的新知。北齐一代诚如北魏，这种贡献限于教授而非著述。

第三节 《周书·儒林传》所载经师

《周书·儒林传》只载录六位经师（参见表 6 – 3），数据的

① 赵翼：《廿二史札记》卷十五，中国书店，1987，第 193 页。

严峻意味北周一代（557～581）无法依靠这样一支人员稀少的经师队伍对北朝经学做出积极贡献。贞观三年（629）唐太宗（627～649年在位）诏令纂修《周书》，令狐德棻博涉文史，领其事。晁公武指出纂修每据他述，故多非“实录”。[①] 除了转述结论部分，还附加了一个总评，相当于传统史学中的“赞”。下文节引《周书·儒林传序》及“赞”揭示出北朝经学不振的原因，即时势动荡，儒生耽于政事：

> 及定山东，降至尊而劳万乘，待熊生以殊礼。是以天下慕向，文教远覃。衣儒者之服，挟先王之道，开黉舍延学徒者比肩；励从师之志，守专门之业，辞亲戚甘勤苦者成市。虽遗风盛业，不逮魏、晋之辰，而风移俗变，抑亦近代之美也。
>
> 其儒者自有别传及终于隋之中年者，则不兼录。[②] 自余撰于此篇云。[③]

---

① 晁公武撰，孙猛校正《郡斋读书志校正》卷一，第191页。参见裴士凯（Scott Pearce）在陈美丽（Cynthia L. Chennault）等编 *Early Medieval Chinese Texts* 中对这段历史的评价，第368～372、510～513页。

② 其中不含名儒卢辩及洛阳长孙绍远，二人别有传。卢辩，字景宣，其经学见于本卷第五章第二节。大儒长孙绍远，精研礼文，官礼部中大夫，又为新朝更造礼乐，创制乐器。《北史》及《周书》本传叙其事迹不以次序，且《北史·长孙绍远传》多载轶事及朝堂论礼文字。参见《周书》卷二十六，第429～431页及《北史》卷二十二，第824页。另有名儒辛彦之、牛弘，入隋后去世。辛彦之（卒于591年），陇西（今甘肃西南）人，北周草创时，彦之与卢辩专掌仪制，又尝与秘书监安定（今甘肃东南）牛弘（545～610）撰隋之《新礼》。辛彦之撰有礼学著述数种，其传参见《隋书》卷七十五，第1708～1709页及《北史》卷八十二，第2752～2753页。《隋书》卷四十九，第1297～1311页全为《牛弘传》，又见《北史》卷七十二，第2492～2504页。《隋书·辛彦之传》参见本卷第七章。

③ 《周书》卷四十五，第806页。

…………

史臣曰：前世通六艺之士，莫不兼达政术，故云拾青紫如地芥。近代守一经之儒，多暗于时务，故有贫且贱之耻。虽通塞有命，而大抵皆然。[①]

值得注意的是，从结构上来看，对教授、从师、专守的强调限制了经学的勃兴，更为严重的是人们承认政事（official duties）妨碍通经，遑论著述。《北史》中即有一例，徐遵明弟子吕思礼将日常工作判然两分，“昼理政事，夜即读书”。[②] 只有勤学的经师方才会在繁忙的政事之外，挑灯夜读。“前世通六艺之士，莫不兼达政术，故云拾青紫如地芥”[③] 典自夏侯胜，暗示以经学背后的利禄，而非对学术的渴望。表 6－3 中，熊安生作为大儒将被单独讨论，故标黑。

如表 6－3 所见，《周书·儒林传》载录大儒六，次要人物一。最突出的是熊安生，其重要性不言而喻，他通过对徐遵明学说的扬弃，将郑学传至了隋代。例如，刘焯曾问《礼》于熊安生，尽管未卒业而去。孔颖达《礼记正义》的疏文即采自熊安生、刘焯及南方经师皇侃关于《礼记》的注疏。

沈重，号为当世儒宗（Venerated Confucian Master），被唐代史家补选入北朝经师，他生于南长于南，为梁代经师。侯景之乱

---

① 《周书》卷四十五，第 818 页。

② 《北史》卷七十，第 2431 页。

③ 《汉书》卷七十五，第 3159 页。原文为“士病不明经术，经术苟明，其取青紫如俯拾地芥耳”。

表 6-3　《周书·儒林传》所载经师[1]

经师	省份	家庭/经济状况	孝行	教育	好尚三玄	著述	为官、授徒及成就等
卢诞（卒于 555 年）	河北			·推为儒宗 ·幼而通经 ·善隶书			·西魏（535～556）时为诸王师 ·北周国子祭酒
卢光（506～567）[2]	河北			精于《三礼》	·善阴阳 ·好玄言 ·解钟律 ·崇佛道	《道德经章句》	造浮图
子卢贲							
沈重[3]	浙江	弱岁而孤		·尤明《诗》《礼》及《左氏春秋》 ·当世儒宗 ·从师不远千里 ·博览群书	·校定钟律 ·阴阳图纬、道经释典，靡不毕综 ·于紫极殿讲三教义，朝士、儒生、桑门、道士至者两千余人	·《周礼义》[4]三十一卷 ·《仪礼义》三十五卷 ·《礼记义》三十卷 ·《毛诗义》二十八卷 ·《丧服经义》五卷 ·《周礼音》一卷 ·《仪礼音》一卷 ·《礼记音》二卷 ·《毛诗音》二卷	·梁之国子助教、五经博士 ·于合欢殿讲《周礼》 ·梁元帝在藩时，沈重任其私人博士及侍讲 ·讨论五经

续表

经师	省份	家庭/经济状况	孝行	教育	好尚三玄	著述	为官、授徒及成就等
樊深[5]	山西	早丧母，事继母甚谨		专研五经，又读诸史及《苍》《雅》	天文、算历、阴阳、卜筮	·《孝经问疑》一卷 ·《丧服问疑》一卷 ·《七经异同说》三卷 ·《义纲略论》并《目录》三十一卷	·以儒学得脱囚送 ·受任博士，以教子弟[6] ·国子博士 ·太学助教 ·太学博士 ·讷于言辞，故不为当时所称
熊安生（卒于约578年）[7]	河北			·好学 ·从陈达受《三传》，从房虬受《周礼》[8] ·事徐遵明，服膺历年，后受《礼》于李宝鼎[9]	图纬	·《周礼义疏》二十卷 ·《礼记义疏》四十卷 ·《孝经义疏》一卷	·专以《三礼》教授，弟子自远方至者，千余人 ·发明经义 ·国子博士 ·辩论《周礼》

续表

经师	省份	家庭/经济状况	孝行	教育	好尚三玄	著述	为官、授徒及成就等
乐逊[⑩]	山西			·通贾、服说 ·发杜氏微 ·学《孝经》《丧服》《论语》《诗》《书》《礼》《易》《左氏春秋》		·《孝经》《论语》《毛诗》《左氏春秋序论》十余篇 ·《春秋序义》	·西魏间，教授诸王子 ·讲《孝经》《论语》《毛诗》及服虔所注《春秋左氏传》 ·魏恭帝二年，授太学助教

注：

①《周书》卷四十五，第805~823页。

②卢光，卢辩之族弟。

③沈重传又见《北史》卷八十二，第2742~2743页。关于沈氏《毛诗义疏》《礼记义疏》《周官礼义疏》佚文的分析参见简博贤《今存南北朝经学遗籍考》，第28~33、41~46、76~79页。

④“义”，简博贤写作“义疏”。

⑤樊深传又见《北史》卷八十二，第2742~2743页。

⑥樊深解经，多引汉、魏以来诸家义而说之，后生不能晓悟，皆背而讥之。

⑦熊安生，参见本卷第五章第二节。

⑧陈达、房虬，皆无考。

⑨李宝鼎其人无考。

⑩乐逊又见《北史·儒林传》，《北史》卷八十二，第2745~2747页。

时他恰于江陵任职，直至580年方才南归，三年后与世长辞。他在北方淹留多久已不得而知，但从对道经、释典及占卜的兴趣来看，他的学风近于梁而远于北周，因此他的丰赡著述不应改变我们对北周经学乏善可陈的看法。沈重和熊安生都曾注《周礼》，因北周已决定将这部与王朝同名的经典作为建构合法性的核心。如本卷第一章所述，南朝不重《周礼》，而沈重在北方的逗留可能使他倾向这部经典。除去这位入北的南朝经师，余下的五位中只熊安生、乐逊有所著述。

第四节 《北史·儒林传》所载经师

李延寿，参见本卷第四章[①]，纂修《北史》《南史》。与《南史·儒林传》选录22位经师相比，《北史·儒林传》上下选录46人，其中有14位经师划归隋代。尽管如此，减去额外的14位，北朝的32位经师仍然比南朝多10位。鉴于北朝经学强调家法传续，因此显然可以建构起经学授受源流。但如本卷第一章、第五章及第六章第二节及列表中所述，从事经学者众并不一定保证经学大昌。

《北史·儒林传》划分上下[②]，《北史·儒林传上》在卷八十一，选录北魏经师17位，其中有四位不见载于《魏书·儒林传》。北齐经师17位，其中有五位不见载于《北齐书·儒林传》。《北史·儒林传下》在卷八十二，选录北周经师七位、隋代经师

① 参见本卷第四章第三节。

② 《北史》卷八十一《儒林传上》，第2703～2740页；《北史》卷八十二《儒林传下》，第2741～2775页。

13位。七位中有四位出自《周书·儒林传》，余下三位在《北史》卷八十九、卷九十的《艺术传》。所有经师已见本章的列表，隋代经师参见本卷第七章。

《北史·儒林传序》删改自《魏书》《北齐书》《周书》之《儒林传序》，本章及本书第一章、第五章有节引。

第五节 结论

以表格形式呈现对各部《儒林传》的分析，是为了展现历代经学的昌盛或达到这种理想状态的困难。仔细辨析，“儒”这一术语主要指受过训练，并从事下列三种服务之一的学者：作为教师（a private or public master），私聚生徒或讲授官学；作为官员（an official），以儒学备询问；作为经师（a classicist），校订训释经典。也许经学的兴衰并不是由一种复杂的机制所控，而是取决于经师讲疏的流行或官僚负担经学研究的不同程度。尽管各种“儒林传序”言之凿凿，但所选录的与其说是经师，毋宁说是功臣。在这种情况下，也许“经师”只是一个传统的尊称，这又引出如何定义“儒”这个迫切问题。“儒家”作为一个通用术语（an all-purpose term）是很好的，但事实上，除了所有序言中强调这些经师的儒家身份外，个人传记中并没有信息来支持这种说法。我一般使用“经师”一词，这在一本经学史中是很自然的，但也应注意一些背景。

《中国经学史·秦汉魏晋卷》的第一章第三节中，我用一定的篇幅回顾了“儒”在秦朝的发展。在调查了相关原始资料，回顾中西研究史并分析了“待”（waiting）一词的词源及语义后，我提出“等待被指派具体任务的学者”和“等待被指派行政职能的学者”两个术语，都是在实际派任时为政治、礼仪或学术事务提供咨询。鉴于学术构成了任务或担任职务的前提，因此我建议将“儒”定义为“等待任职的经师”，或省称“经师”。《隋书·儒林传序》关于隋初状况的描述印证了这一点，“于是四海九州强学待问之士靡不毕集焉”[①] 需要总结的是，史书的“儒林传”中将经师如此的分类往往没有达到他们作为有贡献经师的标准，但他们基于对经典的掌握，扮演着教师、官员及研究者的角色。

① 《隋书》卷七十五，第1706页。

第七章
隋代经学

隋代经学的发展一波三折，隋文帝杨坚（581～604 年在位）至隋炀帝杨广（605～617 年在位）初期势头正盛，但由于不同因素又迅速回落（a sharp decline）。[①] 隋文帝时期，对儒家学说的采用更多出于使儒生眼中的新朝合法化，而非专崇儒学，其晚年不悦儒术，转尚刑名。隋炀帝时期，外事四夷，戎马不息，豪杰（powerful regional clans）群起，无暇经籍。焦桂美将隋代经学的两次升降发展概括为“两上两下”。[②]

本章中，我将着重论述隋代经学的鼎盛及其具体成就，现代学者章权才于此举出四事，其三事明见于《隋书·儒林传序》，下文亦有选录。姑且去除繁重，引述章氏约略如下：第一，自开

① 关于隋代的兴衰，可参（芮沃寿）Arthur F. Wright, *The Sui Dynasty: The Unification of China, A. D. 581 - 617* (New York: Alfred A. Knopf, 1978）及（宾板桥）Woodridge Bingham, *The Founding of the T'ang Dynasty: The Fall of Sui and the Rise of Tang, A Preliminary Survey* (New York: Octagon Books, 1975)。此外又可参（芮沃寿）Arthur F. Wright 撰 *Sui Dynasty*，载于（崔瑞德）Denis Twitchett 主编 *Cambridge History of China, vol. 3, Sui and T'ang China, 589 - 960* (Cambridge: Cambridge University Press, 1979)。（熊存瑞）Victor Cunrui Xiong, *Emperor Yang of the Sui Dynasty: His Life, Times, and Legacy* (Albany: State University of New York Press, 2006)。

② 焦桂美：《南北朝经学史》，第 415 页。

皇三年，广求遗书，事见《隋书·经籍志》[①]；第二，征辟儒生；第三，兴办学校；第四，组织论辩。[②]

这些具体而重要的举措不应转移我们对经师自身构成中所暗含趋向（latent underlying trends）的关注，关于这些趋向，我们将借助于焦桂美对隋代经学渊源的评述，焦氏的材料主要来自《隋书·儒林传》及《隋书》《旧唐书》中的其他传记，她从章权才的制度性举措转向对经师日常行处的解读，并提炼出以下趋向。第一，隋代统一，经学亦趋统一。贯综古今，融通南北。这意味官私、古今无别。第二，尽管南北并重，但最终南人操诸官学而北人发展私学。第三，尽管在习尚与方法上有诸多相似，但南人总体“善谈名理，增饰华词”，北人则偏重文献，校订训释。和汉初一样，面对王朝初期搜寻、整理、开发经典遗产的需要，隋初继承了北朝的方法，限制了在北方都城长安任职的南方官员的文化权威。[③]

隋代经学在刘焯、刘炫两位礼学大师手中达到顶峰，二人融通南北，这一取向为唐初所继承，参见本卷第九章。在此，我将以《隋书·儒林传》为纲，研究这一过渡时期的经学。先儒的疏漏将适时注明或留待它处。

第一节 《隋书·儒林传》的构成

这部选录经师、教师、官员于一体的《隋书·儒林传》，概述了自南北朝至唐代这一漫长绵延时代中过渡王朝隋的经学的一

① 《隋书》卷三十二，第908页。

② 章权才：《魏晋南北朝隋唐经学史》，第237~238页。

③ 焦桂美：《南北朝经学史》，第414~419页。

般水平与趋向。在本卷第六章的结论中，我提出“儒”这一术语的模糊性（ambiguity），《隋书·儒林传序》即指出了经过训练的儒者以各种名义从事的活动，如作为师者，收授生徒；作为官员，处理政务；作为学者，锐意著述。

> 自正朔不一，将三百年，师说纷纶，无所取正。高祖膺期纂历，平一寰宇，顿天网以掩之，贲旌帛以礼之，设好爵以縻之，于是四海九州强学待问之士靡不毕集焉。天子乃整万乘，率百僚，遵问道之仪，观释奠之礼。博士罄悬河之辩，侍中竭重席之奥，考正亡逸，研核异同，积滞群疑，涣然冰释。于是超擢奇儁，厚赏诸儒，京邑达乎四方，皆启黉校。齐、鲁、赵、魏，学者尤多，负笈追师，不远千里，讲诵之声，道路不绝。①

博士的职责包括议礼、为官、授徒及考订文本、辩论儒道。当然我们可以简单理解“儒”为“等待被指派具体事务的学者”或“等待被指派行政职能的学者”②，此后儒生为官大都参与以上事务。

《隋书·儒林传序》的最后紧承前文，为后世史家赞颂唐代经学奠定了基础，详述了隋文帝、炀帝经学复盛后的低落：

> 中州儒雅之盛，自汉、魏以来，一时而已。及高祖暮

① 《隋书》卷七十五，第1706页。

② 参见韩大伟《中国经学史：秦汉魏晋卷》第一章第三节，社会科学文献出版社，2019。

年，精华稍竭，不悦儒术，专尚刑名，执政之徒，咸非笃好。暨仁寿间，遂废天下之学，唯存国子一所，弟子七十二人。炀帝即位，复开庠序，国子郡县之学，盛于开皇之初。征辟儒生，远近毕至，使相与讲论得失于东都之下，纳言定其差次，一以闻奏焉。于时旧儒多已凋亡，二刘[①]拔萃出类，学通南北，博极今古，后生钻仰，莫之能测。所制诸经义疏，搢绅咸师宗之。既而外事四夷，戎马不息，师徒怠散，盗贼群起，礼义不足以防君子，刑罚不足以威小人，空有建学之名，而无弘道之实。其风渐坠，以至灭亡，方领矩步之徒，亦多转死沟壑。凡有经籍，自此皆湮没于煨尘矣。遂使后进之士不复闻《诗》《书》之言，皆怀攘夺之心，相与陷于不义。《传》曰："学者将植，不学者将落。"然则盛衰是系，兴亡攸在，有国有家者可不慎欤！诸儒有身没道存，遗风可想，皆采其余论，缀之于此篇云。[②]

隋代的"两下"之一即儒学衰落，遑论经学。这是对北朝后期经学的批驳，因为隋代经学植根于当时的知识氛围（intellectual atmosphere），尤当考虑到《隋书》是唐代史家所撰的前朝史书，这也是对隋代文教经术及其所承的北朝后期，缺乏知识氛围以及实际教育举措的批判。但在本章及本卷第八章，我们会发现少数儒者对隋代经学，尤其是音韵学的发展，做出了具体的新贡献。

① 刘焯与刘炫乃挚友，二人引领了隋代经学的发展并为唐代经学奠定了基础，如上所述，本卷第九章将深入讨论二刘。

② 《隋书》卷七十五，第 1706 ~ 1707 页。

唐代史家、太宗谏臣魏徵（580～643）主持纂修《隋书》，但其仅撰著了列传中的序论，主要编者是颜师古、孔颖达及许敬宗（592～672）。[①] 作为唐初由隋入唐的主要学者，孔颖达及颜师古见于本卷第九章。

《隋书·儒林传》选录经师14位，其中三位：萧该见本卷第八章，刘焯、刘炫见本卷第九章，余下11位在本章稍后讨论，其中有五位并未受到太多关注，因此我将不在本章列出表格，而是选录《隋书·儒林传》中与这11位的经学、教育相关的部分，先祖、为官、传论中与之无关者亦不录。某些与同辈互动的有趣事件展现了人物品质，而这些无法框入表格。因此我偶尔选录此类材料，例如《苏威传》与《何妥传》中二人龃龉的几则轶事，我各选录一条以表明传主的品质。但我没有把这些放到更大的政治背景中去，因此不应视为定论。[②] 从这里开始，我不再将引用的段落作缩进处理，因为我对这些传记的翻译[③]已包含在本章剩余部分的全部内容中。

第二节　《隋书·儒林传》所载经师

一　元善

元善，河南洛阳人也。[④] ……善少随父至江南，性好学，遂

---

① 关于《隋书》，参见熊存瑞（Victor Cunrui Xiong）的介绍，文载陈美丽（Cythia L. Chennault）等编 *Early Medieval Chinese Texts*，pp. 330－334。

② 作为从这些传记中窥见政治权谋之一例，又可参芮沃寿（Arthur F. Wright）对一生颇具影响的苏威的杰出讨论，*The Sui Dynasty*，pp. 79－81。

③ 译者注：本章以下为英译中文，如有特殊解释会随文标出，其余均还原为史书汉语原文。

④ 元善为北魏皇室，历仕周、隋，本传载《隋书》卷七十五，第1707～1708页。

通涉五经，尤明《左氏传》。及侯景之乱（侯景卒于552年，侯景之乱始于548年，终于552年），善归于周。武帝［宇文邕(543～578)，560～578年在位］甚礼之，以为太子宫尹，赐爵江阳县公。每执经以授太子。

开皇初(581～601)，拜内史侍郎，上每望之曰："人伦仪表也。"凡有敷奏，词气抑扬，观者属目……后迁国子祭酒。上尝亲临释奠，命善讲《孝经》。于是敷陈义理，兼之以讽谏。上大悦曰："闻江阳之说，更起朕心。"赉绢百匹，衣一袭。

善之通博，在何妥之下[①]，然以风流蕴藉，俯仰可观，音韵清朗，听者忘倦，由是为后进所归。妥每怀不平，心欲屈善。因善讲《春秋》，初发题，诸儒毕集。善私谓妥曰："名望已定，幸无相苦。"妥然之。及就讲肆，妥遂引古今滞义以难，善多不能对。善深衔之，二人由是有隙。

善以高颎有宰相之具，尝言于上曰："杨素粗疏，苏威怯懦，元胄、元旻，正似鸭耳。可以付社稷者，唯独高颎。"[②] 上初然之，及颎得罪，上以善之言为颎游说，深责望之。善忧惧，先患消渴，于是疾动而卒，时年六十。

---

① 《何妥传》见后。

② 高颎是隋代的杰出将领，当朝执政二十余年，朝野推服，论者认为真宰相，尽管他当时还未当此位。开皇十二年（592），杨素为尚书右仆射，与高颎一并专掌朝政。大业元年（605），杨素为尚书令。《高颎传》见《隋书》卷四十一，第1179～1184页。这里提到高氏的两位政治门生，苏威与杨素。苏威以清廉著称，卒年八十一。《杨素传》见本卷第九章第二节第233页注释③。元胄，勋将大臣，因与反叛的蜀王有交往而受到牵连。《元胄传》见《隋书》卷四十，第1176～1177页。元旻，附见于《元胄传》，参与其事。

二 辛彦之

辛彦之，陇西狄道（今甘肃省临洮县）人也。[①] ……彦之九岁而孤，不交非类，博涉经史，与天水牛弘同志好学。[②] 后入关（河北境内长城东南端），遂家京兆（今北京周围）。周太祖［宇文泰(507～556)］见而器之。……时国家草创，百度伊始，朝贵多出武人，修定仪注，唯彦之而已。寻拜中书侍郎。及周闵帝［宇文觉(542～557)，557年即位］受禅，彦之与少宗伯卢辩专掌仪制。……宣帝［宇文赟（559～580)，579年禅位］即位，拜少宗伯。

高祖受禅……进位上开府。寻转国子祭酒。岁余，拜礼部尚书，与秘书监牛弘撰《新礼》。吴兴（今浙江北部湖州市）沈重[③]名为硕学，高祖尝令彦之与重论议。重不能抗，于是避席而谢曰："辛君所谓金城汤池，无可攻之势。"高祖大悦。后拜随州刺史。于时州牧多贡珍玩，唯彦之所贡，并供祭之物。高祖善之，顾谓朝臣曰："人安得无学！彦之所贡，稽古之力也。"迁潞州（今山西东南部）刺史，前后俱有惠政。

彦之又崇信佛道，于城内立浮图二所，并十五层。开皇十一年(591)，州人张元暴死，数日乃苏，云游天上，见新构一堂，制极崇丽。元问其故，人云潞州刺史辛彦之有功德，造此堂以待之。彦之闻而不悦。其年卒官。谥曰宣。彦之撰《坟典》一部，《六官》

---

① 《辛彦之传》见于《隋书》卷七十五，第1708～1709页；《北史》卷八十二，第2752～2753页，大略同之。

② 关于牛弘，参见本卷第六章第三节《周书·儒林传序》。

③ 沈重，南朝经师，曾出使北朝，仕于北周。参见本卷第六章第三节《周书·儒林传》部分。

一部，《祝文》一部，《礼要》一部，《新礼》一部，《五经异义》一部，并行于世。有子仲龛，官至猗氏（今山西西南部）令。

三　何妥

何妥，字栖凤，西城人也[①]……少机警，八岁游国子学，助教顾良戏之曰："汝既姓何，是荷叶之荷，为是河水之河?"应声答曰："先生姓顾，是眷顾之顾，是新故之故?"众咸异之。十七，以技巧事湘东王［即后来的梁元帝（552～554年在位）萧绎（508～555）］[②]，后知其聪明，召为诵书左右……高祖受禅，除国子博士，加通直散骑常侍，晋爵为公。

妥性劲急，有口才，好是非人物。时纳言苏威尝言于上曰："臣先人每诫臣云，唯读《孝经》一卷，足可立身治国，何用多为!"上亦然之。妥进曰："苏威所学，非止《孝经》。厥父若信有此言，威不从训，是其不孝。若无此言，面欺陛下，是其不诚。不诚不孝，何以事君！且夫子有云：'不读《诗》无以言，不读《礼》无以立。'[③] 岂容苏绰教子独反圣人之训乎?"[④] 威时

---

① 《北史·何妥传》亦作"西城"，然何妥父为细胡，自西域来，且《通志·何妥传》"城"作"域"，据之校改合乎情理，参见《北史》卷八十二，第2773页校记18。《何妥传》载《隋书》卷七十五，第1709～1715页。其传又见《北史》卷八十二，第2753～2759页。

② 何妥父通商入蜀，事梁武陵王萧纪（508～553），梁武陵王萧纪崩于553年，仅在位一年。这也解释了何妥与梁元帝的关联。

③ 引自《论语·季氏第十六》。

④ 苏绰（489～546），苏威之父，儒生、居士，以其文章雄健而闻名，他摒斥六朝的浮华文风，代以简切、质朴。著有《佛性论》《七经论》等。他受西魏权臣，后来的北周文皇帝宇文泰之托，改革官制。苏绰的改革以《周礼》为核心，为新朝铺平了道路。苏绰死后，历仕北魏、西魏、北周的礼学家卢辩完成了这项改革。卢辩，参见本卷第五章第二节。《苏绰传》见《北史》卷六十三，第2229～2243页。

兼领五职，上甚亲重之，妥因奏威不可信任。又以掌天文律度，皆不称职，妥又上八事以谏……[①]

六年（586），出为龙州（今广西西南部）刺史……除伊州（哈密，新疆东部）刺史，不行，寻为国子祭酒。卒官。谥曰肃。撰《周易讲疏》十三卷，《孝经义疏》三卷，《庄子义疏》四卷，及与沈重[②]等撰《三十六科鬼神感应等大义》九卷，《封禅书》一卷，《乐要》一卷，文集十卷，并行于世。

萧该参见本卷第八章第一节。

四　包恺

东海（今江苏东北部）包恺[③]，字和乐。其兄愉，明《五经》，恺悉传其业。又从王仲通受《史记》《汉书》[④]，尤称精究。大业中，为国子助教。于时《汉书》学者，以萧、包二人为宗匠。聚徒教授，著录者数千人。卒，门人为起坟立碣焉。

五　房晖远

房晖远[⑤]，字崇儒，恒山（今山西中北部）真定人也。世传儒学。晖远幼有志行，治《三礼》《春秋三传》《诗》《书》《周易》，兼善图纬，恒以教授为务。远方负笈而从者，动以千计。

---

① 《何妥传》仅录其四，曰谨所举，察阿党，分才参掌，慎勿改作。

② 沈重由南入北，著述颇丰，见于本卷第六章第三节。

③ 《包恺传》参见《隋书》卷七十五，第1716页；《北史》卷八十二，第2759～2760页。

④ 王仲通，其人不详。

⑤ 《房晖远传》参见《隋书》卷七十五，第1716～1717页；《北史》卷八十二，第2760～2761页。

齐南阳王绰［北齐南阳王高绰（556～574）］为定州刺史，闻其名，召为博士。周武帝平齐，搜访儒俊，晖远首应辟命，授小学下士。及高祖受禅，迁太常博士。太常卿牛弘每称为五经库。吏部尚书韦世康（531～597）荐之[①]，为太学博士。寻与沛公郑译（540～591）修正乐章[②]。丁母忧解任。后数岁……复为太常博士。未几，擢为国子博士。

会上令国子生通一经者，并悉荐举，将擢用之。既策问讫，博士不能时定臧否。祭酒元善怪问之，晖远曰："江南、河北，义例不同，博士不能遍涉。学生皆持其所短，称己所长，博士各各自疑，所以久而不决也。"祭酒因令晖远考定之，晖远览笔便下，初无疑滞。或有不服者，晖远问其所传义疏，辄为始末诵之，然后出其所短，自是无敢饰非者。所试四五百人，数日便决，诸儒莫不推其通博，皆自以为不能测也。

寻奉诏预修令式。高祖尝谓群臣曰："自古天子有女乐乎？"杨素以下莫知所出，遂言无女乐。晖远进曰："臣闻'窈窕淑女，钟鼓乐之'[③]，此即王者房中之乐，著于《雅》《颂》，不得言无。"高祖大悦。仁寿（601～604）中卒官，时年七十二，朝廷嗟惜焉，赗赙甚厚，赠员外散骑常侍。

---

① 本文所提到的韦世康，历仕北魏、北周，于隋身居高官，本传见于《隋书》卷四十七，第1265～1267页；《北史》卷六十四，第2271～2273页。

② 郑译，历仕北周及隋，著有《乐府声调》，本传见于《隋书》卷三十八，第1135～1138页；《北史》卷三十五，第1312～1315页。

③ 这是《诗经》第一篇《关雎》中的句子，《毛诗正义》卷一，第24a页。

六　马光

马光，字荣伯，武安（河北南部，靠近邯郸）人也。[1] 少好学，从师数十年，昼夜不息，图书谶纬，莫不毕览，尤明《三礼》，为儒者所宗。

开皇（581～601）初，高祖征山东义学之士，光与张仲让、孔笼、窦士荣、张黑奴、刘祖仁等俱至，并授太学博士，时人号为六儒。[2] 然皆鄙野，无仪范，朝廷不之贵也。士荣寻病死。仲让未几告归乡里，著书十卷，自云此书若奏，我必为宰相。又数言玄象事。州县列上其状，竟坐诛。孔笼、张黑奴、刘祖仁未几亦被谴去。唯光独存。

尝因释奠，高祖亲幸国子学，王公以下毕集。光升座讲礼，启发章门。已而诸儒生以次论难者十余人，皆当时硕学，光剖析疑滞，虽辞非俊辨，而理义弘赡，论者莫测其浅深，咸共推服，上嘉而劳焉。山东《三礼》学者，自熊安生后，唯宗光一人。初，教授瀛、博间，门徒千数，至是多负笈从入长安。后数年，丁母忧归乡里，遂有终焉之志。以疾卒于家，时年七十三。

刘焯与**刘炫**参见第九章。

---

① 本传见于《隋书》卷七十五，第1717页；《北史》卷八十二，第2761页。

② 张黑奴，《北史》卷八十一的本传，第2718页及《北齐书·儒林传》作“张买奴”。其他经师多附《北史·熊安生传》后，除并称“六儒”外，事迹无考。

七 褚辉

吴郡（苏州会稽之间）褚辉，字高明，以《三礼》学称于江南[①]。炀帝［隋炀帝杨广（569～618）］时，征天下儒术之士，悉集内史省，相次讲论，辉博辩，无能屈者，由是擢为太学博士。撰《礼疏》一百卷。

八 顾彪

余杭（杭州北部郊区）顾彪[②]，字仲文，明《尚书》《春秋》。炀帝时为秘书学士，撰《古文尚书疏》二十卷。

九 鲁世达

余杭鲁世达[③]，炀帝时为国子助教，撰《毛诗章句义疏》四十二卷，行于世。

十 张冲

吴郡张冲，字叔玄[④]。仕陈为左中郎将，非其好也，乃覃思经典，撰《春秋义略》，异于杜氏七十余事，《丧服义》三卷，《孝经义》三卷，《论语义》十卷，《前汉音义》十二卷。官至汉王［杨谅（575～605）］侍读。

十一 王孝籍

平原王孝籍[⑤]，少好学，博览群言，遍治五经，颇有文翰。与河间（河北东南部）刘炫同志友善。

---

① 本传见于《隋书》卷七十五，第1723页及《北史》卷八十二，第2767页。

② 本传见于《隋书》卷七十五，第1724页及《北史》卷八十二，第2768页。

③ 本传见于《隋书》卷七十五，第1724页及《北史》卷八十二，第2768页。

④ 本传见于《隋书》卷七十五，第1724页及《北史》卷八十二，第2768页。

⑤ 本传见于《隋书》卷七十五，第1724～1725页及《北史》卷八十二，第2768页。

开皇（581～600）中，召入秘书，助王劭修国史[①]。劭不之礼，在省多年，而不免输税。孝籍郁郁不得志，奏记[②]于吏部尚书牛弘[③]……弘亦知其有学业，而竟不得调。后归乡里，以教授为业，终于家。注《尚书》及《诗》，遭乱零落。

第三节　隋代经师评述

未见本章的几位隋代经师值得在此评说。刘焯、刘炫两挚友的经学融通南北，这一趋向奠定了初唐经学的基础，旨在使知识分子眼中的统治合法化。由此产生的《五经正义》，不仅在现代中西学界具有权威，也是研习这些经典的首选。二刘的卓越成就值得选译其本传，并扩展分析其学术著述与研究方法。因此本章暂未提及。

本卷第八章重点讨论声律的发展及音韵学的成立，因此萧该不入本章而在第八章首。萧该之后，将讨论两位未入《儒林传》的大儒：其一是陆德明，他的著作《经典释文》代表了“音义”训释法达到顶峰。尽管陆德明受学于北朝且仅比刘焯年长六岁，但他被归为唐代经师，而刘焯则被视作隋代经学的代表。音韵学植根于南北朝，为了将其发展纳入本书，在并无更多实据的情况

① 王劭，史学家、历法学家，历仕北齐、北周，入隋后负责纂修起居注。如东汉史学家班固（32～92）一样，他曾被指控私修《齐书》，其心可诛，但隋高祖览后悦之，招入史馆起为员外散骑侍郎。劭又撰《皇隋灵感志》三十卷、《隋书》八十卷、《齐志》二十卷、《齐书》纪传一百卷、《平贼记》三卷。本传见于《隋书》卷六十九，第1601～1610页及《北史》卷三十五，第1292～1301页。

② 王孝籍在奏记中痛诉自己不被重视，不得迁进以实现抱负，并以热切而含蓄的措辞以寻求帮助。

③ 牛弘（545～610），参见本卷第六章第三节“《周书·儒林传》所载经师”。

下，我仅凭借著者的权力，将陆德明划为隋代经师。陆法言（活跃于600年左右），是现存最早韵书《切韵》的撰者。他创立了这门新的学科，但其名不见于北朝及隋唐诸史，因其书成于601年，姑且归为隋代经师。

有了这些可以节略翻译《隋书·儒林列传》的解释与理由，我们可以探究经师的新见与其对经学史的贡献，如果有，那么体现在这些方面。

第一，同僚间的攻讦辩难。为官的责任挤占了从事学术的精力与闲暇，这是学者的生活中不可回避的事实。这一点在本卷第六章"《周书·儒林传》所载经师"一节得到了印证。我们发现一些隋代经师之间的人际关系颇为紧张。比如本章最末选录的王孝籍就抱怨不得升迁、不免输税。从他对长官王劭冗长尖刻的控诉来看，他们之间的相互攻讦显然比王劭的心胸狭隘严重得多。而前文所提到苏威与何妥、何妥与元善间的摩擦，同样说明了经师所面对的压力，处理复杂人际关系的同时还要兼顾学者与官僚的角色，并深情投入。

第二，"六儒"经历所揭示的失意经师的命运。"六儒"应隋文帝征，自山东至长安，并授太学博士。尽管表面显赫，但不为朝野所贵。除马光外，余者仕途皆不顺，甚至身死。在经学史上，关于失意经师的生平细节在个人传记中当然都有记载，但极少有如此详尽叙述遽获殊荣经师的集体命运。更重要的是，这提醒我们，也许身居高位的光环会掩饰事业中内涵的缺失。唐代史家的忠实评价揭示了这一点"然皆鄙野无仪范，朝廷不之贵也"。这也告诫我们，即使大多数情况下难以深入了解实情，但本传中关于官场普遍光鲜的肤浅描述也不可贸然接受。

以上两点使我们更深入地了解了经师的秉性及交游，这固然是有趣的旁证，但对经学的发展来说，余者（经注的流衍、经疏的撰著等）更为重要。

第三，是杜预注《左传》在北朝后期的流行。杜注历来行于南朝，而北朝偏爱服虔注。这可与《隋书・张冲传》相互印证，从措辞来看，唐代纂修者似乎更推崇杜注。

第四，如果将刘炫、刘焯及萧该揽入，《隋书・儒林传》所载的著述较之北朝经师有了明显的增加。14 位经师有著述 25 部：《礼记》五部、《春秋左氏》四部、《孝经》四部、《诗》四部、《论语》三部、《尚书》二部、五经类二部、《周易》一部。统一王朝下，经学著述显著增多。

第五，《隋书・儒林传》载录了关于两部正史的注疏，计有《汉书》三部、《后汉书》一部。南朝经师对史书的潜在兴趣以著述的方式见于书目，预示着唐代学者对这一包括《史记》在内的新领域的兴趣会更加浓厚。

第八章

陆德明、陆法言与音韵学的整合

隋代产生了两种非常重要的经学著述。陆德明汇集关于经典的音注（pronunciation glosses）与字词训释（vocabulary definitions），题为《经典释文》，[①] 此书的巨大作用在本书前几章中已可得见，其甫一问世，就对经学家们影响深远。陆德明是传统学术的面貌，这体现在他兼顾十一部儒家经典和《老》《庄》两种道家经典，再加上《尔雅》中字词的音义，各附于经下。由是观之，其观点偏于守旧（backward looking）。与之同时的陆法言所作韵书则标志着历史语音学（historical phonology）研究的专门化，如此它自然是一门新学科的滥觞。陆法言的学术面貌更具现代性与前瞻性，因为其所著韵书“切”出诗歌押韵与同音字的韵脚，作为独立的声韵类别，只是提供了音韵资料与定义，而并不考虑经典的语境。这种理解使得我将其著作《切韵》译为“孤立出的韵”（Isolated Rhymes），因为“切”被用为动词，表示以反切记音系统注释某字。陆法言的韵书突破了先前针对经书的研究，将关注

① 另一可取的译名为 *Elucidation of the Language of Canonical Works*。译者注：本书正文将《经典释文》译为 *Elucidation of the Texts of Canonical Works*。

点转向音韵，开创了新境。此外，其统合了新信息，而非综述旧研究。

在考察了陆法言及其重要前辈的工作后，我将把这门新独立的学科此后在唐至明间的发展留给现代的历史语言学者。在稍后一卷我对清代经学的论述中，将尤为突出历史语音学的发展。在这里，我首先介绍在传统音韵学领域里陆德明的先驱们，以得见学者陆德明的伟大。陆德明的两位先辈为隋代经学家刘芳、萧该，我在第七章中略过了他们，放在这里更为恰切。嗣后我将转向陆法言，以及他为新的语言学取径做出的开创性工作。

第一节　陆德明的先辈：刘芳与萧该

在梁代入北的颜之推对语言变化以及语音研究有些敏锐的观察，下引文段系被英译者翻作“论语音”（On Phonetics）一篇的开场白：[1]

> 夫九州之人，言语不同，生民已来，固常然矣。自《春秋》标齐言之传，《离骚》目楚辞之经，此盖其较明之初也。后有扬雄著《方言》，其言大备。然皆考名物之同异，不显声读之是非也。逮郑玄注《六经》，高诱解《吕览》《淮南》，许慎造《说文》，刘熹制《释名》，始有譬况假借以证音字耳。而古语与今殊别，其间轻重清浊，犹未可晓；加以内言外言，急言徐言、读若之类，益使人疑。孙叔言创《尔雅音

[1] 译者注：《颜氏家训·音辞篇》。

义》，是汉末人独知反语。至于魏世，此事大行。高贵乡公不解反语，以为怪异。自兹厥后，音韵锋出，各有土风，递相非笑，指马之谕，未知孰是。共以帝王都邑，参校方俗，考核古今，为之折衷。榷而量之，独金陵与洛下耳。[①]

这段文字不仅介绍了语言随时间、距离以及语域（register）而变化的问题，标注读音的反切系统的运用，还举了一个音义类注疏的早期典范，更预示着比较南北朝时期以南、北都城为中心的南北语言价值的重要性。这样的比较，将会由陆法言与其勒成《切韵》的同道所实现，以下将进行考察研究。[②]

《中国经学史》这一卷中的朝代所涵盖的时代，王力（1900～1986）将其标榜为“以韵书为主的时期”[③]。《汉书·艺文志》著录了第一部专门研究经典音韵的著作。东汉晚期的经学家郑玄的《礼记音》二卷似乎就是最早见诸史籍的音注。[④] 但陆德明断言，这部郑玄所作的汉代典范，以及另一部出自孔安国（公元前156年～公元前74年）者均为伪书，他将之归于后代经学家托名上代权威的著作。[⑤]

---

① （邓嗣禹）Teng Ssu-yu译，*Family Instructions for the Yen Clan*，pp. 186－189。

② 关于魏晋末期、六朝及隋唐时期语言学状况的基本信息，可参考的颇多，如邓文彬《中国古代语言学史》，巴蜀书社，2002，第63～181页。

③ 王力：《中国语言学史》，香港：龙门书店，1967，第26～52页。王氏通过研究唐代之后韵书和韵图的发展，将这一时代推延至明朝。

④ 《隋书》卷三十二，第922页。

⑤ 黄坤尧：《〈经典释文〉与魏晋六朝经学》，第796页，收入杨晋龙、刘柏宏编《魏晋南北朝经学国际研讨会论文集》（全二册），台北：“中央研究院”中国文哲研究所，2016，第二册，第783～814页。

但据《隋书·经籍志》，音义类的新注最早见于魏（220～266），在漫长的政治分裂时期里日益增多。[①]正是南北朝时期最贴合于王力对这个时代的描述。同著录郑玄的著作一样，此目中最早标明自身性质的著作仅题作“音”（pronunciation）。例如，东晋三种不同作者的《周易音》的范例；两种《尚书》音注，出自很快就会论及的梁陈时期的学者顾野王[②]；以及一种《诗》类，题为《毛诗并注音》，出自隋代经学家鲁世达。[③]《隋志》所著录的第一部音义体注疏是北魏学者刘芳的《毛诗笺音义证》，详见下文。可以认为，“音”体与“音义”体的区别在于前者仅能起到后者双重功能（dual functions）的一半。礼类在唯一——部礼经音注——《礼音》后，才又出现了两种《礼记》音义注疏，其一出于谢氏，[④]其二则未题撰人。至于《春秋》则未见音义类注，不过有七种音注均出于名儒之手，诸如服虔（西汉）、徐邈（172～249）、杜预、嵇康（224～263）、李轨（隋），以及另一位与陆德明同时者曹宪（约541～约645）[⑤]。《尔雅》与《广雅》有两种音注被著录，另外晋代学者王延著有一种名为《文字音》的音

---

① 《隋书》卷三十二，第946页。

② 译者注：据《隋书经籍志》，《古文尚书音》出自徐邈，《今文尚书音》出自顾彪，顾彪另有《大传音》二卷，又梁有《尚书音》五卷，出自孔安国、郑玄、李轨、徐邈等，似均与顾野王无关。

③ 鲁世达的相关讨论见第九章。因为他曾作《毛诗章句义疏》，是以他也可以分工，别为无“义”的“音”注。

④ 其《礼记音义隐》全称有些反常，或可译作 *Hidden Pronunciation and Meaning of the Records of Ritualists*。见诸著录的还有一种七卷同题的著作，不著撰人。

⑤ 曹宪有这些著述：《博雅音》十卷，《文子指规》四卷，《尔雅音义》二卷，《文选音义》。关于曹氏生平与著作，参见董忠司《曹宪〈博雅音〉研究》，台湾政治大学硕士学位论文，1973。

注。徐邈所作《五经音》则是《隋志》经部音注类著录的最后一部。奇怪的是，《隋志》此卷的末尾部分虽然集中了许多辞典、字书、韵书，以及四声相关的著作，却只有一种音义类注疏，即《叙同音义》。

《隋志》的第二卷偶尔著录史籍的音义体注释。《史记》有一部刘宋时期的音义和一部梁代的音注。《汉书》则有四部音注和两部服虔和韦昭所作的音义[①]。这种重音注、轻音义的趋势延续到了《后汉书》，其有三部音注，却没有一部音义。《帝王世纪音》则是《经籍二》所著录的音类著作中的最后一部。

《隋志》第三卷处理的是子部书。其中《老子》仅见一部音注，《庄子》却是汗牛充栋，足有六部。《隋书·经籍志四》集部则既无音注，也无音义。[②] 从以上回顾来看，很明显在汉末至唐的 418 年间，相较更为复杂的注体，音注出现的频率更高，至少是音义的两倍，甚至是三倍。

关于音注体，一个更为丰富的信息来源是陆德明的《经典释文·序》。一个对陆德明集释的新近分析指出，陆氏记录了东汉至陈代的 54 种书音专著，注音者 17 家。[③] 至于陆氏著作对于音韵学研究的价值，黄坤尧做了如下解释："书音讲求标准的语音，陆德明著录大量的音义资料，其实也完整地保留了一段历时的语

① 译者注：服虔所著为《汉书音训》，韦昭为《汉书音义》，此外应劭有《汉书集解音义》，萧该有《汉书音义》。

② 但张鹏一《隋书经籍志补》确从史书中辑出三种分别为《三礼》所作的音注和一种《毛诗音》，收入《二十五史补编》（全六册）第四册，中华书局，1989，第 4930 页。

③ 黄坤尧：《〈经典释文〉与魏晋六朝经学》，第 796 页，收入杨晋龙、刘柏宏编《魏晋南北朝经学国际研讨会论文集》。

音纪录。现在我们多利用《经典释文》的语言材料追踪魏晋六朝言音演变的轨迹。可以说，《经典释文》在语言学上的价值远超于经学之上。"[①] 这评价大致合理，不过考虑到音韵之学亦是文本校勘者的囊中法宝，则陆氏著作在经学方面的价值也并未减损；这条评价仅仅点出了它的直接应用。[②]

我将再次引用黄坤尧，以结束对于音注及音义的介绍。他称前者只是后者的缩略，从而消弭了两者的区别，转而去区分音书与韵书。前者既含注音，也包括音义，意在帮助审音正读，以在某处或数处经文中，求取其准确含义。这本质上是训解注释的另一种形式，涉及诸如修辞、句读、校勘以及释义（包括本义和各种引申义等问题）。后者，即韵书这种形式，仅仅关注作为语言学一端的声韵学；换言之，其中心在音韵学而非解经。黄坤尧的观点很有说服力，他认为陆德明《经典释文》源自音义传统，陆法言《切韵》则源于"韵书"的传统。[③] 颜之推《颜氏家训》以各自独立的两篇讨论语言问题，《书证》[我将其视为"书音证义"(Writing out Pronunciation Glosses to Verify Meanings) 的缩略][④] 第

① 黄坤尧：《〈经典释文〉与魏晋六朝经学》，第796页，收入杨晋龙、刘柏宏编《魏晋南北朝经学国际研讨会论文集》。

② 上揭董忠司关于曹宪音韵学的硕士学位论文就是当代利用陆德明所存语言材料的一个范例。其他案例如范新幹《东晋刘昌宗音研究》（崇文书局，2002），以及各种期刊论文。陆德明本人音系的研究见邵荣芬《〈经典释文〉音系》（台北：学海出版社，1995）；这个音系完全基于南朝，尤其是陈代的音系。关于南方文化与学术对于陆德明的广泛影响，参见杨荫楼《陆德明的南学风韵及其对经学的贡献》，《孔子研究》1999年第3期，第82～87页。

③ 事实上，据王应麟（1223～1296）《玉海》卷四十二（台北：华文出版社，1964，第839页）的引文，唐太宗就曾将陆德明的大作称为《经典音义》。

④ 邓嗣禹译本则将其笼统地译为"写作的例证"(Evidence on Writing)。

十七论述经典的音注，《音辞》[1] 第十八则将音韵作为语音学的一部分来处理，黄氏借此证成其结论。[2] 需要指出，《经典释文》每一部分题中都有“音义”一词：《周易音义》《尚书音义》，如此贯穿全书。

一 刘芳

如果可以授予这位时代如此之早的北魏经学家一个崇高头衔的话——那么著述丰富的语音学家刘芳（约453～513）提供了线索，以便解决音注与音义间的关系问题。刘芳的特点在于，他给各位权威注家（authoritative exegetes）所作诸经注释补上了音注。例如，刘氏为郑玄的两部礼经注文加注了音，这项工作被描述为：“撰郑玄所注《周官》《仪礼音》。”同类的措辞也适用于干宝（286～336）、王肃、何休、范宁、韦昭（204～273）等所作其他经典的注本，以及范晔（398～445/446）的《后汉书》，凡此音注均为一卷本。颇为奇怪的是，刘氏一度打破了这种稳固的模式，作了一部三卷本的音义类注疏，题作《急就篇续注音义证》，与上文提到的《毛诗并注音》有相似处。这清楚地验证了我们的直觉，即两种注体间存在功能的分野。这些例子，还有《隋书·经籍志》著录的更多其他例子，尤以陆德明的著述最为突出，其中有《周易并注音》七卷，代表了只注音的“音”体传

① 邓嗣禹译为“音韵学”。译者注：韩大伟原文将“音辞”译为“音韵与修辞”（Pronunciation and Diction）。

② 黄坤尧：《音义综论》，收入王静芝等编《训诂论丛》，台北：中国训诂学会，2016，第33～54页。译者注：此文收入黄坤尧《音义阐微》，上海古籍出版社，1997，第1～24页。

统，而其巨作则综合音、义。陆法言所著韵书亦包含注音和释义，因此它也是从同一片土壤中生长出来的。此种注体在整个唐、宋、明时期皆保持独行的状态，代表如下：玄应（649～661）的《大唐众经音义》二十五卷；慧琳的（737～820）《一切经音义》五十卷；佚名的《唐开元文字音义》一卷[①]；何超（宋代）的《晋书音义》；陈第（1541～1617）的《屈宋古音义》。不足为奇的是，我没能找到清代的案例，因为清人治音韵学，关注点完全集中在古韵部的复原而非保存当世读音上。

刘芳本传详细记录了其从事音注之学的学术背景，以及其他方面的内容，录之如下：

> 刘芳，字伯文，彭城人也，汉楚元王之后也。[②] ……芳虽处穷窘之中，而业尚贞固，聪敏过人，笃志坟典。昼则佣书，以自资给，夜则读诵，终夕不寝，至有易衣并日之弊，[③]而澹然自守，不汲汲于荣利，不戚戚于贱贫，乃著《穷通论》以自慰焉。芳常为诸僧佣写经论，笔迹称善，卷直以一缣，岁中能入百余匹，如此数十年，赖以颇振。……芳才思

---

① 译者注：此称《唐开元文字音义》一卷，不著撰人。然《开元文字音义》见著于《新唐志》《中兴馆阁书目》《遂初堂书目》《宋志》及《日本国见在书目录》《玉海》等处，或称三十卷，或曰止余二十五卷，又其撰者为玄宗，见《唐会要》《册府元龟》及张九龄《贺御制开元文字音义状》。

② 刘交是汉朝开国皇帝刘邦的弟弟，韩信的楚王之位被黜落后，刘交被任命去接替他。在刘氏四兄弟中，刘交最为博学文雅，曾从荀子弟子浮丘伯学《诗》。西汉著名的目录学、校勘学家刘向就是刘交的曾孙，是以刘芳也是刘向的直系后人。刘交传见《汉书》卷三十六，第1921～1923页。

③ 此用《礼记·儒行》“易衣而出，并日而食”之典，见《礼记注疏》卷五十九，第6b页。

深敏，特精经义，博闻强记，兼览《苍》《雅》，尤长音训，辨析无疑。[①] 于是礼遇日隆，赏赉丰渥。……昔汉世造三字石经于太学，学者文字不正，多往质焉。芳音义明辨，疑者皆往询访，故时人号为刘石经。酒阑，芳与肃俱出，[②] 肃执芳手曰："吾少来留意《三礼》，在南诸儒，亟共讨论，皆谓此义如吾向言，今闻往释，顿祛平生之惑。"芳理义精通，类皆如是。

高祖迁洛，路由朝歌，[③] 见殷比干墓，[④] 怆然悼怀，为文以吊之。芳为注解，表上之。诏曰："览卿注，殊为富博。但文非屈宋，理惭张贾。既有雅致，便可付之集书。"诏以芳经学精洽，超迁国子祭酒。……

芳沉雅方正，概尚甚高，经传多通，高祖尤器敬之，动相顾访。太子恂之在东宫，高祖欲为纳芳女，芳辞以年貌非宜。高祖叹其谦慎，更敕芳举其宗女，芳乃称其族子长文之女。高祖乃为恂娉之，与郑懿女对为左右孺子焉。崔光于芳有中表之敬，每事询仰。芳撰郑玄所注《周官》《仪礼音》、干宝所注《周官音》、王肃所注《尚书音》、何休所注《公

---

① 当代专家黄坤尧强调陆德明对《尔雅》入经的推动作用，但很显然早在742年《尔雅》纳入官学之前，刘芳就先行利用了该书。参见黄坤尧《陆德明的学行和经学思想》，收入蔡长林、廖秋满编《隋唐五代经学国际研讨会论文集》（全二册）第一册，台北："中央研究院"中国文哲研究所，2009，第228页。

② 王肃是出身琅琊临沂的学者，自称是《礼》《易》专家，但其本传仍称"未能通其大义"。这位直言不讳、才思敏捷的学者得高祖推重，被比作诸葛亮。他与皇室关系密切，是一位重要的谋臣，其本传见《魏书》卷六十三，第1407～1412页。

③ 朝歌是商代晚期的国都，与周的最后决战就发生在其附近的牧野。

④ 作为商代皇族的一员，比干是末代商王、谥号帝辛的暴君纣王（旧说以其公元前1154～前1123年在位，或曰公元前1060～前1027年在位）的贤相。

羊音》、范宁所注《穀梁音》、韦昭所注《国语音》、范晔《后汉书音》各一卷，《辨类》三卷，《徐州人地录》四十卷，《急就篇续注音义证》三卷，《毛诗笺音义证》十卷，《礼记义证》十卷，《周官》、《仪礼义证》各五卷。崔光表求以中书监让芳，① 世宗不许。延昌二年卒，年六十一。诏赐帛四百匹，赠镇东将军、徐州刺史，谥文贞。②

传末所附史赞以“儒宗”“师表”之高名为其标榜，确是极高的评价了。③

在南北朝时期的政治、文化领域，为经文正音是南方学者持续关注的问题，他们自诩为“雅言”（Elegant Words）正统的守护者，在这方面远胜于“粗俗”的北方经师。梁代前期的沈峻就是一个例子。沈氏博通五经，尤长《三礼》。当受荐正式赴任博士，取代那位倒霉的、不通《周礼》的主事者之时，他正沉沦下僚，只是一个国子助教。在一个依赖口耳授受的教育过程中，开讲的博士因语音不正而被废斥，这便是对这一经文理解不透彻的关键。(徐勉）荐沈峻书曰：

凡圣贤可讲之书，必以《周官》立义，则《周官》一

① 崔光为地处山东西北部的东清河鄃（今山东平原西南）人，与刘芳的形象相似。崔氏家贫，白天抄书以自立，夜晚则读经。他参撰国史，登于高位，曾任国子祭酒、皇帝谋臣，但似乎并未撰写任何关于经学的东西。他却是一个多产的诗人，还作有颂、铭、赞、咏及其他杂体，别集五十卷。崔氏本传见《魏书》卷六十七，第1487~1500页；《北史》卷四十四，第1615~1623页。

② 《魏书》卷五十五，第1219~1233页。

③ 《魏书》卷五十五，第1233页。

> 书，实为群经源本。此学不传，多历年世，北人孙详、蒋显亦经听习，而音革楚、夏，故学徒不至；惟助教沈峻，特精此书。比日时开讲肆，群儒刘岩、沈宏、沈熊之徒，并执经下坐，北面受业，莫不叹服，人无间言。[①]

既以正音为要紧事，也无怪南朝关注音义，我就没能看到北朝经师提及这种注疏（相较于不那么复杂的音注）。需要指出，萧该也是一位来自江苏的北迁南人，下文就将介绍其生平与学术。

二 萧该

萧该似乎不该算作陆德明的先驱，因为他们俩年龄差不过21岁。但萧氏以音韵之学著称，曾参与了陆法言《切韵》的编纂，最重要的是，他是第四章、第六章分论之南、北《儒林传》中第一位有音义类注疏的经学家。因此，在追溯中国音韵学如何发展至陆德明、陆法言分水岭般的大作时，他便是一个便于把握的关键节点。

> 兰陵萧该者，梁鄱阳王恢[②]之孙也。少封攸侯。梁荆州陷，与何妥同至长安。性笃学，《诗》《书》《春秋》《礼记》并通大义，尤精《汉书》，甚为贵游所礼。开皇初，赐爵山阴县公，拜国子博士。奉诏书与妥正定经史，然各执所见，递相是非，久而不能就，上谴而罢之。该后撰《汉书》及

① 《梁书》卷四十八，第679页。这段文字首次见引于本书第三章的导论部分。

② 萧恢为后世追尊的梁文帝萧顺之的第九子（据某些推测说是第十子），萧顺之之子梁武帝萧衍（502～549年在位）建立了梁代。

> 《文选音义》,[①] 咸为当时所贵。[②]

以陆法言为首、勒成《切韵》的小圈子成员中肯定有业余爱好者，至少是低调的学者，大多数人并未因其学术成就为人措意，萧该带来的经验显然提升了他们的学术水准。

第二节 陆德明

陆德明总合注音、释义，形成"总括"整个领域的知识的汇编、大全，是经学发展史上的转折点。在中世纪的西方，诸如哲学、神学与教会法规等领域通常是广泛、全面的研究领域。名为彼得・隆巴德（Peter Lombard，约 1096～约 1160）者所作《箴言四书》（*Libri Quattuor Sententiarum*），为其赢得"箴言大师"（Master of Sentences）的名号。这类书中最杰出的典范《神学大全》（*Summa Theologica*）的作者，圣托马斯・阿奎那（St. Thomas Aquinas，1225－1274）被视为"总括者"中最重要的一位。关于更加专门领域的大全，比如忏悔或者苦修，则具有实践礼仪书的性质，代表性的礼仪书手稿，诸如弗莱堡的约翰（John of Freiburg，卒于 1314 年）《认罪大全》（*Summa Confessorum*）、彭纳福特的赖孟多（Raymond of Pennafort）《忏悔大全》（*Summa de Poenitentia*，成于 1235 年）。

比起以经院主义辩证法（scholastic dialectic）为根基的中世

① 《隋书・经籍志》著录其《汉书音义》十二卷，他为《文选》作音注，因此以"音"名者仅三卷，同时还著录有《范汉音》三卷。

② 《隋书》卷七十五，第 1715～1716 页。

纪大全，中国经学领域里的汇聚融通语言信息的集注没那么枯燥乏味。陆德明汇集各经音注而成的全编，题作《经典释文》，凡三十卷，就是中古中国语言学发展过程中此类著述的高峰。[①]

《新唐书》中陆德明的传记值得全文英译[②]的原因有几个，其中最重要的是其未写入著作中内容，即有关其学问的事实。

陆元朗字德明，以字行，苏州吴人。善名理言，受学于周弘正。[③] 陈太建（569～582）中，后主（陈叔宝，553～604）为太子，集名儒入讲承光殿，德明始冠，与下坐。国子祭酒徐孝克（527～599）敷经，[④] 倚贵纵辩，众多下之，独德明申答，屡夺其说，举坐咨赏。解褐始兴国（福建北部武夷山脉之东）左常侍。陈亡，归乡闬。

隋炀帝擢秘书学士。大业（605～617）间，广召经明士，四方踵至。于是德明与鲁达、孔褒共会门下省相酬难，莫能诎。[⑤] 迁国子助教。越王侗（杨侗，604～619，炀帝之

① 参见《斯坦福哲学百科全书》(*Stanford Encyclopedia of Philosophy*)，Eillen Sweeney 所作“中世纪哲学的文体”条下。

② 译者注：以下《陆德明传》的英文翻译从略，涉及说明性及阐释性文字则加以汉译，用括号或注释附在古文之后。

③ 周弘正（496～574）是梁陈时期的经学家，参见第四章第四节表 4－2“《陈书·儒林传》所载经师”，我为其作了篇简短的小传。参见本书第 106 页注释。

④ 徐孝克出自东海郡，即今山东东南的郯城北部。他以遍通五经著称，亦善属文。梁时他曾任太学博士，但在 548～552 年发生的侯景之乱中，他出家为僧，不问世事。后又还俗，历任各种行政与教育职务，包括陈代的国子祭酒，隋时又担任过国子博士。他曾在尚书都堂讲授《金刚般若经》，亦曾在东宫讲《礼记》。卒年七十二。参见其本传，《陈书》卷二十六，第 336～338 页；《南史》卷六十二，第 1527～1528 页。

⑤ 鲁达似即鲁世达，著有《毛诗章句义疏》，见载于《隋书·儒林传》，参见第七章第二节。孔褒生平无考。

孙，隋代末帝）署为司业，入殿中授经。王世充僭号（事在619年），[①] 封子玄恕为汉王，以德明为师，即其庐行束脩礼。德明耻之，服巴豆剂，僵偃东壁下。玄恕入拜床垂，德明对之遗利，不复开口，遂移病成皋。

世充平，秦王（李世民，未来的唐太宗，626~649年在位）辟为文学馆学士，以经授中山王承乾（618~645），[②] 补太学博士。高祖［唐代开国皇帝，618~626年在位的李渊（566-635）的称号］已释奠，召博士徐文远、[③] 浮屠慧乘、[④]

① 王世充为汉化“胡人”，是隋末诸家反王之一。他的短命王朝国号为郑，次年（620）这个刚刚建立的王朝就被唐所灭。面对王世充的威逼利诱，陆德明的处理方式大为后世儒生所表彰，而孔颖达的所作所为，从忠于胜朝君主的角度看，其行为则不甚光彩，或不被提起，或被含混掩饰。相关的具体行径就是，其为王世充草禅代议，令隋末帝退位。全祖望（1705~1755）隐约提到了孔颖达屈服于王世充的事，只是未详加说明，便是一个案例。他在文章《唐经师从祀议》中做了这样的评论：“今世从祀孔颖达，其实颖达生平大节有玷圣门，故愚尝欲黜之，而进陆德明，以其大节”，参见全祖望撰，詹海云校注《鲒埼亭集校注》（全四册）第三册，台北：“国立”编译馆，2003，第909页。对此事件的详细讨论，参见黄坤尧《陆德明的学行和经学思想》，第213~215页。

② 李承乾为太子，自然是在其即位之前就去世了的。

③ 举行这样的讲经当然是为了解决国中儒、道、释三教以孰为首的问题，因此“经”应当被宽泛地理解为儒经、道经和佛经，每个参与者都从其所守经学统绪的角度，力图论证自家道统的首要地位。每人都在各家传统经文中，选了一部核心经典。两部《唐书》的《儒林传》均以儒家一方的代表徐文远为首（陆德明则是第二位），见《旧唐书》卷一百八十九上，第4942~4944页；《新唐书》一百九十八，第5637~5639页。和陆德明一样，徐氏本名徐旷，盖以字行。他起于寒微，其兄鬻书于肆，徐文远因以阅读，最终博通五经。曾任太学博士，又为国子博士，后任祭酒。王世充亦为其弟子。徐氏专擅《春秋》，但据《旧唐书・陆德明传》所记，在上揭事件中，他讲授的是《孝经》。

④ 佛教代表慧乘（555~639）来自江苏北部的徐州彭城（今铜山）。他活跃于隋及唐代早期，以讲论博学得享盛名。据《旧唐书》所载，在这场辩难中他讲的是《波若经》。慧乘别有传，见一部重要的佛教僧传汇编——道宣（596~667）撰集的《续高僧传》。

道士刘进喜[①]各讲经，德明随方立义，[②] 遍析其要。帝大喜曰："三人者诚辩，然德明一举辄蔽，可谓贤矣！"赐帛五十匹，迁国子博士，封吴县男。卒。

论撰甚多，传于世。后太宗阅其书，[③] 嘉德明博辩，以布帛二百段赐其家。[④]

奇怪的是，《新唐书》传中并没有给出任何关于陆德明求学过程或学术著作的细节；他在朝堂上的成就显然被置于其学术概述之上。在后晋史家刘昫（888～947）所作《旧唐书》中，他原来的传记更为明确，这可能反映了相较于《新唐书》的作者——宋代学者欧阳修（1007～1072），《旧唐书》对经学中的小学一路更有兴趣，且其文风较为繁复。不过，据《旧唐书·经籍志》《新唐书·艺文志》，陆德明的个人著述足以说明他是一位了不起的经学家。[⑤] 我从上揭两部史书的志中辑出以下书：

《周易文句义疏》二十四卷

《周易文外大义》二十卷

① 据《旧唐书》，道教代表刘进喜讲授《老子》，其人余则无考。关于此次论难，念常《佛祖历代通载》卷十一，书目文献出版社，1988，第160～161页，存有一份详细得多的记载。

② 《旧唐书》则作"随端立义"，更为明晰。

③ 这句话较为模糊，只说这位明君"阅其书"，《旧唐书》传中相应的部分说得更明确："撰《经典释文》三十卷、《老子疏》十五卷、《易疏》二十卷，并行于世。太宗后尝阅德明《经典释文》，甚嘉之，赐其家束帛二百段。"

④ 《新唐书》卷一百九十八，第5639～5640页。

⑤ 此处参见刘昫、欧阳修等撰《唐书经籍艺文合志》（商务印书馆，1956）最为方便。

《经典释文》三十卷

陆德明《经典释文》三十卷

《庄子文句义》二十卷

陆德明《老子疏》十五卷

另有两种书见著于《隋书·经籍志》：

《周易并注音》七卷

《周易大义》二卷

此外，在一个当代的佚书辑本索引中，还可以找到一种：

《周易师说》[①]

陆德明的代表作《经典释文》，两版同为三十卷，显然是相似的版本。其余七部著作中，五部与《周易》相关，两部训诂、三部释义。《老》《庄》各有一部，均以诠释为旨。对这些道家文献进行诠解时的倾向，与陆氏在其《经典释文》中以小学为基础讨论诸经形成了鲜明对比。就方法论来说，相较于单纯把古代音义汇为一编者，其学呈现更为复杂多元的面向：他既重校勘，又重注疏，且就治学范围而言，他兼括儒、道。

① 孙启治、陈建华编《中国古佚书辑本目录解题》，第15～16页。

一 《经典释文》

在本卷的开篇，我曾言及要详述以礼为基的郑玄之学对于南北朝经学的影响，因为他的学术后辈承续其道，其对手则坚持自己的独立性，力图找到取而代之的方法。到了陆德明这部完成于589年隋平陈之前的巨著，我们可以补全这一笔了，经典已经牢牢地刻下了郑玄的印迹，永世不灭。这是因为孔颖达撰定《五经正义》时，仍采用了陆德明在《经典释文》中选定的底本，在15种经及注文中，有五种都出自郑玄。稍后官修的十三经则包括了其中四种，只是用唐玄宗李隆基（685～762，712～756年在位）作于743年的御注《孝经》替换了此前的郑玄注本。是以，隋及唐初之学在《诗》《书》《仪礼》《礼记》等核心经典上尊奉郑学，从而确立了未来经学的发展方向。

核心经典之外，其他经典也要借助郑学进行研究。洪铭吉指出，即便是《五经正义》将直到今天仍然是规范的注、疏正典化后，郑玄对下列经文的注仍然是权威的，尚可与正典化的注疏并存：《周易》，与王弼注并列；《尚书》，与孔安国注并列；《论语》，与何晏注并列；《孝经》，与孔安国注并列。在最终确定的十三经中，共有八部传郑之学，其中有一部为小经。①

郑玄对于陆德明《经典释文》影响的另一表征是，讨论儒经时，陆氏的解说极为依赖郑玄的注诠。举个例子，让我们比较一下郑玄与其在作注方面的主要对手王肃，二氏注文被采录的相对数量。郑玄总共被引815条，王肃则是306条。数据见表8－1：

① 洪铭吉：《唐代科举明经进士与经学之关系》，台北：文津出版社，2013，第395页。

表 8-1 《经典释文》引郑玄、王肃二氏注数量对照表

	《易》	《书》	《诗》	《周礼》	《仪礼》	《礼记》	《孝经》	《论语》
郑玄	174	41	355	46	18	71	6	104
王肃	151	28	95			27	3	2

资料来源：黄坤尧：《〈经典释文〉与魏晋六朝经学》，第 787～788 页。

考虑到《经典释文》源于经典中字词注音的汇编，也就无怪乎前代作音注者多引郑玄。音注书作者中被征引最多的为徐邈，十部《音》注提供了 2169 条注文；刘昌宗（西晋）提供了 1020 条注；李轨（卒于 619 年）提供了 313 条。[①] 不过，陆德明作汇编，范围远不止原本的“正音”这一狭窄的领域，还包括解词释义、句读、异文辨析、文本校勘、解说经义等注，更涉及道家经典《老子》和《庄子》。

徐邈为《穀梁传》中某字所作的音注，展现了他对此字多音的面面俱到，值得详细介绍，难得在语境中一窥东晋时期的这种注体；我附上了后来陆德明的注。

《春秋经》：秋，七月，有星孛入于北斗。[②]

《穀梁传》：秋，七月，有星孛入于北斗。孛之为言，犹

① 黄坤尧：《〈经典释文〉与魏晋六朝经学》，第 797～798 页。

② 《春秋左传正义》卷十九下，第 13b 页。杜润德（Durrant）、李惠仪（Li）、史嘉博（Schaberg）译，*Zuo Tradition*，第一册，第 535 页。注释 210 指出：“在中国上古时期观测者看来，彗星就是已成形的孛星开始运行。”

> 茀（$*pət$）[①] 也。[②]
>
> 徐邈注：茀，扶勿反（$*put$）[③]，亦音步勿反（$*ba^c$），又音弗（$*put$）。[④]
>
> 陆德明《释文》：星孛，步内反（$*bwəj^h$），犹茀（$*p^hut$）。[⑤]

陆德明对“星孛”一词的注释相当简洁，只注了一个主要的读音，以及另一个源自《穀梁传》的音，着重于《春秋》经文而非《穀梁传》。不过这种侧重难以为继，因为《穀梁传》大部分是作者自注，而非援引《春秋》经文本身。徐邈注则关注到了《穀梁传》中用于解说“孛”的另一个字，徐邈就此字作了三种不同的音注。遗憾的是，现存徐氏注中似乎没有其他有助于判定其作注体例的了，难以确定其着力于注出多种音是常态与否。

尽管黄坤尧断言陆氏巨著所载语言学资料较经学资料更为重要，但他并未否认其反映了陈代经学的现况，并将其归为三项特征。首先，陆德明扩大了经学的理念，在《尔雅》被广泛利用之前就纳入其书，又把道教文献的两大支柱《老子》《庄子》的经

① 此处上古音的构拟据（许思莱）Axel Schuessler, *ABC Etymological Dictionary of Old Chinese*（Honolulu: University of Hawaii Press, 1987）, p. 241。

② 《春秋穀梁传注疏》卷十一，第7b页。

③ 此处后汉时期语音的构拟据（许思莱）Axel Schuessler, *ABC Etymological Dictionary of Old Chinese*, 第241页。这种公式般的注音方法叫作“反切”，以下我将论及陆德明时对其做出解释。

④ 此注收录于范宁《集解》，《春秋穀梁传注疏》卷十一，第7b页。

⑤ 此处构拟的中古音，即陆德明当时所用的语音，基于（蒲立本）Edwin G. Pulleyblank, *Lexicon of Reconstructed Pronunciation in Early Middle Chinese, Late Middle Chinese, and Early Mandarin*（Vancouver: UCB Press, 1991）。

典括入其名下。将儒、道经典融为一体源于文化需求，在某种程度上就是要合力抵抗佛经传播的外来意识形态的冲击。其次，陆德明将经典整理成现在的顺序，以《周易》为首，然后是《尚书》《诗经》等，从而形成公认的顺序。他显然遵循了自己对于经典历史发展的理解。最后，陆德明选择了最佳的经、注版本，历经宋元两代这漫长的发展期后，直到1584年，终于钦定颁行的十三经定型，仍然采用了这些版本。陆氏归入正典的《老子》《庄子》注本，分别出自王弼、郭象者，降及今日仍是最普遍的权威版本。除此之外，陆德明在注音、释义、句读、校勘、训解等方面的宝贵研究成果，对于经学文本的建立、解读与释义有不可限量的价值。陆德明一共提到了239种著作，作者164人；不过征引的著作只有131种，作者89人，但仍可从中获知大量权威和文献。①

其书对经学史的最后一点贡献就是陆德明的序言，题作“序录”者，解释了陆氏之用心及体例，并条列是著所涉经典的内容、历史沿革及传承。这些经典传承的经师谱系，有时会与此前历史文献如《史记》《汉书》所存的系统很不一样。因此，陆德明的序言提供了许多不见于他处的原始信息，个中异同就揭示了传统叙述中的问题。②

---

① 黄坤尧：《〈经典释文〉与魏晋六朝经学》，第785～786页。同一页（786页）上，黄氏还将陆德明大作所传古代学术概括为三大板块：第一，其传的是东汉末年以及魏晋时期形成的郑玄之学；第二，传汉晋之间的重要经学著述，我要补充的是，这些著述已是作注的轨范；第三，近代梁陈经学著述。

② 吴承仕：《经典释文序录疏证》，中华书局，2008。

全书三十卷，十一部儒经、两部道经，还有《尔雅》，各占一卷或数卷。和其他的集注一样，如下一章将会论及的孔颖达《五经正义》就保存了汉至南北朝间已亡注疏的佚文，这部书也汇集了同一时期经师所作、现已亡佚的音义。陆德明通过“反切”这一工具，在正音领域所做的统合工作，正与孔颖达著作对释义的一统并驾齐驱。

“反切”即析出某字的字头，又将其与另一字的字尾与声调拼合，以表示被注字的读音与音调的做法。[①] 例如，《经典释文》中的第一条这类注释为《周易》中“易”字的音注，“易，盈（*ying-* ∗ *jiajŋ*）只（zhi ∗ *tçiajk*）反”。此注将上字的字头 *yi-* ∗ *jia*，与下字的字尾、声调 I- ∗ *jk* 相拼，就有了 *yi* ∗ *jiajk* 这样的读音。[②]

陆氏还进一步概述了注音对经典阐释的重要性。

> 先儒旧音，多不音注，然注既释经，经由注显。若读注不晓，则经义难明。混而音之，寻讨未易。今以墨书经本，朱字辨注，用相分别，使较然可求。[③]

---

① 对反切记音系统的普及介绍，较好的如邓文彬《中国古代语言学史》，第 66 ~ 70 页；潘重规、陈绍棠：《中国声韵学》，台北：东大图书，1981，第 175 ~ 183 页；（董红源）Hong yuan Dong，*A History of the Chinese Language*（Oxford and New York：Taylor and Francis，2014），pp. 46 – 48。

② 陆德明撰，黄焯汇校《经典释文汇校》卷二，中华书局，2006，第 1a 页。

③ 陆德明：《经典释文汇校》卷一，第 2a 页。此书卷一包括《序录》在内，解释了陆氏之用心及体例，并条列是著所涉经典的内容、历史沿革及传承。对上面引文的讨论，参见吴承仕《经典释文序录疏证》，中华书局，2008，第 8 页。

如上所述，陆德明的音注最常通过反切系统来记音，[①] 但不一定每条注中都有释义。对“梓”这个字所作的长注就显示了其著作的丰富：“梓音子，本亦作杍，马云古作梓字。治木器曰梓，治土曰陶，治金器曰冶。”[②]

许慎（约58～约147）在阐释其所作字典《说文解字》的重要性时，曾援引孔子的“正名”说，与此相类，陆德明也有赖于此基本思想。序中，陆德明在说明语音随时地而变化后，引及《论语・子路第十三》“卫君待子而为政”条。

> 必也正名乎！……名不正，则言不顺；言不顺，则事不成。……故君子名之必可言也，言之必可行也。[③] 斯富哉言乎，大矣，盛矣，无得而称矣！

陆德明依从孔夫子就正言所下提纲挈领的断语，并对此观念大加赞美，盖陆氏对于经学宗旨的整体考量与之相合；以经学为本，修养德性。[④] 应该记得，陆德明在陈、隋、唐三朝都大量参与教

---

① 陆德明也用一种不甚专精的方式来作音注，所谓“如字”，即“此字当与某字同音”。金周生总结了使用这种音注的三个基本条件：第一，用来注音的字必须是个常见字；第二，用的须是此字最常见的读音；第三，被注音字当是一个不常用字，或是罕见的异体字，其音亦少见，或是个多音字。参见金周生《〈经典释文〉“如字”用法及音读考》，收入王静芝等编《训诂论丛》，第133～146页。又可参黄坤尧《〈经典释文〉如字辨音》，氏著《音义阐微》，上海古籍出版社，1997，第25～45页。

② 陆德明：《经典释文汇校》卷四，第7a页。

③ 《论语・子路第十三》“卫君待子而为政”条。

④ 黄坤尧：《陆德明的学行和经学思想》，第222～227页。至于孔子、荀子对“正名”理论的发展，以及许慎对其的应用，相关讨论见韩大伟《中国经学史・秦汉魏晋卷》第六章第三节。还可参考卢文弨（1717～1796），其引郑玄说，意即“正名”指的是“正字书”，见卢文弨《经典释文考证》（全四册）第一册，中华书局，1985，第1页。

育事务，其中包括讲论，经学就是其教学事业之基。其大作也许实际就源于大量的讲稿。他的著作可能在释词解义等细节上，在微观层面“正言”，但同时也隐括郑学成说、征引其他许多注家，在儒经的基础上增入两部重要道经，建立了融通的经典系统，形成了自己的学说。最终，他个人独特的“通儒”观，为这个词语增添了一个新解：它不再指对全部的儒家经典有着贯通理解，而是指融合儒、道，以儒家的“名教”为体，注入道家“自然”的玄风为用。[①]

李威熊把陆德明对经学发展的全部贡献概括为四大点：其一，综合统整了南北经学（这个结论需要三思，因为陆德明并未引及北方经师，而且其经学观念就是陈代通行者）；其二，保存了唐以前经学重要著作；其三，正订群经文字；其四，标注群经音读。唐代经学统一以及后来发展，《经典释文》提供了很重要基础。[②] 他的音注仍附于十三经里的数种之后，[③] 他对《尔雅》的推重可能源于该书在课徒传授上的价值和索隐研究时的用处。[④]

孔颖达《五经正义》、陆德明《经典释文》中，保存了许多

---

① 黄坤尧：《陆德明的学行和经学思想》，第 217 页。

② 李威熊：《陆德明之经学观及其经学史上之贡献》，收入逢甲大学中国文学系主编《六朝隋唐学术研讨会论文集》，台北：文史哲出版社，2004，第 351 ~ 371 页。

③ 《公羊》《穀梁》二传有“附音”，《左传》《礼记》《周礼》《诗经》则称之为“附释音”。这种语言学的名目已是后起。除书目著录外，历史记载中第一个注意到《经典释文》的人是唐太宗，陆氏去世后，太宗读罢其书乃赏赐其家，见前引陆德明本传。

④ 见《尔雅注疏》作者邢昺（932 ~ 1010）的说法，其在序言开头就说：“夫《尔雅》者，先儒授教之术，后进索隐之方。”见《尔雅注疏》邢昺序，《尔雅注疏》卷一，第 1a 页。

古代有价值的典范著作：音注、释词、章句——有的作者还有许多部，使之免于被遗忘。

第三节 陆法言的先辈

魏晋南北朝时期出现了韵书，并且有了发展。雍和明和彭敬将其发展概括如下。

> 由于佛经翻译的长足发展，反切的发明以及汉语四声的区分，第一部韵书得以编成。据现存史料的记载，最早的韵书包括魏人李登《声类》、吕静《韵集》……正是在曹魏至南北朝间产生的韵书基础上，陆法言……才得以完成《切韵》……这是一部划时代的韵书。[①]

魏人李登《声类》十卷（或曰六卷），晋人吕静《韵集》六卷（或曰五卷），并见著于《隋书·经籍志》。[②] 雍、彭二氏从隋朝

---

① （雍和明）Heming Yong，（彭敬）Jing Peng，*Chinese Lexicography*：*A History from* 1046 *BC to AD* 1911（Oxford：Oxford University Press，2008），p. 161。

② 《隋书》卷三十二，第944页。英译见（雍和明）Heming Yong，（彭敬）Jing Peng，*Chinese Lexicography*，p. 161。这篇序还有很多内容值得一读，但由于本章篇幅过长，我们无法在此进一步讨论。李登此书已佚，马国翰《玉函山房辑佚书》第六册，第59～67页，辑出约两百条佚文；吕静书则还存约七十条佚文，见马国翰《玉函山房辑佚书》第六册，第80～83页。对李登著作的评价，见参见谢启昆《小学考》卷二十九，《续修四库全书》本，上海古籍出版社，2002，第1a～3b页；对吕静著作的评价见同书卷二十九，第4a～6a页。

顺便一提，吕静的兄长吕忱为七卷本字书《字林》的编者，此书较《说文解字》多收三千余字，字序仍从《说文》。从历史的观点来看，可以说《字林》开了下文会涉及的《玉篇》的先河，关于《字林》，参见（雍和明）Heming Yong，（彭敬）Jing Peng，*Chinese Lexicography*，pp. 186－187。

文人潘徽的传中摘出一段重要的话，说明了李登、吕静的两部书趋于精细，前者区分清浊，后者辨明五声。此语引自潘徽为其著《韵纂》所撰序言，本书盖受隋文帝第三子秦孝王杨俊（571～600）之命而作，共三十卷，已佚，不过其序全文似都见存于《隋书·潘徽传》。[①] 这部书没能传至后世是个巨大的损失，因为其与此前李登、吕静的著作不同，其"详之诂训，证以经史，备包《骚》《雅》，博牵子集"[②]。不过雍和明和彭敬也指出了李登、吕静书的其他优点：这两部书都开创了为陆法言《切韵》发扬光大的体例，以四声为纲，用反切注音，并且有释义。[③]

一 顾野王与《玉篇》

顾野王（519～581）编成了许慎大作之后最重要的一部字书，这一论断将在下面的讨论中得到充分的论证。顾野王是位著名的画家，《陈书》有传，《南史》仍之，其中著录了一系列优秀著作，有史书、地记、诗文，却并未提示顾氏对字书与音韵的兴趣。[④] 不过，陆德明在其序差不多快结束处，认定顾野王以其所作《尔雅》音注，可列为最后一位重要的《尔雅》注家。[⑤] 显而易见，音韵学虽不见于其本传，却刻入其血脉中。《玉篇》得到了太子萧纲，也就是后来的梁简文帝的支持，并于543年进

① 《隋书》卷七十六，第1743～1747页；序言见第1744～1745页。参看谢启昆《小学考》卷二十九，第16b～18b中的讨论。

② 《隋书》卷七十六，第1745页。

③ （雍和明）Heming Yong，（彭敬）Jing Peng，*Chinese Lexicography*，第244页。

④ 《陈书》卷三十，第399～400页；《南史》卷六十九，第1688页。

⑤ 《尔雅音》，见吴承仕《经典释文序录疏证》，第148页；陆德明《经典释文汇校》卷一，第29a页。马国翰《玉函山房辑佚书》第五册，第178～181页，辑得六十五条佚文。

呈。Wang Jie 和康达维（David R. Knechtges）解释道，萧纲命萧子显（487～537）之子萧恺（506～549）删改此书，今本《玉篇》是经萧恺以及唐人孙强（活跃于 760 年前后）改定后的。

顾野王此书凡三十卷，[①] 收字 12158（或曰 16917）个，[②] 归入 542 部类，与许慎所定者有些异同。[③] 每个字都有反切注音和释义，有时还附有补充说明，包括作者的个人看法。白一平（William Baxter）提醒说，由于后人篡乱文本，或删或改，现存几个改动极大的版本已不再是“中国中古早期音韵的可靠指南”。[④] 谢启昆（1737～1802）虽称其中窜入杂字伪体，却也认为其“存汉魏音训绝学”。[⑤]

雍、彭二人对《玉篇》的评价点出了此书对于韵书发展的六点贡献：第一，字头用楷书，而不依此前所有字书的旧例用小

① 《隋书》卷三十二，第 943 页著录为三十一卷，但新、旧《唐志》均止作三十卷。

② 唐代学者封演（756 年进士）称此书约收字 15020 个，并将其收字较《说文》为多归诸“佛书盛行，伪体杂见”；见谢启昆《小学考》卷二十九，第 3b 页引文。译者注：《小学考》卷二十九，第 3b 页录自陈鳣《声类叙录》，开头有“《玉篇》”云云，盖属上读，以下所引似与《玉篇》无关。又《封氏闻见记》卷二称《玉篇》16917 字。

③ 应该记得，《说文解字》用 540 部收录了 9431 字，重文 1279。关于两部字书的差异，以及《玉篇》如何超越前者，路广正的解读颇有启发，见《顾野王〈玉篇〉对许慎〈说文解字〉的继承与发展》，《文史哲》1990 年第 4 期，第 64～67 页。

④ （白一平）William Baxter, *A Handbook of Old Chinese Phonology*（Berlin: Mouton de Gruyter, 1992），第 41 页。细微讨论见古屋昭弘《王仁昫〈切韻〉と顧野王〈玉篇〉》，《東洋學報》第六十五卷第 3 号，1984，第 1～35 页。译者注：此文最近有汉译本刊出，见古屋昭弘著，马之涛译《王仁昫〈切韵〉与顾野王〈玉篇〉》，《汉语史学报》2021 年第 1 期，第 106～123 页。

⑤ 谢启昆：《小学考》卷二十九，第 3b 页。译者注：《小学考》所谓“存汉魏音训绝学”者似为《声类》。

篆。收字22000余，[①] 是降及其时的新高，其中包括新造字和异体字，切实全面地反映了当时的语言变化；第二，削去许慎书中的十个部类，又补入十二新部类，根据部类排列条目时，将依据小篆字形的"形序"改为基于字义的"义序"，这一变化使得字典更便于使用；第三，大量使用反切注音，更为准确；第四，释义更为详实，从过去的关注字形转而关注其所表词义，释义亦重当时用法而非古字本义；第五，顾野王常常就字形、字义、字音发表己见，多有长篇大论。其自注以语义的分析最为大宗，包括通过描述、对比、概括和同义词进行分析；第六，附有一个独特的名为"分毫字样"的附录，全由两个一组的文字组成，对比区分其形、音、义。[②]

第四节 陆法言

陆法言，生于562年，名词，以字行，出自临漳（河北中南部），颇为稀奇的是，他是为数不多的、未能以其杰作传列青史的学者之一。大概是几位地位更高的同行冲淡了其权威，在隋代学者点将录中，他并不怎么突出。下引传文两见于《北史》《隋书》，都曾简单提及陆法言，系对河北望族陆氏的叙述的一部分，只是解释了他在某一时期后仕途无望的原因。

（陆爽）子法言，敏学有家风，释褐承奉郎。初，爽之

① 译者注：此为今本的字数，经过孙强等人的增补。

② （雍和明）Heming Yong，（彭敬）Jing Peng，*Chinese Lexicography*，pp. 188 – 190。

> 为洗马，常奏（隋）文帝云："皇太子诸子未有嘉名，请依《春秋》之义，更立名字。"上从之。及太子废，上追怒爽曰："我孙制名，宁不自解？陆爽乃尔多事！扇惑于勇，亦由此人。其身虽故，子孙并宜屏黜，终身不齿。"法言竟坐除名。[①]

史传中阐明了两点。其一，陆爽出自河北的陆氏家族，在这篇家传中，前文已详细说明了其先祖是北方游牧民族鲜卑族的一员。陆法言的学问是此家族长期以来汉化的最终成果。其二，陆法言未能取得官位，并非其人其学有何缺陷，而是由于他父亲的过失，其父在北齐、周和隋朝都任过要职。陆法言所撰韵书并不是他个人的创举，而是约二十年断断续续的集体努力的结果。

此书的序解释了其写作过程与意图。其他译本已经够好了，我给出一个译注本加以补充。罗伯特·拉姆齐（S. Robert Ramsey）的译本读起来很流畅，主要是因为它几乎略过了阻碍阅读的细节，其优势就在于自由通顺的意译。[②] 马悦然（Göran Malmqvist）翻译的是经周祖谟节略的中文版（中文本中周祖谟未保留，因而马悦然也未翻译的文句就置于括号［ ］内）。马悦然的特点在于，依据自己在文本所得别解，进行自信有力的翻译，而并不说明这些在中文原

---

① 《北史》卷二十八，第1023页；《隋书》卷五十八，第1420页。对此传的简单分析，见丁山《陆法言传略》，收入罗常培、丁山编《〈切韵〉研究论文集》，香港：实用书局，1972，第1－5页。

② （罗伯特·拉姆齐）S. Robert Ramsey, *The Languages of China* (Princeton: Princeton University Press, 1987), pp. 116－117。

文中并不总是显而易见的。[①] 当然，所有的译者都会面临这个挑战，因为我们要将自己从文本中读出的意味填补得更为充实（且根据序言的语境，而不是具体的措辞，将“文”这一词扩展为“诗文创作”)[②]。是以马悦然这种方式应当视为其翻译的特色而非错误。我自己的译本力图准确，未必雅驯，并且是全译，包括提到的所有人、文学修辞和历史典故，并在适宜的地方加注。至于底本，我用的是宋本《广韵》[③] 所载序文，还参考了两种重要的注本。[④]

昔开皇（581～600）初，有刘仪同臻[⑤]、颜外史之推[⑥]、

---

① （马悦然）Göran Malmqvist, “Chou Tsu-mo on the Ch'ieh-yün,” *Bulletin of the Museum of Far Eastern Antiquities* 40（1968）, pp. 33－78。序言译文见 pp. 35－36。关于这两个英译范本，及其对翻译难点——某些难解语词的个人解读的比较，参见（柯蔚南）W. South Coblin, “Marginalia on Two Translations of the ‘Qieyün’ Preface,” *Journal of Chinese Linguistics* 24（1996）, pp. 89－97。译者注：马悦然所据者即周祖谟《〈切韵〉的性质和它的音系基础》，初刊于北京大学中文系汉语教研室、语言学教研室编《语言学论丛》（第五辑），商务印书馆，1963，第 39～70 页；首次结集见氏著《问学集》（全二册），中华书局，1966，上册，第 434～473 页。

② 此前张琨（Kun Chang）也采取了这种解读，参见其“The Composite Nature of the *Ch'ieh-yün*”, p. 252。载 *Bulletin of the Institute of History and Philology* 50（1979）, pp. 241－255。译者注：此文汉译题为《〈切韵〉的综合性质》，见张琨著，张贤豹译《汉语音韵史论文集》，台北：联经出版事业公司，1987，第 25～34 页；又同名论文集，华中工学院出版社，1987，第 9～20 页（台湾、大陆两版论文集编排有所不同）。

③ 陈彭年等重修，林尹校订《新校正切宋本广韵》，台北：黎明文化事业股份有限公司，1976，第 12～14 页。

④ 冯蒸：《〈切韵·序〉今译与新注》，收入石锋、彭刚主编《大江东去：王士元教授八十岁贺寿文集》，香港：香港城市大学出版社，2013，第 85～95 页；罗常培《〈切韵·序〉校释》，收入罗常培、丁山编《〈切韵〉研究论文集》，第 6～25 页。

⑤ 刘臻（527～598）为沛国（治今安徽北部、江苏北部部分地区）相（今安徽北部淮北市相山区）人。刘臻覃思经史，精于两汉书（《汉书》与《后汉书》)，得享“汉圣”高名。然其无吏干，性恍惚，多所遗忘。其传入《隋书》卷七十六《文学传》，第 1731～1732 页；又《北史》卷八十三，第 2809～2810 页。此处称其衔为“仪同”，系“仪同三司”的简称，为一勋阶，他入隋后得进此位。

⑥ 颜之推的介绍见前文第四章第二节。在此需要注意的是，除了他的《颜氏家训》中讨论语音问题的两篇外，《隋志》还著录了另一种相关著作：《训俗文字》一卷。

卢武阳思道[①]、魏著作彦渊[②]、李常侍若[③]、萧国子该[④]、辛谘议德原[⑤]，薛吏部道衡[⑥]等八人[⑦]，同诣法言门宿。夜永酒阑，论及音韵。以古今声调既自有别，诸家取舍亦复不同。吴楚（湖北、湖南、安徽、江苏）则时伤轻浅；燕赵（河北）

① 据卢思道（535～586）本传，他并非武阳（今山东聊城）而是范阳（今河北涿州）人。他确实当过武阳太守，我怀疑是只记下了他的任职地，官名“太守”却被误漏了。在初步学习之后，他曾向著名史家魏收借书。卢思道性情尖刻，不持操行。《隋书》其传中收有两篇赋，表达其对生活本乎道家的看法。卢思道传见《隋书》卷五十七，第1397～1403页；又《北史》卷三十，第1075～1077页，较之为略（译者注：当为一赋《孤鸿赋》、一论《劳生论》）。

② 彦渊为魏澹之字，后避唐讳“渊”字，将之改作彦深，有时也被称作彦湶。他出生自巨鹿（今河北邢台）。他14岁成为孤儿，专精好学，高才善属文，最终使得他能在北齐出仕，参修国史；北周一朝则任纳言中士；降及隋代，他以太子属官兼著作郎，受命重修《魏书》，成书合九十二卷，使得其主大悦。其别集则有三十卷。《隋书》卷五十八有陆爽、陆法言、杜台卿，以及陆法言序中提到的辛德源等人的传，魏澹本传则见第1416～1420页；又《北史》卷五十六，第2044～2045页。二传均摘录了其颇有趣味的史学论文。

③ 李若其余无考。

④ 萧该的介绍见第八章第一节。其官衔“国子”指的其实是他曾任职国子博士。“子”我通常译作“son”，在此从贺凯（Hucker）译法作“scion”。

⑤ 辛德源是陇西狄道（甘肃南部）人。他与卢思道友善，时相往来。在齐、周、隋三朝，他历官颇多，隋时终官谘议参军。公务闲暇之余，他编纂了《集注春秋三传》三十卷，注扬雄《法言》二十二卷。其别集二十卷，又撰《政训》和《内训》，各二十卷。其本传见《隋书》卷五十八，第1422～1423页；又《北史》卷五十，第1824～1825页。

⑥ 薛道衡出身汾阴，即今山西运城，就在吕梁山以南。他六岁而孤，但专精好学，13岁即能讲《左传》。与卢思道友善，并以诗名。和其他同陆法言一起研讨音韵学的人一样，他也历仕北齐、北周、隋三朝，不过他大概是其中最好的诗人，这一成就主要靠的是其沉思翰藻，又通晓音韵。然而，出于对其迂诞行径的担忧，他在高官显宦间的得意程度有些回落。最终，薛道衡坐论时政之罪，炀帝令其自缢。其文集七十卷。参见其本传，见《隋书》卷五十七，第1405～1413页；《北史》卷三十六，第1337～1340页。前者附载了一篇长文《高祖文皇帝颂》，此颂对前朝褒扬有加，使得当时的皇帝大为光火，这也是其致死之由。

⑦ 对于八人中的七位，可根据私史、文章、墓志、碑刻、敦煌卷子等其他材料，了解更多相关历史信息，参见陈寅恪《从史实论〈切韵〉》，收入《金明馆丛稿初编》，上海古籍出版社，1980，第342～366页。

则多涉重浊；秦陇（陕西、甘肃）则去声为入；梁益（四川）则平声似去。又支脂鱼虞，共为不韵；[①] 先仙尤侯，俱论是切。欲广文路，自可清浊皆通，若赏知音，[②] 即须轻重有异。[③] 吕静《韵集》[④]、夏侯该《韵略》[⑤]、阳休之《韵略》[⑥]、

① 参见冯蒸《〈切韵·序〉今译与新注》，第91页注释17对此处所涉音韵问题的讨论。

② 冯蒸：《〈切韵·序〉今译与新注》注释20论及“赏”字，他将其理解为被动，给出的译文为：“如果要见赏于通晓语言真谛者”，我则以主动语态进行翻译。

③ 根据罗常培所作表格，“轻”声即以元音结尾的韵母，“重”声为以辅音结尾的韵母，轻、重之间还有多种区别，参见罗常培《释重轻》，收入中国科学院语言研究所编《罗常培语言学论文选集》，中华书局，1963，第80～86页。潘悟云（Wuyun Pan）与张洪明（Hongming Zhang）辩解说情况没有这么简单，“唐代之后，韵图中出现了‘等’这个概念，由‘轻’到‘重’，即舌位前后的四个等级。轻指的是舌位在前，重则指在后。此概念对元音和附音都适用”。见其“Middle Chinese Phonology and *Qieyun*”，载（王士元）William S-Y Wang，（孙朝奋）Chaofen Sun编，*The Oxford Handbook of Chinese Linguistsics*（Oxford：Oxford University Press，2015），pp. 80－90。引文见第84页。

④ 对此书的讨论见第八章第三节。

⑤ 夏侯该所作韵书《四声韵略》十三卷，《隋志》将之归诸夏侯咏，见《隋书》卷三十二，第944页。陈寅恪《从史实论〈切韵〉》以“该”为“咏”字之讹，第355页。夏侯咏另有《汉书音》二卷，见《隋书》卷三十三，第953页。此人其余则无考。

⑥ 阳休之（卒于582年）出自无终（今天津蓟县）。他以爱好文藻著称，稍后却选择了典正的文风。弱冠之年则专擅声韵。北齐一朝，他曾在邺城、洛阳、长安等地任职，及入西魏北周仍居高位。他曾参与数种国史、起居注和人物志的修撰，以及其他文集的编纂工作；《幽州人物志》及其文集见著于本传。《隋志》则有其《韵略》一卷，姓氏著录为“阳”，见《隋书》卷三十二，第944页；《旧唐志》中的条目独将其姓名著录为“杨”。其本传见《北齐书》卷四十二，第560～564页，又《北史》卷四十七，第1724～1728页，正作“阳休之”。译者注：原文将《人物志》、文集与《韵略》并列，称其均见著于《隋志》。今检《隋志》只有末一种；《旧唐志》有《辩嫌音》二卷，《韵略》一卷，《幽州古今人物志》十三卷；《新唐志》有《韵略》一卷，《辩嫌音》二卷，《幽州古今人物志》三十卷，《阳休之集》三十卷。

[周思言《音韵》[①]]、李季节《音谱》[②]、杜台卿《韵略》[③]等各有乖互。江东（长江之东）取韵，与河北（黄河之北）复殊。因论南北是非，古今通塞。欲更捃选精切，除削疏缓，颜外史、萧国子多所决定。[④]

魏著作谓法言曰："向来论难，疑处悉尽，何不随口记之？我辈数人，定则定矣！"法言即烛下握笔，略记纲纪。后博问英辩，殆得精华。于是更涉余学，兼从薄宦，十余年间，不遑修集。今返初服，私训诸弟子，凡有文藻，即须声韵。屏居山野，交游阻绝，疑惑之所，质问无从。亡者，[⑤]则生死路殊，空怀可作之叹；存者，则贵贱礼隔，以报绝交之旨。遂取诸家音韵、古今字书，以前所记者，定之为《切

① 周祖谟文中无此条目，据陈寅恪《从史实论〈切韵〉》第354页所言，盖其似为后来窜入者。此作者初见于陈彭年重修后的序中，周思言其余无考。

② 李季节名概，除四卷《音谱》外，还著有《修续音韵决疑》十四卷，见《隋书》卷三十二，第944页。陆法言称其字，以避陆氏家讳"概"。此人其余无考。

③ 《北史》的本传著录了杜台卿的三部著作，包括其十五卷的文集，但没有音韵学著作。杜氏出自河北西部、太行山东麓的曲阳。他曾仕于北齐，但北周克齐之后就归于乡里，以《礼记》《春秋》讲授子弟。入隋后，杜台卿被征入朝，但因其耳聋不堪吏职，请修史，成《齐记》二十卷。其得享大名的著作题为《玉烛宝典》，十二卷，是一部月令著作，每一卷对应一月，叙其节令、风俗及其思想背景。此书广征文献，保存了许多源自佚书的珍贵引文。宋代以降此书已亡，后黎庶昌（1837～1896）自日本携回此书的十一卷本，刊入其《古逸丛书》。杜台卿本传见《隋书》卷五十八，第1421页；又见《北史》卷五十五，第1990～1991页。

④ 罗常培：《〈切韵・序〉校释》，第21～22页，详细说明了为什么这两位最有资格裁定音韵问题。罗氏甚至引及段玉裁（1735～1815），称"法言《切韵》颜之推同撰"，只是我要补充一点，颜之推在作序日期的两年前就已去世。

⑤ 正如冯蒸《〈切韵・序〉今译与新注》第93页注释41，以及罗常培《〈切韵・序〉校释》第23页，所做出的合理判断，我也认为这指的就是最早参与聚会论学的那八人。罗氏指出谁是亡者，谁是"存者"而"贵贱礼隔"——薛道衡。辛德源如尚健在，也会交游阻绝。

韵》五卷，剖析毫厘，分别黍累。[①] 何烦泣玉，未得悬金。[②] 藏之名山，昔怪马迁之言大；[③] 持以盖酱，今叹扬雄之口吃。[④] 非是小子辄，乃述群贤遗意。宁敢施行人世？直欲不出户庭。于时，岁次辛酉（六十年一循环中的第五十九年）大隋仁寿元年（601）。

从上面的自序来看，似乎这群志同道合的文士学者、诗人墨客在某次聚会中建起声系后，便由陆法言在其致仕之后独力编撰。但实际上，这群人似乎不太可能在一夜飞觞醉月的清谈中就遴选出大量的例证，建立 193 个韵部。此外，序文称“向来论难”，说明随着时间推移曾有一系列聚会。我们完全有理由认为，

① 潘悟云（Wuyun Pan）和张洪明（Hongming Zhang）对本句的翻译更为流畅，但未能深究其原始意象：“分离出极为细微的片段，在毫末重量间也进行比较”，参见其“Middle Chinese Phonology and *Qieyun*”，第 89 页。译者注：作者将此句直译为“making fine distinctions in types of hair and observing minute differences between varieties of millet”，意即仔细区分毫发的类型，体察谷物间的细微差别。

② “泣玉”是和氏怀宝玉却被怀疑其真实性的典故。在两次尝试将其献给国君及其嗣君中，和氏每次都断去一足。直到新君为其恸哭所动，问其故，和氏称其并不是因为残疾而悲伤，而是因宝玉之珍贵、自己之忠贞，其价值均未被承认而悲伤。见《韩非子》卷四《和氏第十三》。“悬金”则指的是吕不韦（公元前 291 ~ 前 235）悬千金于其所著《吕氏春秋》之上，有能增损一字者则予之，见《史记》卷八十五，第 2510 页。

③ 系对史家司马迁（约公元前 145/135 ~ 前 86）的致敬，司马迁在《史记》之《太史公自序》里说，要将这部伟大的史学著作“藏之名山”以“俟后世圣人君子”，见《史记》卷一百三十，第 3320 页。“持以盖酱”典出刘歆（约公元前 50 ~ 公元 23）调侃扬雄的话，说的是后世读者对其《太玄经》的接受，见《汉书》卷八十七下，第 3585 页。

④ 提及扬雄口吃这一缺陷，是为了表明陆法言不能对此书自吹自擂。“昔者…今者…”这一修辞结构，使得我把“持以盖酱”与司马迁的狂妄，而非陆法言“叹扬雄之口吃”联系了起来。因此陆氏既贬损了司马迁对其作的极端自负，也不取对扬雄著述的过度批评。罗伯特·拉姆齐（Ramsey）、冯蒸将关于扬雄的两种情绪混为一谈，与此表述结构不符。

确实存在一段难以确指的时间，其间举行了多次集会。被我译作"想要拓宽诗歌创作路径者"那句[①]，根据下文中"凡有文藻，即须声韵"所用的概念，也可以直译为"拓宽文路"。当然，通音韵也有助于散文创作，如双声、叠韵之伦，可使得音韵和谐；但对格律的准确把握确是诗歌的专属。"广文路"当然指的就是作诗时放宽格律要求，忽略清音、浊音间的微妙差别，但若是有志成为诗人者完全不守格律，则不能入流。然则我们可以确信地说，这次讨论与这部著作的着眼点就是诗歌创作的用韵，其次才是作为散文写作和正统吟诵的音韵指导。最后，"今返初服"指的是他弃官转而私训弟子。

平山久雄提出了一种有趣的说法，即陆法言之父陆爽才是幕后真正的操持者，他主持私下聚会的定期召开，以讨论音韵部类。我可以补充的是，在开皇初年，陆法言毕竟才二十岁出头，还不够主持这种名流聚会的资格。平山氏称，出于对已被"追怒"的乃父声名的维护，陆法言没有提起他，因而避免让《切韵》的撰定始末牵扯进相当负面的历史因素。[②]

陆法言的这部韵书题作《切韵》，译为"孤立出的韵"(*Isolated Rhymes*)。为了译得更清楚，全称当作"'切'出的韵，以及'反'法"(*Rhymes Isolated by the Cutting and Turning Method*)，这种译法盖袭自陈澧（1810～1882），其开创性著作《切韵考》的序言通篇将"切"用为动词，如"切语上字""切语下字"之类。[③]

---

① 译者注：即"欲广文路"。

② 平山久雄：《〈切韵〉序和陆爽》，《中国语文》1990年第1期，第54～58页。

③ 陈澧：《切韵考（外篇附）》，台北：学生书局，1971。

一 《切韵》

如上所述，这部韵书源自一个发轫于曹魏，大兴于晋代的悠久而丰富的学术传统，是当时韵书中唯一一部传到现在还保存完整的版本，因此自然地位显赫。另外它是南北学者合力的产物，参与者多有音注背景，有的在此领域有着非凡的学术成就。此地理上南北群体的概况表明，其对用词及韵律的分析达到了相当高的水平，并且高度强调了组织结构的清晰性与信息数量的完整性。

此书共五卷，收字 12158 个，分为 193 韵：平声 54 韵（卷一、二），上声 51 韵（卷三），去声 56 韵（卷四），入声 32 韵（卷五）。每一韵下，那些在语音方面每部分（包括韵、韵律、元音、韵母和滑音）都相同的字，被归为一类，每一小类的第一个字都有反切注音。降及晚唐和宋代，后出的改订、增订本问世之后，这部书就亡佚了，至少是失去了其原有地位与权威。增改本中最著者即由陈彭年（961～1017）、邱雍主持，成书于 1007 年的官修韵书《广韵》，此书将韵部数增至 206 部，收字 26194 个，是《切韵》的两倍还多。现代的历史语言学家们正是基于此书研究《切韵》，直到 20 世纪发现了《切韵》的旧钞本。现存唯一一种完整无缺的《切韵》写本，为唐人王仁昫《刊谬补缺切韵》，此本 1947 年发现于故宫博物院。[①]

---

① 刊布于龙宇纯《唐写全本王仁昫刊谬补缺切韵校笺》，香港：中文大学出版社，1968。对于其中多音字音系的初步研究，参见姜嬉远（Kang Hee Wong）《唐写本王仁昫刊谬补缺切韵多音字初探》，硕士学位论文，辅仁大学，1994。要了解《切韵》的文献史、唐宋时期的修订本，以及现存的唐写本，陈美丽（Cynthia L. Chennault）等编，*Early Medieval Chinese Texts*，第 225～231 页所收吴妙慧（Meow Hui Goh）所撰解题会是一个便捷的入口。

和所有与汉语相关的事情一样，这部书立足于汉字，专门研究保存在书面文献中的汉字读音，包括美文创作和用韵。有时也会涉及古音或方言，但重点在于书面读音，而不是将汉字作为语言表达的媒介。罗杰瑞（Jerry Norman）将问题的关键概述如下："须要指出的是，《切韵》（和所有其他早期的字典）不是当时口语或方言的实际记录，而更像是诵读文献的指南，所以只考虑汉字的读音，这样，若把它看作当时某个地方实际语音的反映，将是一种很大的误解……清楚了这些，我们就可以明白，所谓《切韵》音系的基础，实际上就是指哪个地方的书面读音。"①

第一位关注此问题的西方学者，高本汉（Bernhard Karlgren）（1889～1978）则提出另一种情况——《切韵》基于口语而非书面语。他认为相关语言"实质上就是陕西长安方言，这一方言在唐朝成为一种共通语（Koine），除沿海的福建省以外，全国各州县的知识界人士都说这种语言"②。白一平力图证明早先的推论不能成立，解释说当这些好友们在夜间进行一系列私下集会时，隋朝才刚刚一统南北，与其他方言相比，长安方言并没有什么特别的权威，事实上它的名声不佳；另，最富盛名的方言来自北方的洛阳、邺城，南方的金陵（南京）等旧都。最后，参与讨论者中

① （罗杰瑞）Jerry Norman, *Chinese*, Cambridge Language Surveys（Cambridge and New York：Cambridge University Press, 1988），p. 24. 译者注：此书有中译本，罗杰瑞著，张惠英译《汉语概说》，语文出版社，1995，此处径从张译，见第 24 页。

② （高本汉）Bernard Karlgren, "Compendium of Phonetics in Ancient and Archaic Chinese," *Bulletin of the Museum of Far Eastern Antiquities* 26（1954），pp. 211－367，引文见第 212 页。译者注：此书有中译本，高本汉著，聂鸿音译《中上古汉语音韵纲要》，齐鲁书社，1987，此处径从聂译，见第 2 页。

有三位来自金陵，其余五位来自邺。白一平（Baxter）最终强调说："《切韵·序》自己就明确表示，作者意在建起一个全国性的标准，并不完全属于任何一个地方的方音。"① 凭借对语言史及政治因素作用的扎实把握，蒲立本（E. G. Pulleyblank）认定是洛阳方言的两种变体形成了一个标准，变体之一就是在洛阳当地发展起来的，变体之二则是在311年前后，由于游牧民族入侵、北方沦陷而传入金陵，又在589年隋朝一统后随入北移民传回。《切韵》的编订者们正是采取了这种双重标准勒成其书。② 在对这段研究史展开讨论时，最后一句话必须留给周祖谟，其结论是最广为接受的：此书的语音系统源自南北朝后期的南、北雅言，其中尤以金陵音最为重要。③

不过，除政治领域外，历史的周期性同样适用于学术领域。一本新书（实质就是一篇博士学位论文）一定程度上回归了长安音说。周玟慧认为，与其他参与者相比，陆法言在长安居住时间最长，且其绝非亦步亦趋的钞手，反而是一个主动得多的角色，因此《切韵》中应当有长安音的元素。在上揭陆氏传中，我已经说明了其出自河北，乃是北人，而非南方大族之后。周玟慧的研

---

① （白一平）Baxter, *A Handbook of Old Chinese Phonology*, pp. 36 – 37.

② （蒲立本）E. G. Pulleyblank, *Middle Chinese: A Study in Historical Phonology* (Vancouver: University of British Columbia Press, 1984), pp. 2 – 3.

③ 周祖谟《〈切韵〉的性质和它的音系基础》，收入《问学集》（全二册）上册，中华书局，1966，第434~473页。大约五十年后，2015年出版的一本权威手册很大程度上重申了周氏观点："这里所讨论的中古音系基本上就以《切韵》为代表，描述的是公元7世纪洛阳、南京一代的雅言。"见（潘悟云）Wuyun Pan,（张洪明）Hongming Zhang, "Middle Chinese Phonology and *Qieyun*," 收入（王士元）Shiyuan Wang,（孙朝奋）Chaofen Sun 编，*The Oxford Handbook of Chinese Linguistsics*, p. 81。

究，再加上新近在语言学期刊上发表的许多文章，就揭示了长安方音和语词的蛛丝马迹。[①] 当然，这并不完全支持高本汉之说，只是说明这种杂糅可能意味着努力调和南、北雅言，以及方言口语间的差异。因此，《切韵》所取者就超出了此前韵书所采的书面语，还囊括了参与议定者所操的生活用语。

参与论韵者们整体上的高度敏锐见诸两方面，其一是编排，其二是方法。首先是编排，据雍和明、彭敬所说，这部韵书将形声字的声符相同的字集中排列在一起，从而揭示了字义间的关系；从不同角度、不同层次上辨析字义的异同，例如，对象差别、重点不同、程度深浅、面（容、体）积大小、形状区分等，这样的角度或层次可找出 9 个。[②] 其次是注释方式，约有 15 种释字的方式：诸如描叙、归类、别名、同义、联词、古语、语法等。[③]

最后，我引用蒲立本的话，就这部由八位经学家尽心合力二十年编成的著作来评价，他对其重大价值做了如下总结："《切韵》在中国音韵学史上占有举足轻重的地位。它代表了有着较完整语音记录的最初阶段，即将所有不同的音节按韵分类列表，在中国固有之传统中，后续的音韵学研究均将其视作最为重要的参考。"[④]

---

① 周玟慧：《从中古音方言层重探〈切韵〉性质：〈切韵〉〈玄应音义〉〈慧琳音义〉的比较研究》，台北："国立"台湾大学出版委员会，2005。

② （雍和明）Yonghe Yong，（彭敬）Jing Peng，*Chinese Lexicography*，pp. 246 – 247.

③ （雍和明）Yonghe Yong，（彭敬）Jing Peng，*Chinese Lexicography*，pp. 247 – 248.

④ （蒲立本）E. G. Pulleyblank，*Middle Chinese*，p. 1.

第九章

初唐经学的隋代基础

第一节 二刘的学术风貌

作为先行研究，乔秀岩认为："刘焯、刘炫为隋之大儒，影响唐初学术极深广。"[①] 并且他划定了隋末经学的限断。二刘自幼相交甚笃，学通南北，例如刘炫所著《毛诗》《左传》《尚书》诸疏为唐初孔颖达修《五经正义》所本，且其中袭用刘焯经说痕迹明显[②]，这意味着其对五经中三经的理解皆得益于二刘经说。此外，孔颖达曾师事刘焯[③]，而后于初唐时期总领唐廷赞修经疏的工作，所成《五经正义》，至今仍称轨范。因此隋唐之际经学的接续，一在隋末二刘之经说，二在唐初孔颖达所做的统修《五经正义》的伟大工作（great project）。

乔秀岩认为，二刘学术与旧学不同之特点，可以谓之现实、

① 乔秀岩《义疏学衰亡史论》，第 31 页。《隋书·儒林传序》所载更见缛丽，其云"二刘拔萃出类，学通南北，博极今古，后生钻仰，莫之能测。所制诸经义疏，搢绅咸师宗之"。《隋书》卷七十五，第 1707 页。

② 与之相对，唐人对《礼记》的疏释本于梁代经师皇侃所注。

③ 河间（河北中东部）张士衡亦从刘焯受《礼记》，士衡授贾公彦。贾公彦（初唐），撰《周礼》《仪礼疏》，使五经扩为九经，参见本卷第十章第一节。

合理、文献主义。二刘对实践的关注体现在其对《尚书》与《孝经》的喜好，而《孝经》是诸经中最倾向于教授践行伦理道德的。至于对现实的关注，二刘利用历术以考正晦朔，不信灾异为天谴，因此与郑玄及其后学不同，二刘不信纬书怪异之说。此外，二刘罗列各类实事为证，不见于皇侃《礼记》及贾公彦《周礼》《仪礼疏》。

至于文献使用的新意，二刘不拘于经文传注，综考诸多古文事例。读书精敏，深研经传体式与辞例，颇有新义。因此，二刘的解经思维并不局限于经注文表面。最后，关于文献的征引，即便是引经这样基本的训释方法，二刘较之皇侃、贾公彦亦为广博，尤其是《诗》、《书》、《左传》疏。[①] 总而言之，虽然《诗》、《书》、《左传》、三经《正义》经孔颖达编订，其说是否出于二刘不得其详，但仍有痕迹可见二刘手笔。

随着以现实、合理、文献主义为特点的二刘学术的出现，以思维、推理、经注主义为特点的旧义疏学渐趋衰亡。[②]

第二节　刘焯

下引《刘焯传》展示出北朝如刘焯一般的寒士修习经学的崎岖之路，即未曾普遍如南朝一般长期求师于学校或修习家学传统的典型道路。刘焯的生平也反映出：北朝经师主要来自河北，而非传统的儒学中心——齐鲁。北朝经师多在乡里，而非通邑。

① 乔秀岩：《义疏学衰亡史论》，第 57 ~ 96 页。

② 乔秀岩：《义疏学衰亡史论》，第 99 页。

刘焯字士元，信都昌亭人也。父洽，郡功曹。焯犀额龟背，望高视远，聪敏沈深，弱不好弄。少与河间刘炫结盟为友，同受《诗》于同郡刘轨思，受《左传》于广平郭懋当，问《礼》于阜城熊安生，皆不卒业而去。武强交津桥刘智海家素多坟籍，焯与炫就之读书，向经十载，虽衣食不继，晏如也。遂以儒学知名，为州博士。刺史赵煚引为从事，① 举秀才，射策甲科。与著作郎王劭同修国史……后与诸儒于秘书省考定群言，因假还乡里，县令韦之业②引为功曹。寻复入京，与左仆射杨素③、吏部尚书牛弘④、国子祭酒苏威⑤、国子祭酒元善、博士萧该、何妥、太学博士房晖远⑥、崔崇德⑦、晋王文学崔赜⑧等于国子共论古今滞义，前贤所不通者。每升座，论难锋起，皆不能屈，杨素等莫不服其精博。六年，运洛阳《石经》至京师，文字磨灭，莫能知者，奉敕

---

① 赵煚（532～599），隋时官至尚书右仆射，于地方为官重以德化民，而非刑狱，本传参见《隋书》卷四十六，第1249～1251页；《北史》卷七十五，第2563～2565页。

② 韦之业，其人无考。

③ 楚公杨素（544～606），弘农华阴（陕西东部）人，名将，曾多次击破突厥，平陈，剿灭汉王杨谅，又在朝中历任多职。他曾监造东都洛阳，并监营仁寿宫（在陕西宝鸡），颇伤绮丽，高祖不悦。其宅邸华侈，生活奢靡。他并非学者，但存有文集十卷，本传参见《隋书》卷四十八，第1281～1292页；《北史》卷四十一，第1508～1516页。

④ 牛弘，参见本卷第六章第三节。

⑤ 苏威，参见本卷第七章第二节“元善”部分。

⑥ 元善、何妥、房晖远、萧该俱见于《儒林传》，参见本卷第七章第一节，萧该见于本卷第八章第一节。

⑦ 崔崇德，其人无考。

⑧ 崔赜，本传见于《隋书》卷七十七《隐逸传》，第1755～1758页。崔赜射策高第，诏与诸儒定礼乐，授校书郎。其人有口才，与元善、刘焯、刘炫等相善，每因休假，清谈竟日。历任多职，屡有谏言。文兼众体，所著十余万言，亦非学者。又见《北史》卷八十八《隐逸》，第2911～2914页。

与刘炫等考定。

后因国子释奠，与炫二人论义，深挫诸儒，咸怀妒恨，遂为飞章所谤，除名为民。于是优游乡里，专以教授著述为务，孜孜不倦。贾、马、王、郑所传章句[①]，多所是非。……著《稽极》十卷，《历书》十卷，《五经述议》，并行于世。[②] 刘炫聪明博学，名亚于焯，故时人称二刘焉。天下名儒后进，质疑受业，不远千里而至者，不可胜数。论者以为数百年已来，博学通儒，无能出其右者。然怀抱不旷，又啬于财，不行束脩者，未尝有所教诲，时人以此少之。……焯又与诸儒修定礼律，除云骑尉。

炀帝即位，迁太学博士，俄以疾去职。数年，复被征以待顾问，因上所著《历书》，与太史令张胄玄[③]多不同，被驳不用[④]。大业六年卒，时年六十七。刘炫为之请谥，朝廷

---

① 贾逵、马融、王肃、郑玄均为北方人，是东汉古文经学细读文本的代表，参见韩大伟《中国经学史·秦汉魏晋卷：经与传》。

② 均不见于《隋书·经籍志》，我认为《五经述议》中，“议”应作“义”。

③ 张胄玄，博学多通，尤精术数，本传参见《隋书》卷七十八《艺术传》，第1779～1782页，及《北史》卷八十九《艺术上》，第2958～2960页。今人研究参见曲安京 *Why Interpolation?*，文载（陈金樑）Alan K. L. Chan 等编 *Historical Perspectives on East Asian Science, Technology and Medicine*（Singapore University Press and World Scientific, 2002），pp. 336～344。虽未选录相关内容，但术数却为刘焯本传的重要部分，参见纪志刚，*The Development of Interpolation Methods in Ancient China: From Liu Zhuo to Hua Hengfang*，文载（陈金樑）Alan K. L. Chan 等编 *Historical Perspectives on East Asian Science, Technology and Medicine*（Singapore University Press and World Scientific, 2002），pp. 327－335。

④ 刘焯的历法并未被朝廷采纳，但并不妨碍其在后世的影响。参见纪志刚，*The Development of Interpolation Methods in Ancient China: From Liu Zhuo to Hua Hengfang*，p. 327。其云：“公元600年前后，刘焯在《皇极历》（604）创立了二次内插算法，提高了精准度。随后，这种算法被广泛用于编纂与修订历法。因此，刘焯的历法开创了中国古代历法计算的新格局。”

不许。[①]

一 刘焯的经学

刘文淇（1789～1854），清乾嘉时期的考据学者，他揭示了《五经正义》对于考见六朝诸儒经说的作用。因其所论为北朝经师刘焯，故其所谓“六朝”包含南北。刘文淇《左传旧疏考证·自序》云：

> 六朝诸儒说经之书百不存一，使后人略有所考见者，则以唐人《正义》备载诸儒之说也。然唐制试明经一依《正义》，非是，黜为异端，遂使诸儒原书渐就亡佚，故昔人谓唐人《正义》功过相等。世知孔冲远与诸儒删定旧疏，非出一人之手，又永徽中就加增损，书始布下，知非孔氏之旧。……今一依孔氏《序》例，细加析别，得若干条，厘为八卷，其余《易》《尚书》《毛诗》《礼记》诸疏，犹将次第考正，庶几六朝旧疏稍还旧观云尔。[②]

如上所述，乔秀岩对《春秋述义》进行了仔细分析，以概括二刘之体例，但由于刘著久佚，乔秀岩依据刘文淇《左传旧疏考证》，试图区分或明引或暗引之二刘说。乔秀岩分析刘文淇之说，试图

---

① 参见《隋书》卷七十五，第1718～1719页；《北史》卷八十二，第2762页。

② 刘文淇：《左传旧疏考证》，影印《皇清经解续编》本第十一册，凤凰出版社，2005，第3809～3851页，《自序》参见第3809～3811页。

找出刘焯的疏文原文或释义，乔以刘文淇指出的“今赞曰”“今删定”“今知不然者”“今以为”等条例为切入，希望通过这样的文本处理方式，更好地展现出哪些疏文是引自刘焯，而非孔颖达或其他编纂者所作。此上是我所总结乔氏的结论，并未深入探讨所谓刘焯的体例，有兴趣的读者可自行参阅乔著。为了节省篇幅，下面讨论刘焯的另一著述。

刘焯的《尚书义疏》显然不包含在其《五经述议》中，《五经述议》久佚，虽见于《隋书》及《北史》本传，但《隋志》不载。《尚书义疏》在《旧唐志》中著录二十卷，在《新唐志》中作三十卷。马国翰从《尚书正义》中辑录出署名刘焯之佚文六条。[①]

焦桂美分析了刘焯现存的六条佚文，并概括出三个特点。[②]

第一，不主一家，择善而从。如《酒诰》：“惟天降命，肇我民，惟元祀。”刘焯释“元”为“始”，而非同伪孔传（孔安国）释“元”为“大”。[③] 理雅各选译了孔安国及其后人孔颖达的训释，孔颖达在后文评述“大刘以‘元’为‘始’，误也”[④]。另一条佚文则表明二刘不与王肃、伪孔同用马融说。

第二，独立思考，发明己见。

《洪范》：“一，五行。一曰水，二曰火，三曰木，四曰金，五曰土。”[⑤]

---

① 马国翰：《玉函山房辑佚书》第一册，第 429～430 页。

② 焦桂美：《南北朝经学史》，第 444～449 页。

③ 《尚书正义》卷十四《酒诰》，第 15a 页。（理雅各）James Legge，（《中国经典》）*Chinese Classics* 第三册，第 399 页。

④ 《尚书正义》卷十四《酒诰》，第 16a 页。

⑤ 《尚书正义》卷十二《洪范》，第 5b 页。

刘焯《义疏》："水火木金，得土数而成，故水成数六，火成数七，木成数八，金成数九，土成数十。"[①]

孔颖达疏刘注之生、成云：

> 《易·系辞》曰："天一，地二，天三，地四，天五，地六，天七，地八，天九，地十。"此即是五行生成之数。天一生水，地二生火，天三生木，地四生金，天五生土，此其生数也。如此则阳无匹，阴无偶。故地六成水，天七成火，地八成木，天九成金，地十成土。于是阴阳各有匹偶，而物得成焉，故谓之成数也。[②]

在讨论生、成说的疏文最后，孔颖达引据了大刘（刘焯）对《洪范》经文的注解。刘焯的创新高明之处在于未曾拘泥于何为五行，而是用生、成之说拓展了对五行的理解。

焦桂美引用此条，作为刘焯创新的例证。但正是这种求新，引起了孔颖达在《尚书正义序》中的指摘。孔颖达首先承认二刘卓立于其所胪列的前代六位注者，尤其在注释详细，其云："多或因循怗释注文，义皆浅略，惟刘焯、刘炫最为详雅。"[③] 随后，二刘也因其求新受到指摘，"诡其新见，异彼前儒，非险而更为险，无义而更生义"[④]。

---

① 《尚书正义》卷十二《洪范》，第6b页。
② 《尚书正义》卷十二《洪范》，第6a页。
③ 《尚书正义序》，《尚书正义》，第3页。
④ 《尚书正义序》，《尚书正义》，第3～4页。

第三，焦桂美依据孔颖达《尚书正义序》对刘焯“烦杂”的评述，总结为疏解详实，言必有据。上文及下例均可见。

《洪范》：初一曰五行，次二曰敬用五事，次三曰农用八政，次四曰协用五纪，次五曰建用皇极，次六曰乂用三德，次七曰明用稽疑，次八曰念用庶征，次九曰向用五福，威用六极。[①]

刘焯《义疏》：大刘以为“皇极”[②] 若得，则分散总为五福[③]，若失则不能为五事之主，与五事并列其咎弱，故为六也。犹《诗》平王以后与诸侯并列同为《国风》焉。咎征有五而极有六者，《五行传》云：“皇之不极，厥罚常阴。”即与咎征[④]“常雨”[⑤] 相类，故以“常雨”包之为五也。

我不能假定自己理解所有注疏，但至少可以欣赏刘焯为平衡福五极六，而纳“常阴”于“常雨”的智慧。焦桂美所言刘注详实的特点也引起孔颖达的不满，孔《序》赞扬了刘焯的“详雅”

① 《尚书正义》卷十二《洪范》，第4a页。

② “皇极”，理雅各（James Legge）译作“Royal Perfection”，意寓王道无远弗届，这样一种泽被苍生的统治是理想之境。下文界定了何为“皇极”：“皇建其有极，敛时五福，用敷锡厥庶民。惟时厥庶民于汝极，锡汝保极。”《尚书正义》卷十二《洪范》，第7b页。

③ 五福，今常作五事，即貌、言、视、听、思。《尚书正义》卷十二《洪范》，第7b页。

④ 咎征是庶征的一部分，庶征“曰雨，曰旸，曰燠，曰寒，曰风，曰时”。《尚书正义》卷十二《洪范》，第20b页。“咎征”，理雅各（James Legge）译作“Unfavorable Verifications”，咎征“曰狂，恒雨若；曰僭，恒旸若；曰豫，恒燠若；曰急，恒寒若；曰蒙，恒风若”。《尚书正义》卷十二《洪范》，第22a页。

⑤ 《五行传》即《洪范五行传》，应为夏侯始昌所作，始昌传族子夏侯胜。刘焯所引“常阴”见于《汉书》卷七十五《夏侯胜传》，第3155页。

后，又愠于过犹不及，刘炫亦嫌之，因为刘炫是下文将探讨的经师，因此以其较为温和的“炫嫌焯之繁杂，就而删焉”[①] 的方式收束本节。

第三节 刘炫

刘炫（约546～约613），二刘中之小刘，声望、仕宦均不及刘焯，但自有其成就，下引本传：

> 刘炫字光伯，河间景城人也。少以聪敏见称。与信都刘焯闭户读书，十年不出。……隋开皇中，奉敕与著作郎王劭[②]同修国史。……又诏与诸术者修天文律历，兼于内史省考定群言。内史令博陵李德林[③]甚礼之。炫虽遍直三省[④]，竟不得官，为县司责其赋役。炫自陈于内史，内史送诣吏部。尚书韦世康[⑤]问其所能，炫自为状曰：“《周礼》《礼记》《毛诗》《尚书》《公羊》《左传》《孝经》《论语》，孔、

① 《尚书正义序》，《尚书正义》第4页。

② 王劭，参见上引刘焯本传脚注。

③ 李德林（约530年生），博陵（今河北定州）人，父为太学博士，定州举其为秀才，所试制文，援笔立成，不加治点，尚书令杨遵彦大象赏异，射策高第，授殿中将军。李德林历仕北齐、北周，隋文帝为相时，李德林为相府属。又典修史，所撰《北齐书》由其子李百药（564～647）于636年续成，列于二十四史。本传录有李德林与友朋往来书札、奏表及为作相时文翰所写书序，略显冗余。所撰文集，勒成八十卷。本传参见《隋书》卷四十二，第1193～1209页；《北史》卷七十二，第2504～2508页。

④ 中书省、门下省、尚书省。

⑤ 韦世康（531～597），京兆杜陵（西安南）人，世为关右著姓，父隐居不仕，十征不出。年十岁，州辟主簿。弱冠为直寝，封汉安县公，尚魏文帝元宝炬（507～551）之女襄乐公主，授仪同三司。在隋，以荆州总管卒官。本传参见《隋书》卷四十七，第1265～1267页；《北史》卷六十四，第2271～2273页。

郑、王、何、服、杜等注，凡十三家，虽义有精粗，并堪讲授；《周易》《仪礼》《穀梁》用功差少；史子文集，嘉言故事，咸诵于心；天文、律历，穷核微妙。至于公私文翰，未尝假手。”吏部竟不详试。然在朝知名之士十余人，保明炫所陈不谬，于是除殿内将军。

时牛弘[①]奏购求天下遗逸之书，炫遂伪造书百余卷，题为《连山易》《鲁史记》等，录上送官，取赏而去。后有人讼之，经赦免死，坐除名。归于家，以教授为务。废太子勇[②]闻而召之，……炫因拟屈原《卜居》为《筮涂》以自寄。及秀废，与诸儒修定五礼，授旅骑尉。

…………

开皇二十年，废国子、四门及州县学，唯置太学，博士二人，学生七十二人。炫上表言学校不宜废，情理甚切，帝不纳。时国家殷盛，皆以辽东为意，炫以为辽东不可伐，作《抚夷论》以讽焉。当时莫有悟者。及大业之季，三征不克，炫言方验。……纳言杨达[③]举炫博学有文章，射策高第，除太学博士。岁余，以品卑去任。还至长平，奉敕追诣行在所。或言其无行，帝遂罢之。归于河间。时盗贼蜂起，谷食踊贵，经籍道息，教授不行。炫与妻子，相去百里，声闻断

① 牛弘，参见本卷第六章第三节。

② 杨勇（约568~604），隋文帝长子，因失宠于文献皇后而被废。文献皇后认为杨勇迷恋姬妾，以致嫡妻身死，杨勇对此表示否认，被认为欺上。

③ 杨达，弘农人，杨隋皇室，炀帝嗣位，转纳言，领营东都副监，并于612年参与辽东之役。杨达为人有局度，杨素每言曰：“有君子之貌，兼君子之心者，唯杨达耳。”本传参见《隋书》卷四十三，第1218页；《北史》卷六十八，第2371页。

> 绝。郁郁不得志，乃自为赞曰：……
>
> ……
>
> 时在郡城，粮饷断绝。其门人多随贼盗，哀炫穷乏，诣城下索炫，郡官乃出炫与之。炫为贼所将，过下城堡。未几，贼为官军所破，炫饥饿无所依，复投县官。县官意炫与贼相知，恐为后变，遂闭门不纳。时夜冰寒，因此冻馁而死。其后门人谥曰宣德先生。炫性躁竞，颇好俳谐，多自矜伐，好轻侮当世，为执政所丑，由是宦途不遂。著《论语述议》十卷、《春秋攻昧》十卷、《五经正名》十二卷、《孝经述议》五卷、《春秋述议》四十卷、《尚书述议》二十卷、《毛诗述议》四十卷，注《诗序》一卷、《算术》一卷，并所著文集，并行于世。①

与自郑玄、王肃而来以博学自诩的学者不同，刘炫著述宏丰，但因其生性躁竞又不善交际，遂得恶名。章权才将刘炫作为隋末农民起义中悲惨经师的典型，② 事实上章氏也通过罗列非议，强调了二刘对经学的卓越贡献：二刘的经学继承北学，却对传统经学攻讦，这就招致北学同行的攻击；二刘的经学主张贯通南北，这也招致南朝经学家的非议。二刘说经以文笔见长，为当代文士妒恨。最后，二刘具有改革精神的经学，妨碍和堵塞了许多儒家的

① 参见《北史》卷八十二，第 2763 ~ 2767 页，本传又见《隋书》卷七十五，第 1719 ~ 1723 页。

② 章权才：《魏晋南北朝隋唐经学史》，第 249 ~ 250 页。章权才强调，起义军得“称引书史”之官吏、儒生、文士，辄杀之。

利禄之路，包括对经书注释并无兴趣的官僚。因此，对二刘经学的反对，既是学术的，也是政治的。[①]

一 刘炫的经学

清儒陈熙晋（1791～1851）盛赞刘炫对经学的卓越贡献，其云："窃谓集两汉之大成者康成也，集六朝之大成者光伯也。""古来注家注经之多未有过于康成者，疏家疏注之多未有过于光伯者。"[②] 除非考虑其注疏之深度，而非广度，否则有过誉之嫌。

令我们高兴的是，刘炫著述多存佚文，与刘焯《尚书义疏》只存六条不同，马国翰辑得百余条，其中《毛诗述义》3条，《尚书述义》8条，《孝经述义》22条，所辑"春秋"类计320条，有《春秋述义》146条，《春秋规过》174条，《春秋攻昧》10条，其中《春秋规过》不见本传。焦桂美引据了陈熙晋的《河间刘氏书目考》，所考刘炫著述计29种，其中包括伪造古书二种及文集。[③]

焦桂美评述了佚文，并将刘炫的经学特色概括为以下三点：第一，择善而从，敢于立异；第二，释义简约，富有文采；第三，注重征实，不涉玄虚。其中第二、第三点正是其融合北朝经学质朴与南朝经学简约的例证。[④]

以下是焦桂美对刘炫著作的述评，这些著作皆有佚文存世：

1.《春秋述义》

①依杜注而疏，申杜或驳杜。

---

① 章权才：《魏晋南北朝隋唐经学史》，第243～244页。

② 转引自焦桂美《南北朝经学史》，第455页。陈熙晋《春秋左氏传述义拾遗叙》，《丛书集成续编》本，经编第13册第2页。

③ 焦桂美：《南北朝经学史》，第456页。

④ 焦桂美：《南北朝经学史》，第483～486页。

②不因杜注，自为疏解。[1]

2.《春秋规过》

①从文字训诂等诸方面规杜：

a. 文字

b. 音韵

c. 句读

d. 语法

e. 文字书写

②从名物等方面规杜：

a. 名物

b. 地名

c. 时日

d. 官制

e. 礼仪

③从书法、凡例上规杜。

④因史实之误而规杜。

⑤因与杜氏理解歧异而规之。

⑥刘炫规杜之方法：

a. 直接驳杜之非。

b. 据经传而规。

c. 以杜规杜。

d. 以贾、服说驳杜。

① 焦桂美：《南北朝经学史》，第456~462页。

e. 用《公羊》《穀梁》说规杜。

f. 据他书规杜。[①]

3. 《春秋攻昧》

主攻杜说。[②]

4. 《尚书述义》

①刘炫不专以伪孔传为宗。

②刘炫之疏不与刘焯全同。[③]

焦桂美评述：刘炫长于《尚书》，故在疏解他经涉及《尚书》的内容时，其说往往优胜。孔颖达《尚书正义》多据刘氏《尚书述义》，然《尚书正义》中有用刘炫说而不标者。刘炫与伪孔传《舜典》的关系值得重视，《舜典》为《尧典》所分，开头28字："曰若稽古，帝舜，曰重华，协于帝。濬哲文明，温恭允塞，玄德升闻，乃命以位。"[④]

据传前12字为姚方兴于齐建武四年（497）所上，而后16字，有清学者多认为乃刘炫所增。刘炫在北朝学者中较早接触到伪孔传，打破了此前北朝《尚书》独尊郑注之局面。[⑤]

5. 《毛诗述义》

焦桂美评述：《毛诗述义》仅存佚文三条，其中两条均称

① 焦桂美：《南北朝经学史》，第462～471页。

② 焦桂美：《南北朝经学史》，第471～473页。

③ 焦桂美：《南北朝经学史》，第473～476页。

④ 《尚书正义》卷三《舜典》，第1b页。

⑤ 焦桂美：《南北朝经学史》，第474页，注释三引陆德明、阮孝绪，认为前十二字为姚方兴所上。又引刘起釪《尚书学史》（中华书局，1996，第182～183页）所承清儒之说，认为下16字为刘炫所增。程元敏《尚书学史》认为刘炫可能增造了后16字，但并未将此说作为事实予以认可。

“二刘”说，以说礼见长。但孔颖达《毛诗正义序》云据二刘疏为本，因此或当袭取而不标名姓而已。刘炫的《春秋》及《尚书》注疏中尚存有其解《诗》之文字，借此可略窥刘氏对《诗》的一些见解，比如对“其全称诗篇者多取首章之意”的异议。此外，刘炫注疏他书常引《诗》以为说，又有引《诗》订正杜注文字训诂之误者。①

6.《古文孝经述义》

①对《孝经》作者及章节问题的认识。

②对同篇异名以及引经之作用、方法等问题的认识（主要是引《诗》）。

③从孔驳郑的学术倾向。

④注重联系上下文的学术方法。

⑤引《老》《庄》阐释儒家经典。

焦桂美评述：刘炫提出《孝经》乃孔子自作，非曾参请业而对。《孝经》注本，南北朝时传世者有二：一为郑氏注，一为孔安国注。因孔传《古文孝经》出于隋世，明清两代有学者疑为刘炫伪造，康有为也认同此说。《古文孝经述义》是北朝现存注疏中，唯一采用皇侃《义疏》科判体式的。最后，刘炫《述义》为唐玄宗及邢昺所本，因此刘炫于《孝经》之学，其功甚巨。

现代学者公认的是，日藏《孝经述义》残卷原本解决了刘炫是否伪造孔传《孝经》的问题，林秀一初版于1953年的《孝经述议复原研究》中的一节（中译于2015年刊布，2017年收入童

① 焦桂美：《南北朝经学史》，第476～479页。

岭编《秦汉魏晋南北朝经籍考》）表明，刘炫《述义》反对《孔传》经旨的地方有十二处，注疏的疏离很难表明刘炫伪造了孔传。[①] 事实证明，二刘未曾伪造孔传，只是校订，以备流传。[②] 这个例子说明焦桂美的研究尽管深刻全面且论证严密，但偶有不足，如未曾注意到日藏钞本。

下引刘炫《春秋攻昧》推阐经说之佚文一条：[③]

《春秋》：三月，丙午，晋侯入曹，执曹伯，畀宋人。[④]

《左氏传》：公说，执曹伯，分曹卫之田，以畀宋人。[⑤]

杜注：畀，与也。执诸侯当以归京师。晋欲怒楚使战，故以与宋，所谓谲而不正。[⑥]

《春秋攻昧》：《公羊传》曰："畀者何？与也。其言以畀宋人何？与使听之。"何休云："宋称人者，明听讼必师断与，其师众共之。"[⑦] 《穀梁传》曰："畀，与也。其曰人，何也？不与[⑧]晋侯畀宋公也。"注（范宁）云："畀，上与下之辞，故不以侯畀公。"案：传"执曹伯，分曹、卫之田以

---

① 参见林秀一《隋刘炫〈孝经述议〉复原研究解题》，文载童岭编《秦汉魏晋南北朝经学遗籍考》，第256～288页。原载《孝经述议复原に关する研究》，新潟：文求堂，1953。中译本初载刘玉才、水上雅晴主编《经典与校勘论丛》，北京大学出版社，2015。

② 林秀一：《隋刘炫〈孝经述议〉复原研究解题》，第286页。

③ 焦桂美：《南北朝经学史》，第472页。

④ 《春秋左传正义》卷十六《僖公二十八年》，第14a页。

⑤ 《春秋左传正义》卷十六《僖公二十八年》，第19a页。

⑥ 《春秋左传正义》卷十六《僖公二十八年》，第14a页。

⑦ 《公羊传》卷十二，第10a～10b页。

⑧ 《穀梁传》作"以"，孔颖达引刘炫则作"与"。

> 畀宋人”[①]，则田亦称人，非为断狱，故云人也。若不使晋侯与宋公，自可改其畀名，何以名之为畀，而使义不得与也？若与宋人，岂宋国卑贱之人，得独受曹伯而治之乎？二《传》之言，皆不得合《左氏》，当以人为众辞，举国而称之耳。[②]

值得注意的是，这条具有代表性的疏文体现出了焦桂美所总结的刘炫的疏经特色的几个方面。他利用了如何休、范宁的古注，但并不盲从。引述《公羊》《穀梁》，并以何注顺推文意。此外，刘炫经说与前代注者不同，其以“执曹伯”“畀宋人”为二事，认为“三月，丙午，晋侯入曹，执曹伯，以田畀宋人”。我无法判断语言是否优雅，但确实很简约。

第四节 隋代经学对初唐经学的影响

皮锡瑞认为，南北朝经学是汉、唐间经学的桥梁。而由于二刘融通南北，隋代经学成为南北朝经学传承的媒介。但我们是否应该叩问，这知识的统续到底传承了什么？我们将再次借助焦桂美著作的末章《南北朝经学对唐代经学之影响》的精深研究，并基于其前文的研究提供一些见解。

就小范围的讲经（local teaching）而言，初唐继承了佛教讲经的形式，包括经师升座、设都讲，讲前先发题，讲时多辩难，并以通滞去惑为目的。随着五经定本及《五经正义》的颁定，讲

① 全文参见《穀梁传》卷九，第11a页。

② 焦桂美：《南北朝经学史》，第472页。

经因无必要而逐渐消失。

就国家层面的大范围教学（large-scale teaching）而言，初唐经师编定了《五经定本》及《五经正义》。在孔颖达的统纂下，诸经义疏以南北朝旧疏为基础，保存了一部分旧疏内容，或在其基础上进行修订，但往往并未标明所用旧疏。义疏中常见的划分科段，唐代经师废而不用，以致主题相关的章段分割零落，章段之间缺少内在主题。任何可从章节间寻绎整体训释的痕迹都被抹除，注者与文本训释疏离，甚至南辕北辙，也使注者得以建立阐释体系，将经书视为整体，而非只字独句，最终促成了疑经思潮（speculative hermeneutics）的兴起。

就经学风尚（style of classical exegesis）而言，唐代经学继承了隋代贯综古今、融通南北的经学风尚，反对南朝经学的浮华空疏，崇尚雅洁质实，而非玄思与虚说。然而，南学贡献的理论思辨仍在，这使得习自北方质朴经师的对文本细节的天然关注得以升华。简而言之，二刘经学合南北之长。

在经目（content）的选择上，唐代学者沿用了隋代经师陆德明的界定，众多潜在的注释传统为新义疏的编撰所掩盖，这意味着仅凭《五经正义》题列的撰著人来探求孔颖达及其同仁所撰义疏的来源无异缘木求鱼，因为诸多注者的名字都被抹除。

下章讨论颜师古《五经定本》及孔颖达《五经正义》的政治文化背景及二位的学术成就，本卷将以此作结。此外，我还将讨论几位经学史上的次要人物，因其所撰义疏于宋代跻身经典。

第十章

初唐经学

初唐时期，唐廷纂修了总题为“五经正义”的新疏，其中包含同题为“正义”的各经的注疏。这项综合工作包括两个不同的阶段。首先由颜师古考定五经文字。其次则由孔颖达与诸儒为时行的诸经注文撰定义疏。但这种传统的理解应加以修正，根据张宝三的细致研究，“正义所解，经、注并释”[①]。皇侃[②]、刘焯及刘炫等人传世的五经义疏多为孔颖达参考，因此《五经正义》得以速成。[③] 必须指出的是，虽然在严格意义上《五经正义》并不被称为“义疏”，但正如文本中不同地方公开称“疏”一样，未曾编纂该书的学者也称之为“疏”。因此张宝三认为正义实为疏之一体。[④]

本章将先把目光投向参与解析经书，即修撰新疏的学者群，

① 张宝三：《五经正义研究》，此据重印，华东师范大学出版社，2010，第 90 页。

② 孔颖达的《正义》在体式上对义疏体的贡献并不明显，因为其对所选取的旧疏进行了重新编排：取消了问答体，又因是截取，使旧疏失去了原有的“主题单元”，即“科段”的结构。日藏旧钞本《礼记丧服小记子本疏义》中尚可窥见这种旧疏的原貌，其更多被称作《礼记子本疏义》。参见本卷第三章第三节中有关此旧钞本及其中段落的完整语境的论述。

③ 李松涛：《唐代前期政治文化研究》，台北：学生书局，2009，第 114 页。

④ 张宝三：《五经正义研究》，第 89 页。

其次将关注两位初唐注家，贾公彦及杨士勋（活跃于约627～649年），其所注于赵宋时代跻身十三经。

第一节　政治与文化背景

根据最近的研究，考订文本的政治文化背景值得考量，有时甚至是明晰的关键。关于《五经正义》是纯粹之学的推测，请看 Michelle R. Warren 关于政治的论述。

> 文本学（textual scholarship）的政治视角将编辑实践与理论含括于最广泛的文学文化概念中，在某程度上，文本学突出了所有文本的本质是建构，揭示了贯穿于文本建构中的政治力量——从历史背景到文本内容、从有意操控到意识形态的默化、从权力的倡导到抵抗。……文本学中的政治概念包括文本的生产及其运用，特别是用于党派。换而言之，政治视角意味文本学既属于作者，亦属于读者。[1]

孔颖达纂修《五经正义》的政治文化背景近由李松涛阐明，以突出其对读者的影响。赞修文章、学术有助于新朝统治合法化，也是预期之内的常见举动。就李唐的继世之主，在某种程度上亦可称为开国之君的唐太宗李世民而言，他采取了三项广泛的

① Michelle R. Warren, "The Politics of Textual Scholarship," in *The Cambridge Companion to Textual Scholarship*, ed. Neil Fraistat and Julia Flanders (Cambridge and New York: Cambridge University Press, 2013), p. 119.

政策，即完善科举制度、确立官学地位并予以资助。[①] 所有这些举措都有助于新政权的合法化，并使士人阶层与皇室的利益保持一致。其中最后一项政策的核心即修定《五经正义》，但李松涛的研究揭示出这一计划背后更为实际、紧迫的考量。

李唐源出陇西，其先为半军事性质的汉化胡族，在文化上的成就与声望远不及山东士族。因此，唐廷赞修《五经正义》的目的之一在于打破山东高门对儒学经典的垄断权利（the monopoly on classical scholarship），这将在文化上削弱他们，并且会提高长安城内新的经学正统思想传播者的威望。山东士族失去了参与学术讨论的权利，包括科举考试，因其没有采用新的正统观念，也无法将其经学建立在新的经学教育之上。对学术的兴趣与支持从被称为“江南”的南方转移到关陇地区，与隋炀帝所施行的政策有明显不同。[②] 这一变化也有助于加强关陇地区的政治力量，以抵御来自山东与江南，这两个不久前发生叛乱地区的不安因素。例如 604 年，前朝隋文帝崩，杨谅于山东起兵，称汉王。除了传统经学世家所施加的文化、学术威压外，唐太宗对这一地区的看法肯定也带有残存的怀疑色彩。

考虑到背后的政治因素，编撰该项目的决定应以审慎的眼光看待，因为其动机可能是纯粹政治而非学术的。而且正如我在第一卷所举西汉武帝的事例一样，正典化事实本身即意味对经典内

---

① 李松涛：《唐代前期政治文化研究》，第 108 页。

② 隋炀帝有意强化南方力量并引之为援，以对抗其所源出的关陇军事集团，他借用了包括萧梁礼制在内的诸多制度，希望弥合北周与北齐之间撕裂王朝的残余因素。其对西北“胡”人猜忌的态度与唐太宗完全相反。李松涛：《唐代前期政治文化研究》，第 29～34 页。

容、研习、阐释的控制。又如我在《中国经学史·秦汉魏晋卷》中所说“正典化的功用之一就是可以达到思想控制与限制的目的。因此，即便汉武帝大力推广儒家经典，但是这种正典化的过程依然是在意识形态的严格掌控下进行的”[①]。专注于共同经典中寻求的方法，在私人著述中淡退了。皮锡瑞注意到《五经正义》的缘起与影响，“自《正义》、《定本》颁之国胄，用以取士，天下奉为圭臬。唐至宋初数百年，士人皆谨守官书，莫敢异议矣”[②]个人研究的减少反映在书目中，在后代，大部分的注意力都不在经部。

基于对《隋书》《旧唐书》《新唐书》中《儒林传》的仔细考察，李松涛认为隋及初唐时期的经学呈现如下趋势。

（1）隋朝时期私人讲学与著述之风依然颇盛。

（2）贞观（627～649）朝《五经正义》仍未完全修毕，学者依然各有师传或家学。

（3）唐高宗（649～683年在位）永徽四年（653）《五经正义》正式颁布以后，官学均以此为教材，私人讲学之风气开始逐渐减弱，此时儒士少有专治经学者，反而多通《史记》《汉书》和谱学。

（4）中宗、睿宗朝，在武则天（690～705年在位）掌控下，权力两次更迭（684～690年），私人讲学与著述已不多见。到了唐玄宗（712～756年在位）开元（713～741）初年，儒者多于

① 韩大伟：《中国经学史·秦汉魏晋卷》第三章第三节。

② 皮锡瑞：《经学历史》，第208页。

宫中编修书目。自开元末天宝初期始，玄宗又好庄老之说，而经学章句义疏之传，遂不显于世。

(5) 代宗 (762～779 年在位) 朝，虽有《春秋》之学的一度复兴，然终是昙花一现，“德宗以后，这种以经学为内容的讲学，就不再见于记载了”[①]。

武周鼎革至玄宗登基，其间儒生的社会地位低于文士，甚至低于僧道。[②] 而由于《五经正义》的制约以及唐廷兴趣的游移不定，经学传统在初唐至中唐时期完全断裂。有鉴于此，将第三卷于初唐截断，无论是从历史背景抑或个人兴趣所限来看，皆是合理的安排。[③]

第二节 颜师古与《五经定本》

一 颜师古的生平

颜师古 (581～645)，本名籀，为本卷第四章第四节所论著名文士颜之推之孙。从孙颜真卿 (709～784)，著名书法家。父颜思鲁，绍其祖风，以学艺称，博学善属文，尤工训诂。[④] 颜师古生于万年 (属今西安)，八岁丧父，不传父艺而以训诂闻，如

① 李松涛：《唐代前期政治文化研究》，第 117～118 页。

② 参见李松涛关于“文”“儒”势力消长的讨论，《唐代前期政治文化研究》，第 119～137 页。

③ 尽管我的讨论限于初唐，但应对三分唐代经学做出解释，以说明汉魏以还，降至南北朝及隋，经学的最终突破。杨荫楼提出了唐代经学的三变：第一，唐初经学一统；第二，盛唐时期（武则天至玄宗时期），对两汉以来章句之学的批判与惑经思潮的产生；第三，中唐以后，舍传求经学派的形成。参见杨荫楼《唐代经学略论》，《求是学刊》1992 年第 4 期，第 99～104 页。

④ 申屠炉明：《孔颖达 颜师古评传》，南京大学出版社，2006，第 13 页。

其本传所言："师古少传家业，博览群书，尤精诂训，善属文。"[①] 事实证明，颜师古的叔父也发扬了家学，如颜愍楚精于训诂，有《证俗音略》二卷；[②] 颜游秦长于考史，著《汉书决疑》十二卷。[③] 在隋坐事免官后，颜师古寓居长安十年，以教授为生。唐初起为起居舍人，再迁中书舍人。因其才誉，凡有制诰，多出其手。

颜师古的研究方法与具体成就大略载其本传，节引如下：

> 贞观七年，拜秘书少监，专典刊正，所有奇书难字，众所共惑者，随疑剖析，曲尽其源。是时多引后进之士为雠校。……师古既负其才，又早见驱策，累被任用，及频有罪谴，意甚丧沮。自是阖门守静，杜绝宾客，放志园亭，葛巾野服（隐居）。然搜求古迹及古器，耽好不已。俄又奉诏与博士等撰定《五礼》，十一年，《礼》成，进爵为子。时承乾在东宫，命师古注班固《汉书》，解释详明，深为学者所重。承乾表上之，太宗令编之秘阁，赐师古物二百段、良马一匹。[④]

颜师古《汉书注》深受同辈揄扬，至今仍为世人所重。根据

---

① 《旧唐书》卷七十三，第 2594 页。全传载《旧唐书》卷七十三，第 2594 ~ 2596 页；《新唐书》卷一百九十八，第 5641 ~ 5643 页。

② 刘昫、欧阳修：《唐书经籍艺文合志》，第 55 页。

③ 申屠炉明：《孔颖达 颜师古评传》，第 13 页。

④ 《旧唐书》卷七十三，第 2595 页。颜师古生平又可参申屠炉明《孔颖达 颜师古评传》，第 13 ~ 19 页。其学术见同书第七、第八章。进可参罗香林《颜师古年谱》，台北：商务印书馆，1972。

申屠炉明的分析，颜师古《汉书注》的体例包括：第一，存是；第二，申意；第三，匡谬；第四，删芜；第五，补阙。[①] 颜注不常列别本异文，仅偶一为之，同时说明那些古奥之字仅是当时常用字的古体形式。最后，追仿祖风，注音。此外，任国钧补充了颜注语法、修辞、名物方面的内容。[②]

下引《汉书》及句中的注可窥见颜注的语言及体式：

《汉书》“母媪……”[③]

颜注：

文颖曰：“幽州及汉中皆谓老妪为媪。”孟康曰：“媪，母别名，音乌老反。”师古曰：“媪，女老称也，孟音是矣。史家不详著高祖母之姓氏，无得记之，故取当时相呼称号而言也。其下王媪之属，意义皆同。至如皇甫谧等妄引谶记，好奇骋博，强为高祖父母名字，皆非正史所说，盖无取焉。宁有刘媪本姓实存，史迁肯不详载？即理而言，断可知矣。他皆类此。”[④]

---

① 申屠炉明：《孔颖达 颜师古评传》，第 182 ~ 194 页。

② 任国俊：《颜师古〈汉书注〉研究》，宁夏大学硕士学位论文，2008 年。关于颜师古反切的研究，参见钟兆华《颜师古反切考略》，文载《古汉语研究论文集》，北京出版社，1982，第 16 ~ 51 页。

③ 《汉书》卷一，第 1 页。

④ 《汉书》卷一，第 1 ~ 2 页。

《汉书》："……尝息大泽之陂"①

颜注：

师古曰："蓄水曰陂。盖于泽陂堤塘之上休息而寝寐也。陂（∗*pi˘ə/pi*）② 音彼（∗*pi˘ə/pi*）皮（∗*bi˘ə/bi*）反。"③

颜师古《急就篇注》也显示出其对训诂的长期关注。颜师古因不满旧注，故而重加注释。其体例：第一，"据经籍遗文，先达旧旨"。第二，"字有难识，随而音之"。第三，"别理兼通，亦即并载"。④

二 《五经定本》

《颜师古传》从国家层面阐明了唐太宗李世民令师古考定五经以成《五经定本》这一宏伟计划的原因：

太宗以经籍去圣久远，文字讹谬，令师古于秘书省考定《五经》，师古多所厘正，既成，奏之。太宗复遣诸儒重加详议，于时诸儒传习已久，皆共非之。师古辄引晋、宋已来古

---

① 《汉书》卷一，第1页。

② 根据蒲立本（Edwin Pulleyblank）的早期中古汉语系统，˘与 ə 两个符号，应写作˘ə以表后滑音，下同。参见（蒲立本）Edwin Pulleyblank, *Lexicon of Reconstructed Pronounciation in Middle Chinese and Early Mandarin: In Early Middle Chinese, Late Middle Chinese, and Early Mandarin* (University of Washington Press) 1991, p. 30, p. 236。

③ 《汉书》卷一，第2页。

④ 申屠炉明：《孔颖达 颜师古评传》，第244页。

> 今本，随言晓答，援据详明，皆出其意表，诸儒莫不叹服。于是兼通直郎、散骑常侍，颁其所定之书于天下，令学者习焉。①

贞观四年，颜师古受命考定《五经》。贞观七年，颁习新定《五经》。②

上引《旧唐书》末一句的措辞耐人寻味，“令学者习焉”表明，虽然学者奉命修习，但《五经正义》并不以之为底本，麦大维（David McMillan）在其对唐代经学与其他教育的精湛研究中挑明了这一点。③ 这一决定似乎有悖常理，但根据《贞观政要》我们几乎可以确定，这种灵活的处理是颜师古与令狐德棻所率诸儒之间达成的妥协，④ 这种妥协可能是遵循了令狐德棻推崇新本的思路，尽管令狐德棻也无意于将其定为一尊。两位一流史学家之间的一个区别在于，令狐德棻是位历史编修者，而颜师古则是一位文字训诂家。如前所述，颜师古奉东宫之命为《汉书》作注，疏通字句。但在贞观十年（636）修成的《隋书》，其中大部

① 《旧唐书》卷七十三，第2594页。《颜师古传》此处记载的史源，参见吴兢《贞观政要》，上海古籍出版社，1978，第220页。

② 吴兢：《贞观政要》，第220页。《旧唐书》卷三，第43页。

③ （麦大维）David McMullen, *State and Scholars in T'ang China*, Cambridge: Cambridge University Press, 1988, p. 73. 野间文史对这个问题进行了详细分析，他认为《五经定本》藏于秘书，鲜见于外，因此学者无从得见，参见野间文史《五經正義の研究：その成立と展開》，東京：研文出版，1998，第7～38页。译者注：麦大维著中译本参见《唐代中国的国家与学者》，张达志、蔡明琼译，中国社会科学出版社，2019。

④ 吴兢：《贞观政要》，第220页。令狐德棻是唐初重要的历史学家，曾奉命纂修多部史书，本传参见《旧唐书》卷七十三，第2596～2599页；《新唐书》卷一百零二，第3982～3984页。

分纪、传由颜师古与孔颖达撰定，[①] 因此，颜师古虽不以修史为志，但亦精通此道。令狐德棻与颜师古之间更重要的区别在于，前者是李唐集团内部的元老，后者则是外起的新秀。因此令狐德棻是在捍卫权威，提防颜师古的崛起。

颜师古又撰有两部字书，第一部是其编定《五经定本》的副产品，已佚，据其侄孙颜元孙所言“因录字体数纸，以示雠校楷书，当代共传，号为《颜氏字样》”[②]。第二部是八卷本的《匡谬正俗》，由其子由颜扬庭整理，颜师古去世六年之后，即永徽二年表上之。旨在匡正经典及诸书。其书前四卷 55 条，主要论诸经训诂音释，后四卷 127 条，则博及诸书。[③]

近来，潘铭基提出了令人信服的论据，证明孔颖达《正义》所引“定本”未必是颜师古的《五经定本》，潘氏的研究重点在《毛诗正义》，[④] 他发现有 329 处引用“定本”，这表明“定本”并非底本，否则无需别引。[⑤] 但当讨论集中于“定本”的资料时，有必要将其与“俗本”比勘，正是这个后来的版本成为孔颖达及其同僚在编纂《五经正义》时的底本。潘氏进一步比较了散见于《正义》的“定本”资料及颜师古《汉书注》保存的相关段落，他惊讶地发现，在选用分析的 15 例引文中，其中七例颜注与

① 申屠炉明：《孔颖达 颜师古评传》，第 5 页。

② 颜元孙：《干禄字书序》，《干禄字书》，同治十二年广州粤东书局重刊菊坡精舍本，第 1a 页。

③ 申屠炉明：《孔颖达 颜师古评传》，第 229 ~ 234 页。

④ 潘铭基：《颜师古经史注释论丛》，香港：刘殿爵中国古籍研究中心、中国文化研究所、香港中文大学，2016，第 159 ~ 201 页。

⑤ 潘铭基又发现《五经正义》于《左传》引用“定本”38 次，《礼记》29 次，《尚书》7 次，《周易》2 次，参见潘铭基《颜师古经史注释论丛》，第 164 页注释 13。

“定本”相同，其余八例与“定本”相异。现代学术研究则与臧琳（1650～1713）、段玉裁、阮元、陈奂（1786～1863）等传统儒生的观点相反，坚持认为此“定本”非颜师古所编。[①] 潘氏并未走到这一步，但至少认为此“定本”为颜师古所编未可尽信。我认为，一个违背常识的假设是，在官修《五经定本》广泛流行的短短几年后，这一定本却未被《五经正义》采用。我也注意到，颜师古《汉书注》直至641年方才完成，在其《五经定本》颁行八年之后，随着时间的推移，在某些具体文字的训释上得出不同结论并非不可能，毕竟，在帝国的督促下，于三年之内完成考订《五经》文本的工作一定是匆忙的。最后，潘铭基也承认，他的结论基于更多可比较材料中的15个例子。这部附有为经典旧注所作新疏的权威版本最初名为《五经义赞》[②]，尽管是暂时的。

近来，邓国光提供了探究颜师古经学取向的有效切口，我将稍作评述以收束本节。因为颜师古没有专门的经学著述，邓国光从其《汉书注》与《匡谬正俗》中辑录并编次《论语》解说为147条，以概述其精髓。邓国光的结论是：颜师古治《论语》有明确的家法意识，强调西汉的训故与版本，其中对“性与天道”的训释是为了匡正南朝佛学背景下的形而上学而进行的发挥，与传承周、隋北地经学的孔颖达不同。[③] 有鉴于此，下

① 刘文淇（1789～1854）认为“今定本”实指唐前“旧疏”，潘铭基介绍了刘文淇的引证与分析，参见《颜师古经史注释论丛》，第177～180页。

② 它也可能标志着“义”Meaning以及“议”Appraisals。

③ 邓国光：《颜师古的〈论语〉注解及其在思想上的意义——唐代贞观经学探要之一》，《中国经学》第三辑，2008，第74～132页。

面我将对与颜师古的不同的经学解释者——孔颖达的生平与工作进行探讨。

第三节　孔颖达与《五经正义》

一　孔颖达的生平

孔颖达的生平揭示出经学内部的政治运作，在其中，个人的德行操守远比学术成就（scholarly accomplishments）重要，其本传见下。[①] 孔颖达去世后，以其“博闻多能”谥曰“宪”。[②]

> 孔颖达，字冲远，冀州衡水人也。祖硕，后魏南台丞。父安，齐青州法曹参军。颖达八岁就学，日诵千余言。及长，尤明《左氏传》、《郑氏（玄）尚书》、《王氏（弼）易》、《毛诗》、《礼记》，兼善算历，解属文。同郡刘焯[③]名重海内，颖达造其门。焯初不之礼，颖达请质疑滞，多出其意表，焯改容敬之。颖达固辞归，焯固留，不可。还家，以教授为务。隋大业初，举明经高第，授河内郡博士。时炀帝征诸郡儒官集于东都，令国子秘书学士与之论难，颖达为最。时颖达少年，而先辈宿儒耻为之屈，潜遣刺客图之。礼部

---

① 《孔颖达传》参见《旧唐书》卷七十三，第 2601～2603 页；《新唐书》卷一百九十八，第 5643～5645 页。又可参申屠炉明《孔颖达 颜师古评传》，第 1～8 页，及同书第 254～278 页《孔颖达颜师古大事年表》。此前更详尽的研究参见内藤虎次郎（内藤湖南）撰《孔冲远祭酒年谱》，钱稻孙译，《国立北平图书馆馆刊》1930 年第 4 卷第 4 号。

② 参见申屠炉明《孔颖达 颜师古评传》第 7 页注三引《唐会要》释“宪”。

③ 刘焯，参见本卷第九章第二节《刘焯的生平》。

尚书杨玄感[1]舍之于家，由是获免。补太学助教。属隋乱，避地于武牢。[2] 太宗平王世充，引为秦府文学馆学士。[3] 武德九年，擢授国子博士。贞观初，封曲阜县男，[4] 转给事中。

时太宗初即位，留心庶政，颖达数进忠言，益见亲待。太宗尝问曰："《论语》云：'以能问于不能，以多问于寡，有若无，实若虚。'何谓也?"[5] 颖达对曰："圣人设教，欲人谦光。己虽有能，不自矜大，仍就不能之人求访能事。己之才艺虽多，犹以为少，仍就寡少之人更求所益。己之虽有，其状若无。己之虽实，其容若虚。非唯匹庶，帝王之德，亦当如此。夫帝王内蕴神明，外须玄默，使深不可测，度不可知。《易》称'以蒙养正[6]，以明夷莅众'，[7] 若其位居尊极，炫耀聪明，以才凌人，饰非拒谏，则上下情隔，君臣道乖，自古灭亡，莫不由此也。"太宗深善其对。

六年，累除国子司业。岁余，迁太子右庶子，仍兼国子司业。与诸儒议历及明堂，皆从颖达之说。又与魏徵撰成

① 杨玄感（571～613），华阴（今陕西华阴东）人，司徒杨素（卒于606年，关于杨素参见本卷第九章第二节）之子，才华横溢，体貌雄伟，因其累世尊显见忌。隋炀帝再征辽东，杨玄感反，兵败。本传参见《隋书》卷七十，第1615～1619页。

② 虎牢关在洛阳东，河南中北部，近于今荥阳市。李唐时期避唐太祖祖父李虎（卒于551年）讳，改为武牢。

③ 此时，李世民显然将继位，文学馆乃其僚属。

④ 曲阜乃其祖孔子故里，在山东东南。

⑤ 《论语·泰伯第八》。

⑥ 《周易正义》卷一，第32b页，蒙卦第四。

⑦ 《周易正义》卷四，第14a页，明夷卦第三十六。

《隋史》,[①] 加位散骑常侍。十一年，又与朝贤修定《五礼》，所有疑滞，咸咨决之。书成，进爵为子，赐物三百段。庶人承乾令撰《孝经义疏》，颖达因文见意，更广规讽之道，学者称之。太宗以颖达在东宫数有匡谏，与左庶子于志宁[②]各赐黄金一斤、绢百匹。十二年，拜国子祭酒，仍侍讲东宫。十四年，太宗幸国学观释奠，命颖达讲《孝经》，既毕，颖达上《释奠颂》，手诏褒美。后承乾不循法度，颖达每犯颜进谏。承乾乳母遂安夫人谓曰："太子成长，何宜屡致面折?"颖达对曰："蒙国厚恩，死无所恨。"谏诤逾切，承乾不能纳。

先是，与颜师古、司马才章、王恭、王琰等诸儒受诏撰定《五经》义训[③]，凡一百八十卷，名曰《五经正义》。太宗下诏曰："卿等博综古今，义理该洽，考前儒之异说，符圣人之幽旨，实为不朽。"付国子监施行，赐颖达物三百段。时又有太学博士马嘉运[④]驳颖达所撰《正义》，诏更令详定，功竟未就。十七年，以年老致仕。十八年，图形于凌

---

① 魏徵，巨鹿人（今河北南部），太宗朝为宰相十三载，纂修《隋书》，本传参见《旧唐书》卷七十一，第2545~2563页；《新唐书》卷九十七，第3867~3885页。又可参（魏侯玮）Howard Wechsler, *Mirror to the Son of Heaven: Wei Cheng at the Court of T'ang T'ai-tsung* (New Haven, CT: Yale University Press), 1975。

② 于志宁（588~665），雍州高陵人。历任唐太宗及唐高宗李治（628~683，其中649~683年在位）朝宰相。其学术大略见于本传，叙其预撰格式律令、《五经义疏》及修礼、修史等功，有文集二十卷。他是高宗立武氏为皇后计划的主要支持者（the major supporters）之一。

③ 《新唐书》记载微有不同，见下文。

④ 马嘉运（卒于645年），魏州繁水（河南东南部，今南乐东北）人，少为沙门，后更还俗，专精儒业。退隐白鹿山（今黑龙江北部），诸方来受业至千人。贞观十一年，召拜太学博士，参修《周易正义》。马嘉运以孔颖达所修《正义》颇多繁杂，每掎摭之，诸儒亦称为允当。本传参见《旧唐书》卷七十三，第2603~2605页；《新唐书》卷一百九十八，第5645页。

> 烟阁[①]，赞曰："道光列第，风传阙里。精义霞开，掞辞飙起。"二十二年卒，陪葬昭陵[②]，赠太常卿，谥曰宪。[③]

《旧唐书·孔颖达传》云《五经正义》编定过程中，其中一阶段为"更令裁定"，《新唐书》详载其事：

> 初，颖达与颜师古、司马才章[④]、王恭[⑤]、王琰[⑥]受诏撰《五经》义训凡百余篇，号《义赞》，诏改为《正义》云。虽包贯异家为详博，然其中不能无谬冗，博士马嘉运驳正其失，至相讥诋。有诏更令裁定，功未就。永徽二年，诏中书门下与国子三馆博士、弘文馆学士考正之，于是尚书左仆射于志宁、右仆射张行成[⑦]、侍中高季辅[⑧]就加增损，书始

① 凌烟阁是太宗修建，悬列功臣图像的地方。但孔颖达不在"二十四功臣"之列，参见申屠炉明《孔颖达 颜师古评传》，第7页。

② 昭陵，唐太宗李世民陵墓，陪葬墓计200座。译者注：据沈睿文《唐陵的布局》（北京大学出版社，2009）统计，昭陵陪葬墓为167座。

③ 《旧唐书》卷七十三，第2601～2603页。

④ 司马才章，魏州（今河北南部县名）贵乡人，父烜，博涉《五经》，善纬候，才章少传其业。隋末为郡博士，太宗时为国子助教，本传参见《旧唐书》卷七十三，第2603页。

⑤ 王恭，滑州（今河南东北部）白马人，讲《三礼》，别立义证。太宗时为太学博士。本传参见《旧唐书》卷七十三，第2603页；《新唐书》卷一九八，第5645页。

⑥ 王琰其人无考，一见于 *The Encyclopedia of Confucianism*，《五经正义》"琰"误作"谈"。

⑦ 张行成（587～653），定州义丰（河北中部，今安国）人，师事刘炫，勤学不倦。太宗时任殿中侍御史，永徽二年（651）拜尚书左仆射。高宗即位，封北平县公，监修国史。本传参见《旧唐书》卷七十八，第2703～2705页；《新唐书》卷一百零四，第4012～4014页。值得注意的是，文中所见三位高官：于志宁、张行成及高季辅，其本传同载《旧唐书》卷七十八及《新唐书》卷一百零四。

⑧ 高季辅（596～654），其名高冯，以字行，德州（今河北景县）蓨人也。居母丧，以孝闻。太宗时任监察御史，指陈时政损益，太宗称善，授太子右庶子。任职中书时，监修国史。本传参见《旧唐书》卷七十八，第2700～2703页；《新唐书》卷一百零四，第4010～4012页。

布下。[1]

高宗时期曾诏令裁定《五经正义》，起于永徽二年（651），成于永徽四年（653），并于当年上表高宗。但始终未能使书详尽无疑，后更令详定，事竟不就。[2]

《五经正义》的刊刻与早期版本应予以简要回顾。宋端拱元年（988），国子祭酒司业孔维奉敕校刻《五经正义》，至宋淳化五年（994）止，前后凡七年，《五经正义》始有雕版。所刻皆只有疏文，故称"单疏本"。宋真宗咸平（998～1003）中续刻《周礼》《仪礼》《公羊》《穀梁》《孝经》《论语》《尔雅》等七经义疏，前后所刻单疏本计12部。各部在不同的时间刊刻，最终形成完整的十三经（a full set of Thirteen Classics），其中还包括刊刻在1200年的《孟子》。南宋（1127～1279）初年，经、注、疏首次合刊，每半页八行，称"八行本"。南宋末年，经、注、疏与陆德明《经典释文》合刻，每半页十行，故称"十行本"。其他八经亦附有疏文，多为宋人所作，因此经书注疏由唐《五经正义》扩展为包含其他八经。元明两代，十行本迭有翻刻，为明清时期"各本注疏之祖"。这一版本系统的集大成者，是嘉庆二十年（1815）阮元校刻的南昌府学本《十三经注疏》。[3] 阮刻本保留了《易》《书》《诗》《春秋左传》四经的"正义"，《礼记》则题为"注疏"，尽管《四库总目》中其提要仍称"正义"，其

① 《新唐书》卷一百九十八，第5644页。

② 《旧唐书》卷七十七，第2689页。

③ 概括自张宝三《五经正义研究》，第28～36页。

他两经——《孝经》《孟子》也是如此，尽管阮刻本诸经题名页均为“注疏”。因此“正义”一名尽管继续通行至19世纪初，但使用范围有限。奇怪的是，阮刻《礼记》并未题为“正义”（the imprimatur of Correct Meaning），这是因为阮元考虑到其本是五经中的一部分，这点将在下节说明。

二 《五经正义》

《五经正义》中，诸经皆有古“注”与新“疏”，虽然成于众手，但由孔颖达主其事，故而编修、刊定每冠其名。张宝三表列了诸经《正义序》提到的参与初修与初刊的22位学者。《易》有马嘉运（对初版提出了批评，参见前文）、赵乾叶①初修，苏德融②初刊；《书》有王德韶③、李子云④初修，苏德融、朱长才⑤、随德素⑥、王士雄⑦初刊；《诗》有王德韶（《书》之初修者）、齐威⑧初修，赵乾叶（《易》之初修者）、贾普曜⑨初刊；《礼记》有朱子奢⑩、

---

① 赵乾叶，太学助教，其他事迹无考。

② 苏德融，四门博士上骑都尉，其他事迹无考。

③ 王德韶，太学博士，其他事迹无考。

④ 李子云，前四门助教，其他事迹无考。

⑤ 朱长才，四门博士，其他事迹无考。

⑥ 随德素，太学助教，其他事迹无考。

⑦ 王士雄，四门助教，其他事迹无考。

⑧ 齐威，四门博士，其他事迹无考。

⑨ 贾普曜，四门助教，其他事迹无考。

⑩ 朱子奢，苏州吴人也，长于《春秋左氏传》，善属文，在隋为直秘书学士，武德间授国子助教，贞观初出使新罗，以解高丽、百济之围。因其学与陆德明、孔颖达、颜师古等同入《儒学传》，参见《旧唐书》卷一百八十九上，第4948页；《新唐书》卷一百九十八上，第5647~5648页。但除了庙议中，朱子奢力主刘歆（约公元前50~公元23年）及王肃七庙说而非郑玄五庙说被采纳之外，本传几乎不见其学术成就，也未提及其参修《五经正义》，与下文《贾公彦传》形成对比。

李善信[①]、贾公彦[②]、柳士宣[③]、范义頵[④]、张权[⑤]初修，王士雄（《书》之初刊者）、周玄达[⑥]、赵君赞[⑦]初刊；《春秋左传》有谷那律[⑧]、杨士勋[⑨]、朱长才初修，马嘉运、王德韶、苏德融、随德素初刊。22 位中，马嘉运、赵乾叶、朱长才、王士雄、随德素五位不主一经，王德韶、苏德融二位编刊三经，其中王德韶修二刊一，苏德融则刊定三经。[⑩]

除上述 22 位之外，理应加上奉敕修订《五经正义》的孔颖达、颜师古、司马才章、王恭、王琰五人。因此可知参与初修与刊定的学者共计 27 位，但史书中只九位有传。诸儒之中，只有名义上的领袖（nominal leadership）居功著名，而大多数实际的编修与刊定者声名不彰。

永徽二年（651）诏令刊定《五经正义》，张宝三又表列了《上五经正义表》[⑪]中 23 位参与刊定的学者姓名。其中包括曾参与初修初刊的谷那律、王德韶、贾公彦、范义頵、柳宣（殆即前述之柳士宣）、齐威、随德素、赵君赞、周玄达九位，又有第一

① 李善信，其人事迹无考。
② 贾公彦，参见下文。
③ 柳士宣，太常博士，其他事迹无考。
④ 范义頵，魏王东阁祭酒，其他事迹无考。
⑤ 张权，其他事迹无考。
⑥ 周玄达，太学助教云骑尉，其他事迹无考。
⑦ 赵君赞，四门助教云骑尉，其他事迹无考。
⑧ 谷那律，魏州昌乐（今山东中部）人也，复姓谷那，东夷人也，贞观中为国子博士，博学多识，褚遂良称为“九经库”，与陆德明、孔颖达、颜师古等同入《儒学传》，参见《旧唐书》卷一百八十九上，第 4952 页；《新唐书》卷一百九十八上，第 5652 页。但与朱子奢一样，本传亦未提及其参修《五经正义》。
⑨ 杨士勋，参见下文。
⑩ 张宝三：《五经正义研究》，第 26 ~ 27 页。
⑪ 张宝三：《五经正义研究》，第 27 页。

次参与刊正者如长孙无忌①、李勣②、褚遂良③、柳奭④、刘伯庄⑤、史士弘⑥、孔志约⑦、薛伯珍⑧、郑祖玄⑨、李玄植⑩、王真儒⑪。于志宁、张行成、高季辅三位宰相又予以润色，使参与刊

---

① 长孙无忌（卒于659年），河南洛阳人，鲜卑族也，太宗文德皇后（606~636，其名无考）乃其妹。贞观元年官拜尚书右仆射，并支持其甥李治继位。因其早年与太宗友善且有功于社稷，太宗图画二十四功臣于凌烟阁，长孙无忌居首。孔颖达的画像也在于此。李治登基后，长孙无忌进拜太尉（三公之一），仍居高位。因其反对册立武后，宠渥日消，许敬宗阴揣后旨称其谋反，流徙黔州，自缢。本传参见《旧唐书》卷六十五，第2446~2457页；《新唐书》卷一百零五，第4017~4022页。除《旧唐书》言其"该博文史"，《新唐书》言其"博涉书史"外，并无特殊的学术才能。译者注：申屠炉明《孔颖达 颜师古评传》言孔颖达像不在凌烟阁，《旧唐书》将凌烟阁功臣图与十八学士图混为一谈。

② 李勣（594~669），曹州离狐人，原名徐世勣，太祖因其忠纯，赐姓李，又避太宗李世民讳，单名勣。后击破突厥，威震殊俗。曾任工部尚书，与于志宁均支持册立武后。本传参见《旧唐书》卷六十七，第2483~2489页；《新唐书》卷九十三，第3817~3822页。

③ 褚遂良（596~658），杭州钱塘人，历任太宗、高宗朝宰相，与长孙无忌亲善，二人命运相似，皆因反对册立武后而遭流放，并不久死去，且皆博涉书史而不以学显，故同在《新唐书》卷一百零五。褚遂良以书闻名，尤工隶楷，甚得王逸少（王羲之）体。本传参见《旧唐书》卷八十，第2729~2739页；《新唐书》卷一百零五，第4024~4029页。

④ 柳奭（卒于659年），蒲州（今运城，山西南部）人，官中书令，外甥女王玉燕（卒于655年）为高宗原配皇后，高宗废王皇后，册立武后，柳奭的命运便已可预见，王皇后死后四年被诛。本传参见《旧唐书》卷七十七，第2681~2682页；《新唐书》卷一百一十二，第4177~4178页。

⑤ 刘伯庄，彭城（今徐州，江苏东北）人也。贞观中为国子助教，弘文馆学士，高宗时兼授崇贤馆学士。刘伯庄是典型的隋代经师，关注文献依据并杂有诠释，也是刊正者中为数不多有学术著述的人：《史记音义》《史记地名》《汉书音义》各二十卷，参修《文思博要》及《文馆词林》，本传参见《旧唐书》卷一百八十九上，第4955页；《新唐书》卷一百九十八，第5656~5657页。

⑥ 史士弘，国子助教，其他事迹无考。

⑦ 孔志约，孔颖达次子，《新唐书·孔颖达传》作"孔志"，并云其以司业（仅次于国子祭酒）致仕。据考，孔志约曾为太常博士、太子洗马、弘文馆大学士。据其他资料，孔志约为本草学家，曾为敕撰《新修本草》作序，又有《本草音义》。

⑧ 薛伯珍，右内率府长史，弘文馆直学士，其他事迹无考。

⑨ 郑祖玄，太学助教，其他事迹无考。

⑩ 李玄植，参见下文。

⑪ 王真儒，四门助教，其他事迹无考。

正的学者达二十三人。值得注意的是参与刊正的学者多见于《旧唐书》《新唐书》，或许说明此次刊定较之初刊更追求专业。

李玄植其人值得深入探讨，《旧唐书》本传概述了其师从与治学，更重要的是揭示出其对隋代经学的继承，因此值得引证，以说明隋代经学在初唐的延续。

> 玄植兼习《春秋左氏传》于王德韶，受《毛诗》于齐威[①]，博涉汉史及老、庄诸子之说。贞观中，累迁太子文学、弘文馆直学士。高宗时，屡被召见，与道士、沙门在御前讲说经义，玄植辨论甚美，申规讽，帝深礼之。后坐事左迁汜水令，卒官。[②]

李玄植由习《春秋左氏传》《毛诗》而通经，其融合早期道教学说、讲经及辩论的能力，均可佐证其为隋代经学正统，南北交融的底色。

崔义玄（585~656），贝州武城（山东西北部）人也，治经兼融南北及杨隋。崔义玄从未参修《五经正义》，下引自本传：

> 义玄少爱章句之学，《五经》大义，先儒所疑及音韵不明者，兼采众家，皆为解释，傍引证据，各有条疏。至是，高宗令义玄讨论《五经正义》，与诸博士等详定是非，事竟不就。[③]

---

① 《贾公彦传》载李玄植曾向其学习过《三礼》。

② 《旧唐书》卷一百八十九上，第4950页。

③ 《崔义玄传》参见《旧唐书》卷七十七，第2688~2689页，所引在第2689页。

值得注意的是，崔玄义的经学与隋代统一南北的学术体系的相似之处在于其在文献处理及字句训诂上的策略，即试图将五经视作一个整体进行阐释。其将文献学与解释学结合起来，使之具有学术意义，并可用于学者、官员的社会、政治生活以及道德实践。实用文献学与思辨阐释学相结合是本书中许多学者的共同特点，崔玄义则是本书中运用这种方法的最后一个实例。

高宗认为仍有必要第三次修订《五经正义》的事实表明诸儒对其仍然存有疑义，纂修仓促是于今而言依然明显的具体缺点，例如其中存有“大隋”名号，皮锡瑞指摘其失，以证义疏之编纂沿袭二刘。[①] 但在一个世纪之前的清儒已经指出这一点，因此皮锡瑞的观点并不新颖。

三 《五经正义》的内容

附有注、传、笺的经注本五经被选做疏的基础材料，所选经注本的“半经典地位”（semi-canonical status）是依据陆德明的选本，正如本卷第八章所述，陆德明的《经典释文》对这些经注本进行了考察。

所采的古注有王弼《周易注》十卷[②]、孔安国《孔传古文尚书》二十卷、郑玄《毛传郑笺》七十卷、郑玄《礼记注》六十卷、杜预注《春秋左氏传》六十卷。[③]

---

① 关于刘炫，参见本卷第九章第三节。皮锡瑞的批评参见《经学历史》，第 198 页。

② 王弼不注《系辞》，故《系辞》用韩康伯（332～380，或称康伯）注，因此《四库全书总目·周易正义提要》题王弼、韩康伯注。见《四库全书总目》第二卷，台北：汉京文化事业公司，1997，1：18。

③ 申屠炉明对这些古注的作者与性质进行了分析，参见《孔颖达颜师古评传》，第 36～118 页。

对王弼《周易注》的去取即可佐证正义对汉魏古注并非不加辨别地被接受，孔颖达《周易正义序》云："今既奉敕删定，考察其事，必以仲尼为宗。义理可诠，先以辅嗣为本。去其华而取其实，欲使信而有征。"[①] 疏则不主汉魏时注、传、笺，而广采六朝义疏。

唐撰义疏参据了多种资料，以孔颖达《春秋左传正义序》为例，其云"今校先儒优劣，杜为甲矣，故晋宋传授以至于今。其为义疏则有沈文何、苏宽、刘炫"[②]，进而论述了三者优劣。《毛诗正义序》透露出其个人意气，"焯、炫等负恃才气，轻鄙先达，同其所异，异其所同。或应略而反详，或宜详而更略"[③]。《尚书正义序》更指明其凡例"今奉明敕，考定是非，谨罄庸愚，竭所闻见。览古人之传记，质近代之异同，存其是而去其非，削其烦而增其简，此亦非敢臆说，必据旧闻"[④]。前段序文引述了据以为本的六家《尚书》注，但张宝三断定其书实因二刘旧疏，辅以顾彪注。顾彪，隋代经师，以明《尚书》《春秋》而闻名。[⑤]

总而言之，正义所采前代义疏，除去辞尚虚玄及用佛老之语

① 《周易正义序》，《周易正义》，第2页。

② 《春秋正义序》，《春秋左传正义》卷一，第2～3页。关于《春秋左传正义》，详参安敏《孔颖达〈春秋左传正义〉研究》，岳麓书社，2009。沈文何，确切来说是沈文阿（503～563），本传载《梁书·儒林传》及《陈书·儒林传》，参见本卷第三章。关于沈文阿《春秋经传义略》，参见简博贤《今存南北朝经学遗籍考》，第209～219页。本卷第五章第三节也提及了三种现代研究。苏宽其人无传，参见本卷第五章第三节。

③ 《毛诗正义序》，《毛诗正义》，第3页。关于诗疏的评价，参见黄焯《诗疏平议·序》，上海古籍出版社，1985。

④ 《尚书正义序》，《尚书正义》，第4页。

⑤ 顾彪，《隋书·儒林》有传，参见本卷第七章。关于顾注《尚书》的分析参见焦桂美《南北朝经学史》，第449～450页。

者，《易》有无名者十余家；《书》用刘炫、刘焯及顾彪注；《诗》几全因二刘而未改；《礼》用熊安生、皇侃二家；《春秋左氏传》以刘炫为本，辅以沈文阿。

至于诸经义疏的优劣，皮锡瑞认为朱熹及王应麟（1223～1296）所言皆未尽然，而强调“所宗之注不同，所撰之疏亦异”，传、注决定了义疏的质量，例如《周易》王弼注“辞尚虚玄，义多浮诞”，孔颖达等所疏仍失于虚浮。[①] 与之相较，《诗》《礼》《周礼》皆主郑氏，义本详实，故皮氏以为于诸经正义为最优。[②]

《五经正义》是经学训解的分水岭，对经学的内在价值不言而喻，其经、注、疏成为科举考试的规范，直到元代中期朱熹的《四书章句集注》取而代之，并成为学术权威，直至今日。《五经正义》的价值还在于——孔颖达及其同僚所撰疏文中保存了诸多前代或唐以后渐趋失传注疏的佚文，因此，疏文可谓是这些散佚文献的集合。而之所以有如此广泛的用途，正在于众多经师的学说不仅被讨论，且被大量引述，以助于《春秋》新疏的编纂。

这种对佚文的存录，可以参见《礼记正义·玉藻》一篇，孔颖达《义疏》中保存了记载郑玄及其弟子赵商之间问答之词的《郑志》的佚文，郑玄以区别礼经作结：

> 《礼记》，后人所集，据时而言。或诸侯同天子，或天子同诸侯等，所施不同。……《王制》之法与周异者多，当以

---

① 皮锡瑞：《经学历史》，第203页。

② 朱熹讨论五经疏包含《周礼》，尽管直到宋代《周礼注疏》方才跻身经典。

经为正。[1]

下引长文可以窥见《礼记正义》的风格、体式，以及大段疏文中的各种信息。我将继续引述《礼记正义》的经文，辅以郑注、孔疏，而不包括陆德明的《经典释文》，如上所述，陆德明《经典释文》在南宋末年的十行本方始与注疏合刊。

《曲礼》[2]：夫礼者，[3] 所以定亲疏，决嫌疑，别同异，明是非也。[4]

郑注：为近佞媚也。君子说之不以其道，则不说也。[5]

《曲礼》：不辞费。

郑注：为伤信，君子先行其言而后从之。

《曲礼》：礼不踰节，不侵侮，不好狎。

郑注：为伤敬也，人则习近为好狎。

---

① 《礼记注疏》卷二十九《玉藻》，第5b页。

② 理雅各（James Legge）将“曲礼”译作“Summary of the Rules of Propriety”，略显繁琐。

③ 理雅各（James Legge）将“礼”译作“propriety”或“rules of propriety”我认为可改译作“ritual”。

④ 《礼记注疏》卷一，第9b页。以下所有对《礼记》的引用均指本页，直到后面标明参考文献页码的变化。

⑤ 《礼记注疏》卷一，第9b页。以下所有对郑注的引用皆指本页，直到后面标明参考文献页码变化。

《曲礼》：修身践言，谓之善行。

郑注：践，履也，言履而行之。

《曲礼》：行修言道，礼之质也。

郑注：言道，言合于道。质犹本也，礼为之文饰耳。

《曲礼》：礼闻取于人，不闻取人。

郑注：谓君人者。取于人，谓高尚其道。取人，谓制服其身。

《曲礼》：礼闻来学，不闻往教。[①]

郑注：尊道艺。[②]

孔《疏》：［疏］“夫礼”至“往教”。〇正义曰：此一节总明治身立行、交接得否皆由于礼，故以礼为目，各随文解之。〇“夫礼者，所以定亲疏”者，五服之内，大功已上服粗者为亲，小功已下服精者为疏，故《周礼》“小史掌定系世，辨昭穆”也。[③] ……〇“别同异”者，贺玚云：“本

① 《礼记注疏》卷一，第10a页。

② 《礼记注疏》卷一，第10a页。“道艺”，可训为“学、术”，西汉时常用，如荀悦（148～209）《前汉纪》卷二十五《孝成皇帝纪二》，将“道艺”置于早期儒学语境中，云“昔周之末，孔子既殁，后世诸子，各著篇章，欲崇广道艺，成一家之说”。东汉王充（约公元27～97年）《论衡》云：“孔子病，商瞿卜期日中。孔子曰：‘取书来，比至日中何事乎？’圣人之好学也，且死不休，念在经书，不以临死之故，弃忘道艺。”

③ 昭穆是西周时期的制度，指在宗庙中父子疏离、祖孙亲近。孔疏引《周礼》云“小史掌邦国之志，奠系世，辨昭穆”。《周礼注疏》卷二十六，第16b页。

同今异，姑姊妹是也。本异今同，世母、叔母及子妇是也。"[①] 〇"明是非也"者，得礼为是，失礼为非。若主人未敛，子游裼裘而吊，得礼，是也。曾子袭裘而吊，失礼，非也。[②] 但嫌疑、同异、是非之属在礼甚众，各举一事为证，而皇（侃）氏具引，今亦略之。……〇注"君子"至"说也"。〇正义曰：此《论语》文。孔子曰："君子说之不以其道，则不说也。"[③] 不以其道说之，是妄说，故君子不说也，引证经"礼不妄说人"之事。……〇"礼闻取于人，不闻取人"者，熊（安生）氏以为此谓人君在上招贤之礼，当用贤人德行，不得虚致其身。"礼闻取于人"者，谓礼之所闻，既招致有贤之人，当于身上取于德行，用为政教。不闻直取贤人授之以位，制服而已。故郑云"谓君人者"。皇氏以为人君取师受学之法，"取于人"，谓自到师门取其道艺。〇"礼闻来学，不闻往教。"〇"礼闻来学"者，凡学之法，当就其师处，北面伏膺。"不闻往教"者，不可以屈师亲来就己，故郑云"尊道艺"也。[④]

这段疏文篇幅巨大，上文所引小节约仅一半，疏文的体例包括：以"疏：'A'至'B'"为始，即［疏］"夫礼"至"往

---

① 贺玚，梁代著名礼学家，精于《礼记》，皇侃的老师，见于本卷第三章第二节。

② 关于子游与曾子所服，参见《礼记注疏》卷七《檀弓》，第 20a ~ b 页。

③ 这句话是对《论语·子路第十三》"君子易事而难说也，说之不以道，不说也"的引申。

④ 经、注引自《礼记注疏》卷一《曲礼》，第 9b ~ 10a 页。孔疏引自《礼记注疏》卷一《曲礼》，第 10a ~ b 页。

教"，冠于所有《正义》疏文前以领起新疏，有时起讫标在注后面，郑玄、王弼等原注的阐释范围亦被如此划定了。接下来是对该段大意及要旨的概括，经文中的字词都会被逐一讨论，上引《礼记》的此段疏文主要集中于经文，尽管一度转向郑注。其他被引用的经典注者有：极具影响力的梁代经师贺玚[①]、贺玚的学生并最终成长为主要儒家训诂学者的皇侃，以及北方最著名的经师熊安生。最后，引述早期经典《论语》与《礼记》互证，以支持特定词义或段落解释。

这就是构成《五经正义》的新义疏的体式，事实上，除《尔雅》外，为余下诸经所撰的新疏都被纳入十三经。

鉴于对上述引文细节的仔细分析，应当适时消除那种对义疏仅是对文本细节的冗长敷衍的错误认识，在疏中，经文被逐字逐句地训释，其文字及段落的意义正是通过广引先儒旧说来加以阐明。阅读义疏可能会很慢，但对坚持不懈的读者来说，其提供了诸多贴近古书意义的必要信息。在我看来，与其说各经义疏是冗言赘语，不如说是有用资料的宝山，这些资料是否有趣，与阅读的初衷无关。

第四节 《十三经注疏》中其他唐代义疏的撰者

一 贾公彦

如前所述，贾公彦是《礼记正义》的六位初修者之一，也参与了永徽二年（651）对《礼记正义》的刊定，然而他所做工作

① 参见本卷第三章第三节，专门讨论了贺玚。

的性质及在刊定中所负责的义疏无从知晓，但他精于礼学，因此我们至少可以假定他曾用功于《礼记》。本章提及贾公彦，是因为他曾为《周礼》《仪礼》撰定义疏，而这两部书在宋代跻身经典。

其本传见下：

> 贾公彦，洺州永年人。永徽中，官至太学博士。撰《周礼义疏》五十卷、《仪礼义疏》四十卷。子大隐，官至礼部侍郎。[①]

《新唐书》本传仅载其经学受授：

> 士衡以《礼》教诸生[②]，当时显者永年贾公彦、赵李玄植。公彦终太学博士，撰次章句甚多[③]。……公彦传业玄植。[④]

贾公彦为《周礼》《仪礼》撰定义疏，前书序称《周礼正义》，后书则题《仪礼义疏》，贾氏对二书及前代诸家的分析见下：

---

① 《旧唐书》卷一百八十九上，第4950页。

② 张士衡（卒于645年），瀛洲乐寿（今河北东部）人，名儒，两部《唐书》儒学皆有传。刘轨思授以《毛诗》《周礼》，又从熊安生及刘焯受《礼记》，遍讲《五经》，尤精《三礼》。参见《旧唐书》卷一百八十九，第4949页；《新唐书》卷一百九十八，第5648～5649页。

③ 此处插叙了贾公彦之子大隐反对武氏立七庙的直言，七庙，与前所述规制不符。

④ 《新唐书》卷一百九十八，第5649～5650页。

> 《周礼》为末，《仪礼》为本。本则难明，末便易晓。是以《周礼》注者，则有多门。《仪礼》所注，后郑而已。其为章疏，则有二家：信都黄庆者，齐之盛德；李孟悊者，隋曰硕儒。庆则举大略小，经注疏漏，犹登山远望而近不知。悊则举小略大，经注稍周，似入室近观而远不察。二家之疏，互有修短。[①]

《四库全书总目》纂修者在讨论《仪礼》注的历史时指出，王肃注十七卷初唐已佚，沈重[②]及无名氏二家亦不传，故贾公彦仅据序中所言黄庆及李孟哲二家之疏，亦不知名。[③] 前代注释的匮乏自然解释了少引他说，但引自《周礼》《礼记》或《仪礼》其他章节的内容也不多。

贾疏的体式大略同于《五经正义》，显著之处在于以“释曰”领起疏文，如果“释曰”为专用，则表明贾氏此前的著述亦专由“释曰”标明，并为赵宋时期跻身经典的《仪礼注疏》或其他义疏所沿用。另一种可能是“释曰”仅一般地表示“我对该段、词、字解释如下……”无论如何，贾氏对其所释信心十足，既然前人无注，“非释无能悟”[④]，下引《毛诗正义》证之：“案《仪礼・大射》初使三耦射之而未释获，射讫，取矢以复。”[⑤] 此处，“释”指向行为，而非注疏。只有《仪礼》《尔雅》《周礼》《榖

① 《仪礼疏序》，《仪礼注疏》卷一第 1a 页。

② 沈重有经注九部，其中有关《三礼》者七部，参见本卷第六章第三节。

③ 《四库全书总目・仪礼注疏提要》。

④ 《仪礼疏序》，《仪礼注疏》卷一，第 1a 页。

⑤ 《毛诗正义》卷五之二，第 16a 页。

梁传》采用了“释曰”这一体式，其余诸经用“正义曰”，唯一的例外是《公羊传疏》，传统观点认为注者徐彦为唐人，但据《公羊传疏》又为北朝人。[①] 徐彦参考何休的《春秋公羊解诂》，使用了“解曰”。由于这一先例，尚无法确定“释”是注疏的专用术语，还是阐释行为的泛称。

贾公彦《周礼疏》的体式一同于《仪礼疏》，只其前附有16页长序及一篇九页余的《序周礼废兴》[②]，且所存郑注较为完好，有一定篇幅。

二 杨士勋

杨士勋，除了作为儒生外，其人无名。曾为四门博士，又以国子博士纂修《春秋穀梁传注疏》，余者史籍无载。

杨《疏》的底本为范宁《春秋穀梁传集解》[③]，陈秀玲对《春秋穀梁传注疏》进行了详细的研究，介绍了杨士勋可考的生平、仕宦，《注疏》的编撰与版本，并总结了六点杨氏疏的撰述方法：（1）宗本范注；（2）引本经传注文疏范；（3）兼取左公诸传；（4）博采群书诸儒；（5）引用旧说旧解及其他；（6）融通他说，阙疑遗哲。[④]

杨氏体例不严谨之处在于对引文的记述，即惯于以“旧解”“旧说”“一说”等形式隐述前儒旧说。杨氏或以为读者博学于

---

① 关于徐彦的生平与注疏，参见本卷第五章第三节。

② 《序周礼废兴》，《周礼注疏》，第7~9页。

③ 关于范宁及其注疏，参见韩大伟《中国经学史·秦汉魏晋卷》，第九章第五节。

④ 陈秀玲：《杨士勋〈春秋穀梁传注疏〉之研究》，硕士学位论文，“国立”中兴大学，1996。

文，更有可能的是在其撰疏的时代，这些旧注仍广泛存在。近来，有研究不仅介绍了《穀梁传》传统与现代的重要研究，还分析了此类引用术语，其所引用的范围似乎大多为儒家经典，譬如哲学大师及早期史传、神话作者，只有少数引自前儒训诂，因此杨氏相信读者谙熟于大量的片段引文是完全合理的。[①] 这一结论表明，与其说杨氏是继承六朝“义疏”训诂传统的经师，毋宁将其称之为受过良好教育的经典阅读者（a well-educated reader）。杨士勋将《穀梁传》的文本作为分析对象，而非致力于——更不要说掌握经学传统。

① 张沛林：《〈春秋穀梁传疏〉所称“旧解”考》，《南京师范大学文学院学报》2016年第2期。

第十一章

南北朝、隋及初唐时期经学研究述评

本书旨在考察南北朝至初唐时期，绍续汉晋的以文本为基础的文献研究。从我对南方经学的论述中可以看出，思辨性诠释学（speculative hermeneutics）拓宽了经学的疆界，从对经典文本的扎实校勘，到以新的阐释范式（new hermeneutic paradigms）对个中要旨展开高深的解说。就诠解策略而言，南方经学家的基本关怀在于“义理”（meanings and principles），与北方盛行的“章句”（section and lines）、“训诂”（exegesis and glosses）背道而驰。南方学者不仅对儒家经典感兴趣，也喜好道家的基本典籍——《老子》和《庄子》，在焦虑的时代里，这两部书都是为人们提供情感安慰和精神慰藉的源泉，由是也催生了“玄学”这种重要的思辨训练。这种趋势不仅使对儒家经典的讨论愈加丰富多彩，甚至影响了当时诠释学的性质。这样异常活跃的知识氛围，再加上佛教玄学化思潮，无疑为儒、释、道间各方面的思想交流提供了一个充满活力的环境。

与此相反的是，北方经师在保存和传承古文经学的过程中，默默地致力于经学中朴实严谨的一面。郑玄的学术成果是贯通历代经学的主线，他是首屈一指的经师，及至初唐时孔颖达纂定《五经正义》，所作疏仍大多本于郑氏笺注。在北朝，徐遵明及其弟子熊安生解经仍从郑学门径，作为经师和学者的二人并享高名。在南方，北来的经师，如崔灵恩、庾蔚之、贺玚和贺循，明显都有文本校勘的功夫，在别立新说时，这一学统甚至表现得愈加大胆自由。皇侃代表了南朝解经新潮的最高水平，这种解经新潮倾向于通过不断加入推阐性而非忠实于文献阅读的个性化阐释，来扩大与文本间的距离。这种文本距离在唐代发展扩大，以至可以容纳曲解与误读，最终导致了疑经运动。而正是这种文本距离，使得宋元明三代大部分的学术大多倾向于哲学（philosophical）乃至神学（theological）的哲思，而不再是扎实的经学研究。我将会在第四卷中特别关注清初小学的回归及其发展。

南北朝时期解经的标志就是“义疏”体。“义疏”始于御前讲经，其原始形态现在仅在皇侃所作的篇幅较小的注疏《礼记子本疏义》钞本中可以清楚看到，盖本于科段与问答体的小框架。这种框架并未被孔颖达的《五经正义》所保留，尽管他自己作新疏时，其基本内容大都借自隋代经师刘焯与其挚友刘炫的义疏。二刘基于早先南、北注体的代表作，创出了一种融会贯通的新学，代表着一统天下的隋对于经典的解读，约 40 年后，又为孔颖达书所本，成为唐代官定的通行之学。作为今天仍然权威的唐代经学伟大成就的基础，必须认可隋代经学在中国经学史上的重大意义。两位隋代学者各在其著作中确立了一种据音释字的新体例。陆德明的《经典释文》是传承早期音注之学的宝库；陆法言作有韵书《切韵》，则标志着历史语音学研究的专门化，如此它自然是一门新学科的滥觞。尽管我们认为初唐的经学研究为这一领域奠定了非常坚定和详实的基础，但唐代学术的生长土壤承自隋代学者，比如相关著作的根源实是隋代学问的移植和嫁接。因此，本卷改题为“隋代经学的基础与唐代经学的产生”也是完全可行的。虽然我不会做出这样的改动，但和郑玄的不朽遗产一样，这也是个非常重要的论题，必须得到承认。

本书还介绍了经疏作者其人其学（除开后来两个宋代的），这些均被采入《五经正义》。在《中国经学史·秦汉魏晋卷》中已对当初汉、晋学者的注释进行了深入讨论，这些著作为俗所崇、推为典范，陆德明亦将之选入其巨著。《中国经学史·周代卷》则探讨了经学研究这一领域的存在理由：六经的构成，孔子在整理六经，以及口授与仪式化教学中所起的作用。此外还有以下相关主题：孔子弟子传授其学，并用竹简记录下来。嗣后有两位智慧的门徒，孟子、荀子实际是在完成保罗式的统一、推广工作：前者将儒家思想归于仁、爱两途，后者则认为大师以下服膺礼、教，从而使得经典对于当世关怀也有了意义。鉴于这三卷史论所涵盖的广阔背景，本系列第四卷专论清代经学中朴学一面，将从传统权威人物、其所作注疏和经典公案（intellectual conundrums）等着手。尽管前三卷可能都是理解清代经学中重大问题的基础，然而这三卷对不同时期的中国经学史事都有各自的贡献，但没有一卷像这一卷这样有着如此丰富和深入的细节：有许多细节被厘出分析、个人成就被权衡评判。

参考书目

安敏：《孔颖达〈春秋左传正义〉研究》，岳麓书社，2009。

晁公武撰，孙猛校证《郡斋读书志校证》（全二册），上海古籍出版社，2006。

陈鸿森：《北朝经学的二三问题》，《“中央研究院”历史语言研究所集刊》第66本第4分，1995，第1075～1101页。

陈金木：《皇侃之经学》，台北：“国立”编译馆，1995。

陈澧：《切韵考（外篇附）》，台北：学生书局，1971。

陈彭年等重修，林尹校订《新校正切宋本广韵》，台北：黎明文化事业股份有限公司，1976。

陈秀琳：《礼是郑学说》，《经学论丛》第6辑，1999，第113～118页。

陈寅恪：《从史实论〈切韵〉》，收入《金明馆丛稿初编》，上海古籍出版社，1980。

程元敏：《尚书学史》，台北：五南图书出版公司，2008。

邓国光：《经学义理》，上海古籍出版社，2011。

邓国光：《颜师古的〈论语〉注解及其在思想史上的意义——唐

代贞观经学探要之一》，《中国经学》第3辑，2008，第74～132页。

邓文彬：《中国古代语言学史》，巴蜀书社，2002。

丁鼎：《〈仪礼·丧服〉考论》，社会科学文献出版社，2003。

董忠司：《曹宪〈博雅音〉研究》，硕士学位论文，台湾政治大学，1973。

范新幹：《东晋刘昌宗音研究》，崇文书局，2002。

方东美：《生生之德》，台北：黎明文化事业公司，1987。

方向东：《大戴礼记汇校集解》（全二册），中华书局，2008。

冯蒸：《〈切韵·序〉今译与新注》，收入石锋，彭刚主编《大江东去：王世元教授八十岁贺寿文集》，香港：香港城市大学出版社，2013，第85～95页。

古屋昭弘：《王仁昫〈切韻〉と顧野王〈玉篇〉》，《東洋學報》第65卷第3号，1984，第1～35页；现有汉译本：〔日〕古屋昭弘著，马之涛译《王仁昫〈切韵〉与顾野王〈玉篇〉》，《汉语史学报》2021年第1期，第106～123页。

郭永吉：《六朝家庭经学教育与博学风气研究》，台北：华艺学术出版社，2013。

韩国磐：《魏晋南北朝史纲》，人民出版社，1983。

洪铭吉：《唐代科举明经进士与经学之关系》，台北：文津出版社，2013。

华喆：《礼是郑学：汉唐间经典诠释变迁史稿》，生活·读书·新知三联书店，2017。

黄忠天：《南北朝经学盛衰评议》，《“政大”中文学报》第12

期，2009，第89～120页。

黄焯：《诗疏平议》，上海古籍出版社，1985。

黄华珍：《日本奈良兴福寺藏两种古钞本研究》，中华书局，2011。

黄开国：《公羊学发展史》，人民出版社，2013。

黄坤尧：《〈经典释文〉如字辨音》，氏著《音义阐微》，上海古籍出版社，1997，第25～45页。

黄坤尧：《〈经典释文〉与魏晋六朝经学》，收入杨晋龙，刘柏宏编《魏晋南北朝经学国际研讨会论文集》（全二册），台北："中央研究院"中国文哲研究所，2016，第2册，第783～814页。

黄坤尧：《陆德明的学行和经学思想》，收入蔡长林，廖秋满编《隋唐五代经学国际研讨会论文集》（全二册），台北："中央研究院"中国文哲研究所，2009，第1册，第201～232页。

黄坤尧：《音义综论》，收入王静芝等编《训诂论丛》，台北：中国训诂学会，2016，第33～54页，又见黄坤尧著《音义阐微》，上海古籍出版社，1997，第1～24页。

黄庆萱：《魏晋南北朝易学书考佚》，华东师范大学出版社，2013。

黄奭：《黄氏逸书考》，《续修四库全书》据清道光黄氏刻民国二十三年江都朱长圻补刻本影印，上海古籍出版社，1996。

季旭升编《群经总义著述考（一）》，台北："国立"编译馆，2004。

简博贤：《今存南北朝经学遗籍考》，台北：黎明文化事业股份有限公司，1975。

姜广辉主编《中国经学思想史》（全四卷），中国社会科学出版社，2003。

焦桂美：《南北朝经学史》，上海古籍出版社，2009。

金周生：《〈经典释文〉“如字”用法及音读考》，收入王静芝等编《训诂论丛》，第133~146页。

李鼎祚：《周易集解》，台北：商务印书馆，1968。

李明辉：《儒家经典诠释方法》，台北：喜马拉雅研究发展基金会，2003。

李松涛：《唐代前期政治文化研究》，台北：学生书局，2009。

李威熊：《陆德明之经学观及其经学史上之贡献》，收入逢甲大学中国文学系主编《六朝隋唐学术研讨会论文集》，台北：文史哲出版社，2004，第351~371页。

梁启超：《清代学术概论》，Immanuel C. Y. Hsū.（徐中约）译作 *Intellectual Trends of the Ch'ing Period*. 1959. Reprint，Cambridge，MA：Harvard University Press，1970。

林秀一：《隋刘炫〈孝经述议〉复原研究解题》，现有童岭译、徐兴无校汉译本，载童岭编《秦汉魏晋南北朝经籍考》，中西书局，2017，第256~288页。

林秀一：《孝经述议复原に关する研究》，新潟：文求堂，1953；现有汉译本：〔日〕林秀一撰，乔秀岩、叶纯芳、顾迁编译《孝经述议复原研究》，崇文书局，2016。

刘起釪：《尚书学史》，中华书局，1996。

刘文淇：《左传旧疏考证》，凤凰出版社影印《皇清经解续编》本，第十一册。

刘昫，欧阳修等撰《唐书经籍艺文合志》，商务印书馆，1956。

刘玉才、水上雅晴主编《经典与校勘论丛》，北京大学出版社，2015。

刘兆祐编《仪礼著述考（一）》，台北："国立"编译馆，2003。

卢文弨：《经典释文考证》（全四册），中华书局，1985。

陆德明撰，黄焯汇校《经典释文汇校》，中华书局，2006。

路广正：《顾野王〈玉篇〉对许慎〈说文解字〉的继承与发展》，《文史哲》1990年第4期，第64~67页。

吕春盛：《南朝时期晚渡北人的兴衰及其原因》，《汉学研究》第33卷第4期，2015，第141~176页。

罗常培、丁山编《〈切韵〉研究论文集》，香港：实用书局，1972。

罗常培：《〈切韵·序〉校释》，收入罗常培、丁山编《〈切韵〉研究论文集》，第6~25页。

罗常培：《释重轻》，收入中国科学院语言研究所编《罗常培语言学论文选集》，中华书局，1963，第80~86页。

罗香林：《颜师古年谱》，台北：台湾商务印书馆，1972。

马国翰：《玉函山房辑佚书》（全八册），江苏广陵古籍刻印社，1990。

马宗霍：《中国经学史》，台北：学海出版社，1985。

牟润孙：《论儒释两家之讲经与义疏》，收入《注史斋丛稿（增订本）》（全两册），中华书局，2009。

内藤虎次郎（内藤湖南）：《孔冲远祭酒年谱》，钱稻、孙汉译本载《国立北平图书馆馆刊》第4卷第4号，1930。

念常：《佛祖历代通载》，书目文献出版社，1988。

潘铭基：《颜师古经史注释论丛》，香港：香港中文大学中国文化研究所刘殿爵中国古籍研究中心，2016。
潘忠伟：《北朝经学史》，商务印书馆，2014。
潘重规、陈绍棠：《中国声韵学》，台北：东大图书，1981。
潘重规：《春秋公羊疏作者考》，《学术季刊》第4卷第1期，1955。
皮锡瑞：《经学历史》，《经学丛书初编》本，台北：学海出版社，1985。
平山久雄：《〈切韵〉序和陆爽》，《中国语文》1990年第1期，第54~58页。
钱穆：《经学大要》，台北：素书楼基金会，2000。
乔秀岩：《义疏学衰亡史论》，台北：万卷楼，2013；生活·读书·新知三联书店，2017。
《〈切韵〉的综合性质》，见张琨著，张贤豹译《汉语音韵史论文集》，台北：联经出版事业公司，1987，第25~34页；又同名论文集，武汉：华中工学院出版社，1987，第9-20页。
全祖望著，詹海云校注《鲒琦亭集校注》（全四册），台北："国立"编译馆，2003。
任国俊：《颜师古〈汉书注〉研究》，硕士学位论文，宁夏大学，2008。
任莉莉：《七录辑证》，上海古籍出版社，2011。
森三樹三郎：《梁武帝：仏教王朝の悲劇》，京都：平樂寺書店，1956。
山本岩：《〈礼记子本疏义〉考》，现有马云超译、焦堃校汉译本，收入童岭编《秦汉魏晋南北朝经籍考》，中西书局，2017，第195~213页。

邵荣芬：《经典释文音系》，台北：学海出版社，1995。

申屠炉明：《孔颖达颜师古评传》，南京大学出版社，2006。

沈秋雄：《三国两晋南北朝春秋左传学佚书考》，台北："国立"编译馆，2000。

释慧皎撰《高僧传》，"丛书集成"本，中华书局，1991。

《四库全书总目》（全两册），台北：汉京文化事业公司，1997。

孙启治、陈建华编撰《中国古佚书辑本目录解题》，上海古籍出版社，2009。

唐燮军：《六朝吴兴沈氏及其宗族文化研究》，台北：文津出版社，2006。

藤原佐世：《日本国见在书目录》，广陵古籍刻印社，1990。

童岭：《六朝后期江南义疏体〈易〉学谫论——以日藏汉籍旧钞本〈讲周易疏论家义记〉残卷为中心》，《"中央研究院"历史语言研究所集刊》第81本第2分，2010，第411～465页。

童岭：《六朝旧钞本礼记子本疏义研究史略——兼论讲疏义疏之别》，《中国典籍与文化论丛》第15辑，2013，第27～51页。

童岭：《六朝隋唐汉籍旧钞本研究》，中华书局，2017。

童岭：《南齐时代的文学与思想》，中华书局，2013。

王力：《中国语言学史》，香港：无出版机构，1967。

王聘珍：《大戴礼记解诂》，中华书局，1983。

王应麟：《玉海》，台北：华文出版社，1964。

王仲荦：《魏晋南北朝史》，上海人民出版社，1979。

吴承仕：《经典释文序录疏证》，中华书局，2008。

吴兢：《贞观政要》，上海古籍出版社，1978。

吴雁南、秦学颀、李禹阶主编《中国经学史》，台北：五南图书出版公司，2005。

谢启昆：《小学考》，见《续修四库全书》，上海古籍出版社，2002。

许宗彦：《记南北学》，见《鉴止水斋集》，《皇清经解》本。

严可均辑《全上古三代秦汉三国六朝文》（全四册），中华书局，1987。

颜元孙：《干禄字书序》，见《干禄字书》（菊坡精舍本），粤东书社重刊，1873。

杨守敬：《古逸丛书》（全三册），江苏广陵古籍刻印社，1997。

杨荫楼：《陆德明的南学风韵及其对经学的贡献》，《孔子研究》1999 年第 3 期，第 82～87 页。

杨荫楼：《唐代经学论略》，《求是学刊》1992 年第 4 期，第 99～104 页。

野間文史：《五經正義の研究：その成立と展開》，東京：研文出版，1998。

张鹏一：《隋书经籍志补》，收入《二十五史补编》（全六册），中华书局，1989。

张溥辑：《汉魏六朝百三名家集》（全六册），台北：文津出版社，1979。

张宝三：《〈五经正义〉研究》，华东师范大学出版社，2010。

张西堂：《三国六朝经学上的几个问题》，《经学研究论丛》第 9 辑，台北：台湾学生书局，2001，第 1～26 页。

张元济辑《续古逸丛书》（全四册），广陵书社，2013。

章权才：《三礼之学——东晋南朝时期世家豪族的显学》，收入

《魏晋南北朝隋唐经学史》，广东人民出版社，1996。

章权才：《魏晋南北朝隋唐经学史》，广东人民出版社，1996。

赵伯雄：《春秋学史》，山东教育出版社，2004。

赵翼：《廿二史札记》（全二册），中国书店，1987。

钟兆华：《颜师古反切考略》，收入《古汉语研究论文集》，北京出版社，1982，第16～51页。

周玟慧：《从中古音方言层重探〈切韵〉性质：〈切韵〉〈玄应音义〉〈慧琳音义〉的比较研究》，台北：台湾大学出版委员会，2005。

周少川：《古籍目录学》，中州古籍出版社，1996。

周祖谟：《〈切韵〉的性质和它的音系基础》，收入《问学集》（全二册），中华书局，1966，上册，第434～473页。

朱彝尊：《经义考》（全八册），台北：中华书局，1979。

Ames, Roger T.（安乐哲）, David L. Hall（郝大维）, *Dao de Jing "Making This Life Significant": A Philosophical Translation*, New York: Ballantine Books, 2003.

Assandri, Friederike（李可）, "Concepualizing the Interaction of Buddhism and Daoism in the Tang Dynasty: Inner Cultivation and Outer Authority in the Daodejing Commentaries of Cheng Xuanying and Li Rong," *Religions* (2019): 10, 66.

Barton, John ed., *The Cambridge Companion to Biblical Interpretation*, Cambridge: Cambridge University Press, 1988.

Baxter, William H.（白一平）, *A Handbook of Old Chinese Phonology*, Berlin: Mouton de Gruyter, 1992.

Bingham, Woodridge（宾板桥），*The Founding of the T'ang Dynasty: The Fall of Sui and the Rise of Tang, A Preliminary Survey*, New York: Octagon Books, 1975.

Brill Online Chinese Reference Library, Accessed July 31, 2017, http://chinesereferenceshelf.brillonline.com/ancient-literature/entries/SIM-300132; jsessionid=490F31BF39BA069CCC0CCA1F17DAC5C8.

Brown, Michael Joseph, "Jewish Salvation in Romans according to Clement of Alexandria in Stromateis 2," In *Early Patristic Readings of Romans*, edited by Kathy L. Gaca and L. L. Welborn, 42-43, New York and London: T & T Clark International, 2005.

Brown, Yü-Ying, "The Origins and Characteristics of Chinese Collections in Japan," *Journal of Oriental Studies* 21 (1983): 19-31.

Bultmann, Christopher, "Hermeneutics and Theology," In *The Cambridge Companion to Hermeneutics*, edited by Michael N. Forster and Kristin Gjesdal, 11-36, Cambridge: Cambridge University Press, 2019.

Chan, Alan K. L.（陈金樑），Gregory K. Clancey, Hui-Chieh Loy（黎辉杰），eds., *Historical Perspectives on East Asian Science, Technology and Medicine*. Singapore: World Scientific, 2003.

Chan, Alan K. L.（陈金樑），*Two Visions of the Way: A Study of the Wang Pi and the Ho-shang Kung Commentaries on the Lao-Tzu*, Albany: State University of New York Press, 1991.

Chang Kun（张琨），"The Composite Nature of the *Ch'ieh-yün*," *Bulletin of the Institute of History and Philology* 50 (1979): 241-

255.

Chen, Ellen M. (陈张婉莘), *The Tao Te Ching: A New Translation with Commentary*, New York: Paragon House, 1989.

Chennault, Cynthia L. (陈美丽), Keith N. Knapp (南恺时), Alan J. Berkowitz (柏士隐), Albert E. Dien (丁爱博) eds., *Early Medieval Chinese Texts*, China Research Monograph 71, Berkeley: Institute of East Asian Studies, University of California Berkeley, 2015.

Chow, Kai-wing (周启荣), "Between Sanctioned Change and Fabrication: Confucian Canon (Ta-hsūeh) and Hermeneutical Systems Since Sung Times," In *Classics and Interpretations: The Hermeneutic Traditions in Chinese Culture*, edited by Ching-I Tu (涂经怡), 45 – 67, New Brunswick: Transaction Publishers, 2000.

Clements, Ruth, "Origen's Readings of Romans in Peri Archon: (Re) Constructing Paul," In *Early Patristic Readings of Romans*, edited by Kathy L. Gaca and L. L. Welborn, 159 – 179, New York: T & T Clark International, 2005.

Coblin, W. South (柯蔚南), "Marginalia on Two Translations of the 'Qieyün' Preface," *Journal of Chinese Linguistics* 24 (1996): 89 – 97.

Cunningham, Mary B. and Pauline Allen, eds., *Preacher and Audience: Studies in Early Christian and Byzantine Homiletics*, Leiden: Brill, 1998.

Durrant（杜润德）, Waiyee Li（李惠仪）, David Schaberg（史嘉博）trans. *Zuo Tradition Zuozhuan*（左传）: *Commentary on the "Spring and Autumn Annals,"* 3 vols, Seattle: University of Washington Press, 2016.

Epp, Eldon Jay and Gordon D. Fee eds., *New Testament Textual Criticism: Its Significance for Exegesis: Essays in Honor of Bruce M, Metzger.* Oxford: Clarendon Press, 1981.

Ferguson, Duncan S., *Biblical Hermeneutics: An Introduction.* Atlanta, GA: John Knox Press, 1986.

Fitzmyer, Joseph A., *Romans: A New Translation with Introduction and Commentary*, Anchor Bible, vol. 33. New York: Doubleday, 1993.

Gadamer, Hans-Georg, *Truth and Method*, New York: Continuum, 1997.

Grafton, Anthony, *Defenders of the Text: The Traditions of Scholarship in an Age of Science*, 1450 – 1800, Cambridge, MA: Harvard University Press, 1991.

Graham, Susan L., "Irenaeus as Reader of Romans 9 – 11: Olive Branches," In *Early Patristic Readings of Romans*, edited by Kathy L. Gaca and L. L. Welborn, 87 – 113, New York: T & T Clark International, 2005.

Hauser, Alan J. and Duane F. Watson eds., *A History of Biblical Interpretation.* 3 vols. Grand Rapids, MI: William B. Erdmans Publishing, 2003 – 2017.

Heming Yong（雍和明），Jing Peng（彭敬），*Chinese Lexicography: A History from 1046 BC to AD 1911*，Oxford：Oxford University Press，2008.

Honey，David B.（韩大伟），*History of Chinese Classical Scholarship. Vol. 2，Qin，Han，Wei，Jin：Canon and Commentary*，Unpublished manuscript，Provo，UT. 现有黄笑译本《中国经学史·秦汉魏晋卷：经与传》，社会科学文献出版社，2019。

Honey，David B.（韩大伟），*History of Chinese Classical Scholarship. Vol. 1，Zhou：Confucius，the Six Classics，and Scholastic Transmission.* Unpublished manuscript，Provo，UT. 现有唐光荣译本，《中国经学史·周代卷：孔子、〈六经〉与师承问题》，社会科学文献出版社，2018。

Honey，David B.（韩大伟），"The *Han-shu*，Manuscript Evidence，and the Textual Criticism of the *Shih-chi*：The Case of the 'Hsiung-nu lieh-chuan'"（《汉书》钞本资料与《史记》的校勘：以《匈奴列传为例》），*Chinese Literature：Essays，Articles，Reviews* 21（1999）：67－97.

Ji Zhigang（纪志刚），"The Development of Interpolation Methods in Ancient China：From Liu Zhuo to Hua Hengfang，" In *Historical Perspectives on East Asian Science，Technology and Medicine*，edited by Alan K. L. Chan（陈金樑），Gregory K. Clancey，and Hui-Chieh Loy（黎辉杰），327－335.

Kametarō，Takigawa（池田四郎次郎），*Shiki kaichû kôshô*（史记会注考证），1932－1934，Reprint，Taipei：Hongye Shuju，1982.

Karlgren, Bernard（高本汉），"Compendium of Phonetics in Ancient and Archaic Chinese," *Bulletin of the Museum of Far Eastern Antiquities* 26（1954）：211 –367.

Knechtges, David R.（康达维）and Taiping Chang（张泰平），eds.，*Ancient and Early Medieval Chinese literature：A Reference Guide，Parts One，Two，Three and Four.* Leiden：Brill，2010 – 2014.

Kroll, Paul W.（柯睿），and David R. Knechtges（康达维），eds.，*Studies in Early Medieval Chinese Literature and Cultural History：In Honor of Richard B. Mather and Donald Holzman.* Provo，UT：Tang Studies Society，2003.

LaFargue，Michael，*The Tao of the Tao Te Ching：A Translation and Commentary*，Albany：State University of New York Press，1992.

Lai，Whalen（黎惠伦），"The I-ching and the Formation of the Hua-yen Philosophy," *Journal of Chinese Philosophy* 7（1980）：245 – 258.

Lau，D. C.（刘殿爵），*A Concordance to the Works of Liang Wudi Xiao Yan*，*ICS Concordances to Works of Wei-Jin and the Northern and Southern Dynasties*，Hong Kong：The Chinese University of Hong Kong，2001.

Legge，James（理雅各），*Li Chi Book of Rites*，*with Introduction and Study Guide by Ch'u Chai and Winberg Chai*，2 vols，New Hyde Park，NY：University Books，1967.

Legge，James（理雅各），*The Chinese Classics*，5 vols，Hong Kong：

Hong Kong University Press, 1970.

Lewis, Mark Edward（陆威仪）, *China between empires: The Northern and Southern Dynasties*, Cambridge, MA: Belknap Press of Harvard University Press, 2009. 现有汉译本：陆威仪著，李磊译《分裂的帝国：南北朝》，中信出版社，2016。

Lopez, Donald S. Jr.（唐纳德·罗佩兹）, "Buddhist Hermeneutics: A Conference Report," *Philosophy East and West* 37 (1987): 71 – 83.

Lopez, Donald S. Jr.（唐纳德·罗佩兹）, *Introduction to Buddhist Hermeneutics*, Honolulu: University of Hawaii Press, 1988. 现有汉译本：唐纳德·罗佩兹编，周广荣、常蕾、李建欣译《佛教解释学》，上海古籍出版社，2009。

Lo, Yuet Keung（劳悦强）, "Daoist Simulated Sermonization: Hermeneutic Clues from Buddhist Practices," *Journal of Chinese Philosophy* 37 (2010): 366 – 80.

Lo, Yuet Keung（劳悦强）, "Destiny and Retribution in Early Medieval China," In *Philosophy and Religion in Early Medieval China*, edited by Alan K. L. Chan and Yuet Keung Lo, 319 – 356, Albany: State University of New York Press, 2008.

Mair, Victor H.（梅维恒）, *Tao Te Ching: The Classic Book of Integrity and the Way*, New York: Bantam Books, 1990.

Makeham, John（梅约翰）, *Transmitters and Creators: Chinese Commentators and Commentaries on the Analects*, Cambridge, MA: Harvard University Asia Center, 2003.

Malmqvist, Göran（马悦然）, "Chou Tsu-mo on the Ch'ieh-yün," *Bulletin of the Museum of Far Eastern Antiquities* 40（1968）: 33–78.

Mcgarrity, Andrew, "Using Skilful Means Skilfully: The Buddhist Doctrine of Upāya and Its Methodological Implications," *Journal of Religious History* 33（2009）: 198–214.

McMullen, David（麦大维）, *State and Scholars in T'ang China.* Cambridge: Cambridge University Press, 1988. 现有汉译本：麦大维著，张达志、蔡明琼译《唐代中国的国家与学者》，中国社会科学出版社，2019。

Miller, Harry trans, *The Gongyang Commentary on The Spring and Autumn Annals: A Full Translation*, NY: Palgrave Macmillan, 2015.

Morgan, Daniel Patrick（墨子涵）, "Liu Zhuo（544–610）（Shiyuan）-érudit, astronome, éducateur et mathématicien des Sui," In HAL archives-ouvertes. https://hal.archives-ouvertes.fr/halshs-01418322/document.

Nielsen, Bent（尼尔森）, *A Companion to Yi Jing Numerology and Cosmology*, London: Routledge, 2003.

Norman, Jerry（罗杰瑞）, *Chinese*, *Cambridge Language Surveys.* Cambridge: Cambridge University Press, 1988.

Pearce, Scott（裴士凯）, "Form and Matter: Archaizing Reform in Sixth-Century China," In *Culture and Power in the Reconstitution of the Chinese Realm. 200–600*, edited by Scott Pearce（裴士

凯）, Audrey Spiro（司白乐）, Patricia Ebrey（伊沛霞）, 149 – 178. Cambridge, MA: Harvard Asia Center, 2001.

Pelliot, Paul（伯希和）, "Manuscrits chinois au Japon," *T'oung Pao* 23（1924）: 15 – 30.

Pollack, David. *The Fracture of Meaning: Japan's synthesis of China from the Eighth Through the Eighteenth Centuries*, Princeton: Princeton University Press, 1986.

Pulleyblank, Edwin G.（蒲立本）, *Lexicon of Reconstructed Pronunciation in Early Middle Chinese, Late Middle Chinese, and Early Mandarin*, Vancouver: University of British Columbia Press, 1991.

Pulleyblank, E. G.（蒲立本）, *Middle Chinese: A Study in Historical Phonology*, Vancouver: University of British Columbia Press, 1984.

Qu Anjing（曲安京）, "Why Interpolation?" In *Historical Perspectives on East Asian Science, Technology and Medicine*, edited by Alan K. L. Chan（陈金樑）, Gregory K. Clancey, and Hui-Chieh Loy（黎辉杰）, 336 – 344.

Rajan, Tilottama, "Hermeneutics. 1. Nineteenth Century," In *The Johns Hopkins Guide to Literary Theory & Criticism*, edited by Michael Groden and Martin Keiswirth, 375 – 379. Baltimore: Johns Hopkins University Press, 1994.

Ramsey, S. Robert（罗伯特·拉姆齐）, *The Languages of China*. Princeton, NJ: Princeton University Press, 1987.

Roth, Harold D.（罗浩）, "Text and Edition in Early Chinese

Philosophical Literature," *Journal of the American Oriental Society* 113 (1993): 214 – 227.

Roth, Harold D. (罗浩), *The Textual History of the Huai-Nan-Tzu*, Ann Arbor, MI: Association for Asian Studies, 1992.

Schuessler, Axel (许思莱), *ABC Etymological Dictionary of Old Chinese*, Honolulu: University of Hawaii Press, 2007.

Swartz, Wendy (田菱), Robert Ford Campany (康儒博), Yang Lu (陆扬) and Jessey J. C. Choo. (朱隽琪) eds., *Early Medieval China: A Source Book*, New York: Columbia University Press, 2014.

Sweeney, Eileen, "Literary Forms of Medieval Philosophy." In *Stanford Encyclopedia of Philosophy*, Stanford University, 1997.

Teng Ssu-yü (邓嗣禹), *Family Instructions for the Yen Clan: Yen-shih chia-hsün, An annotated translation*, Leiden: Brill, 1968.

Terry, Milton S., *Biblical Hermeneutics: A Treatise on the Interpretation of the Old and New Testaments*, Grand Rapids, MI: Zondervan, 1974.

The American Heritage Dictionary of the English Language, 5th ed., Boston: Houghton Mifflin Harcourt, 2015.

Warren, Michelle R. "The Politics of Textual Scholarship," In *The Cambridge Companion to Textual Scholarship*, edited by Neil Fraistat and Julia Flanders, Cambridge: Cambridge University Press, 2013.

Wechsler, Howard (魏侯玮), *Mirror to the Son of Heaven: Wei*

Cheng at the Court of T'ang T'ai-tsung, New Haven CT: Yale University Press, 1975.

Wei, Shang（商伟）, *Rulin waishi and Cultural Transformation in Late Imperial China*, Cambridge MA: Harvard Yenching Institute, 2003. 现有汉译本：商伟著，严蓓雯译《礼与十八世纪的文化转折：〈儒林外史〉研究》，生活·读书·新知三联书店，2012。

Wilhelm, Richard（卫礼贤）trans, *The I Ching or Book of Changes*, Bollingen Series XIX, 1967, Reprint, Princeton: Princeton University Press, 1980.

Wright, Arthur F.（芮沃寿）, "Sui Dynasty," In *Cambridge History of China*. Vol. 3, part 1, *Sui and T'ang China, 589 – 960*, edited by Denis Twitchett（杜希德）, Cambridge: Cambridge University Press, 1979. 现有汉译本：〔英〕崔瑞德编《剑桥中国隋唐史（589 – 906）》，中国社会科学院历史研究所、西方汉学研究课题组译，中国社会科学出版社，1990。

Wright, Arthur F.（芮沃寿）, *The Sui Dynasty: The Unification of China, A. D. 581 – 617*. New York: Knopf, 1978.

Wu, Kuang-ming（吴光明）, "Textual Hermeneutics and Beyond: With the Tao Te Ching and the Chuang Tzu as Examples," In *Classics and Interpretations: The Hermeneutic Traditions in Chinese Culture*, edited by Ching-I Tu（涂经怡）, New Brunswick: Transaction Publishers, 2000.

Wuyun Pan（潘悟云）, Hongming Zhang（张洪明）, " Middle

Chinese Phonology and *Qieyun*," In *The Oxford Handbook of Chinese Linguistics*, edited by William S-Y Wang（王士元）, Chaofen Sun（孙朝奋）, Oxford: Oxford University Press, 2015.

Victor Xiong, Cunrui（熊存瑞）, *Emperor Yang of the Sui Dynasty: His Life, Times, and Legacy*, Albany: State University of New York Press, 2006. 现有汉译本：熊存瑞著，毛蕾、黄维玮译《隋炀帝——生平、时代与遗产》，厦门大学出版社，2018。

Victor Xiong, Cunrui（熊存瑞）, *The A to Z of Medieval China*, London: Scarecroft Press, 2010.

Yuan, Donghong（董红源）, *A History of the Chinese Language*, Oxford: Taylor and Francis, 2014.

长歌行

——撰成《中国经学史》前三卷偶感诗自注并序

韩大伟

序　言

甫欣悉拙作一套书稿第三卷中文译本行将付梓，兹特向社会科学文献出版社责任编辑宋淑洁谨致谢忱，全赖其尽力涂乙，依其圆熟润色。《中国经学史》三卷分为：《周代卷：孔子，〈六经〉与师承问题》《秦汉魏晋卷：经与传》《南北朝、隋及初唐卷：文献学的衰落与诠释学的崛兴》。旬年之内，最后二卷将纂毕出版。第四卷为《清代卷上：清初到乾嘉中》，第五卷乃《清代卷下：乾嘉中到清末篇》。第一卷主译者为西南大学唐光荣教授，第二卷主译者为复旦大学黄笑博士，第三卷主译者为南京大学童岭教授。第四卷又幸得唐光荣教授翻译；孰为第五卷之译者尚未知。

撰书剞劂之路漫长曲折，餐风吃重，既然程途已走一半过，应暂停回顾和展望。宜学韩愈之名言“不塞不流，不止不行”。故尔援笔以记予求学之路、早期研究范围、治学方法，经学宗旨、三卷之内容等实情。望前辈方家、同仁后生皆不吝赐教、去芜存菁。

戊戌立夏　南麓老翁序于犹他州思齐斋

序曲

五尺童子乳未干,[①] 多年潜研略妥干。
秀才力钻渐开窍, 苦年踏入进士班。
十年窗下勤泛览, 投稿比比欲出凡。
虽则日益精进晰, 百事缠身学业拦。[②]
眉目萌芽望杰出, 总然登堂室为入。[③]
思齐见贤志未艾,[④] 唯依先进当私淑。[⑤]
五胡乱华史籍恃,[⑥] 西方汉学借鉴治。[⑦]
杜门谢客凿壁光,[⑧] 岭南文坛报旧志。[⑨]
新旨久酿藏卷帙, 朴学造诣自羞耻。
废寝忘食抱负切, 经学昉功摈疑迟。[⑩]
思齐斋内书皆精,[⑪] 炉香静对十三经。[⑫]

---

① 年轻儿童，语出《战国策·楚策四》。

② 暗指连续十二夏天在佛蒙特州明德学院（Middlebury College）教汉语暑期班。

③ “登堂入室”比喻学问由一般入精，出处为《汉书·艺文志》。

④ 《论语·里仁》典故：“子曰：见贤思齐焉，见不贤而内自省也”，即见前贤欲效法他。

⑤ 私淑，《孟子·离娄下》典故，义为自命为前贤的弟子。

⑥ 硕士、博士学位论文，很多专刊、文章都基于有关游牧民族的中国历史文献。

⑦ 指早期著作 Incense at the Altar: Pioneering Sinologists and the Development of Classical Chinese Philology（《西方经学史概论》）(2001)。2018 年底由北京大学出中文译本。

⑧ 《西京杂记》卷二典故：西汉匡衡读书家贫无烛，所以为了借邻居烛光“穿壁引光、凿壁偷光”。

⑨ 暗指十九岁至二十一岁在香港深受广东传统文化的影响，因此存此志于小作 *The Southern Garden Poetry Society: Literary Culture and Social Memory in Guangdong* (2013)（《岭南文学史》）。

⑩ 昉，开始；摈，拒绝。

⑪ 大伟书斋名，经二十多年的收藏，现在书籍沛然。

⑫ 书斋悬着对联一副：“斗酒纵观廿一史，炉香静对十三经。”

萧闲吞笔廿一史，　尚友善士恭乞灵。[①]
大功未成达一半，　前三卷拈欣俯览。
任重道远岂能歇，　后二卷拟静仰瞻。

第一卷　周代

周卷董理先圣旦，[②]　制礼立乐万事缮。
孔丘承礼礼教师，　经学祖宗身教善。
礼化生涯圣人过，　西方理论定义多。
日常循环虽惯例，　行礼观点诠释妥。[③]
口授注经教场所，　亲师免席站立诺。
语体载道代代传，　问答相语广扬播。
述不作则孔明言，[④]　六经何来千年辩。
今古学派议汹汹，[⑤]　孔丘编者抑圣贤?[⑥]
先圣师表万时鲜，　克己复礼力修炼。[⑦]
门生弟子赠受业，　私淑大师功绵绵。
孟荀后圣基固奠，　人性虽异心不变。
惛惛师则赫赫功，[⑧]　诜诜生乃儒家显。

---

① “尚友”，《孟子·万章下》典故：“又尚论古之人。颂其诗，读其书，不知其人，可乎?”

② 周旦即周公。

③ “Performative Ritual”为新出的西方诠释框架。凡是经常发生的或定期循环的行动都应视为含有礼仪的性质。

④ “述而不作”引自《论语·述而》。

⑤ 汹汹，激烈貌。

⑥ 古文学派视之为前者，今文学派视之为后者。

⑦ “克己复礼”，引自《论语·颜渊》。

⑧ 《荀子·劝学》典故：“无惛惛之事者，无赫赫之功。”意为专心一志。

第二卷 秦汉魏晋

暴秦焚书经典散，辉汉宿儒缀其残。
天下征书校刊忙，石渠白虎卷沛然。[①]
博士制度前朝余，立志参政新统域。
经学治法研发多，精博专家路徐徐。
刘氏父子启勘路，字构谊义许陈胪。
训诂阐释郑前贤，洎清考证循君途。
中华鼎立儒学裂，[②] 五胡兵燹正统灭。[③]
偏安金陵雾霾隆，[④] 玄学杂糅如积雪。[⑤]
此载经学抵禅诱，礼经发掘正上流。[⑥]
大儒唯独忧旋转，幽伺后兴学标秀。

第三卷 南北朝、隋及初唐

逢掖之士奔南北，[⑦] 治学之方分二轨。
训诂义理孰为佳？学势起伏建军垒。
强隋南征统天下，顷刻大乱学随瓦。
辉唐西兴千年熹，北学渐微南属辖。

---

① 石渠、白虎均为皇宫内之书阁会议所，前者在长安，后者在洛阳。
② 鼎立：三国时代。
③ 公元310年、311年南匈奴侵北，长安、洛阳沦陷。
④ 金陵：现今南京。
⑤ 玄学：东晋南朝基于老庄思想的儒家形而上学。
⑥ 为了澄清家谱、世族的尊卑，东晋、南朝儒学重治《礼记》。
⑦ 穿宽袍大袖衣服的人，即读书人或官吏富豪。

音学与汉驱并驾， 释文切韵价至佳。[①]
南方正统溢胭脂，[②] 北方械送御绑架。
冲远侥逃刺客计，[③] 实例早于文艺期。[④]
召集宿儒注疏纂，[⑤] 终能经学巩奠基。
明皇尚文儒学弃，[⑥] 疑经恶风四方起。
诠释异端渐封锁， 汉学冬蛰中兴冀。
明末清初理学击， 文献致诘切身立。
今后治学兴未艾，[⑦] 直至宋学卷方息。[⑧]
倏然十年瞬间度， 回顾成果忭满肚。
勿当功臣安自居， 伸志苦搵赶命途。[⑨]

① 《经典释文》《切韵》为隋朝最有权威的经学著作。
② 陈叔宝（553～604），即陈后主（执政582～589），曾匿于金陵鸡鸣山坡上胭脂井避隋兵。
③ 孔颖达（574～648），字冲远，为《五经正义》总编。隋末宿儒耻出其下，阴遣客刺之，匿杨玄感家得免。
④ 文艺复兴时代的学者波焦（Poggio）曾设计刺杀瓦拉（Valla），最后落空。
⑤ 《五经正义》为唐初钦定荟萃最好的经“注”，命编撰新的“疏”。
⑥ 李隆基（685～762），即唐玄宗（执政712～756），其时学风恶化。
⑦ 现在忙撰第四卷《清代卷上：清初到乾嘉中》。
⑧ 第五卷定为《清代卷下：乾嘉中到清末》。
⑨ 搵，承担。

致　谢

我所在的杨百翰大学亚洲与近东语言学系，相继任系主任的斯考特·米勒（Scott Miller）、白杰里（Dana Bourgerie）二位博士，在过去的九年里一直慷慨地支持、鼓励这一项目。人文学院每年都就研究助理、出行和图书采购方面提供慷慨的资助。这些物质上的支持，使我能够同中国大陆和台湾的同行们进行交流，从他们身上汲取很多东西。在卷一、卷二的致谢中，我已经提到了其中很多人的姓名。在此，我特别强调清华大学顾涛博士和南京大学童岭博士两位学者的持续鼓励和支持。他们对目下已出的卷一、卷二的中译项目热情蓬勃，还通过书评、学术通讯报告来传播我正在写的这套经学史的信息，有益于提升广大中国读者对这一丛书的了解。

过去十年里，在美国东方学会的年会中，中国学与会者的核心群体一直非常友好，并慷慨提出了有益的建议。他们是：柯睿（Paul W. Kroll）、高德耀（Robert Joe Cutter）、史皓元（Richard VanNess Simmons）、李孟涛（Matthias L. Richter）、李安琪（Antje Richter）和林德威（David Prager Branner）。对于他们，与必然存在的那些被我遗漏的人，我表示感谢和钦佩。

我谨向杨百翰大学人文学院教师出版社致以深深的谢意。在总编辑斯嘉丽·林赛（Scarlett Lindsay）的领导和积极参与下，该社高效及时地制作出了最新此卷的排印稿。斯嘉丽一向和蔼可亲、通情达理，不仅是一位专业的技术编辑，而且在很大程度上使本书行文更为清晰，更不用说创造性地改变某些风格，使文本更悦目可读。在我们共同努力、以多种方式改稿时，与她互动总是一种乐趣。我再次向她和她的编辑团队表示衷心的感谢。任何印刷格式或拼写的不当，都是我失察；任何翻译、解释或论证的错误，也都是由于我拙于判断、学识有限。

我在杨百翰大学的老同事，现在杨百翰大学爱达荷分校的 Trevor McKay 博士；郭立慧博士与其丈夫，台北优百科国际有限公司的总经理陈建璋先生；卷一中文本的译者，西南大学的唐光荣博士，卷二的译者黄笑博士和卷三的译者童岭博士及其团队：在对话、学术、出行和生活中，他们都是非常有动力、包容且令人愉快的伙伴。

韩大伟（David B. Honey）

译后记

韩大伟（David B. Honey）先生，伯克利加州大学文学博士（1988年），现任美国杨百翰大学（Brigham Young University）文学院教授，曾经在南京大学留学，并在南京大学人文社会科学高级研究院（后文简称“高研院”）担任过访问学者。韩大伟先生的博士论文专攻五胡十六国民族史，他赠送给我的《中世纪匈奴的中兴：刘渊晋书的传记》（*The Rise of the Medieval Hsiung-nu*：*The Biography of Liu Yuan*，Indiana，Research Institute for Inner Asian Studies，1990）一直是我在南京大学开设“五胡十六国及北朝文化史专题”课程的重要参考书。

韩大伟先生近作包括 *Incense at the Altar*：*Pioneering Sinologists and the Development of Classical Chinese Philology*，*Philadelphia*：*American Oriental Society*，2001；*The Southern Garden Poetry Society*：*Literary Culture and Social Memory in Guangdong*，香港中文大学出版社，2013等。近十年来韩大伟先生潜心从事经学研究，立志纂成英语学界《中国经学史》全编。目前，第一卷《中国经学史·周代卷：孔子，〈六经〉与师承问题》及第二卷《中国经学史·

秦汉魏晋卷：经与传》的中译本，均已由社会科学文献出版社（2018/2019）正式刊出。

本书即第三卷《中国经学史·南北朝、隋及初唐卷：文献学的衰落与诠释学的崛兴》的中译本。关于这一卷，南恺时（Keith N. Knapp）先生和我讲过一个欧美学界的掌故。南恺时、丁爱博（Albert E. Dien）等先生策划《剑桥六朝史》时，留意到南北朝经学的重要性，曾力邀韩大伟先生承担南北朝经学一章，但出于多种因素，韩先生没有加入——所以 2019 年剑桥大学出版社《剑桥六朝史》正式面世时，就没有单独的经学一章。听闻这件事，我脑海中第一反应就是严可均（1762～1843，字景文，号铁桥）因未能参加嘉庆皇帝的《全唐文》编修队伍，而发愤以一人之力撰成《全上古三代秦汉三国六朝文》。韩大伟先生以一人之力，撰成英语学界《中国经学史》全编，似乎就是“西方的严铁桥”。尤其是对涉及中国中世经学的本卷书《南北朝、隋及初唐卷》，韩大伟先生可谓充满了特别的感情，用他自己的话说，就是：

> 这三卷对不同时期的中国经学史事都有各自的贡献，但没有一卷像这一卷这样有着如此丰富和深入的细节（第十一章《南北朝、隋及初唐时期经学研究述评》）。

如果在时间段上将中国南北朝、隋及初唐经学进行中西类比，让我联想到韩大伟先生自己设定的“过渡时期三：拜占庭（Byzantium）经学”，学术特质是“荷马寓言诠释，集注体，纪年体历史，希腊文学修炼，古文运动（Atticism），文辞浮华主义”（韩大伟演讲《中、西经学史比较：宗旨，方法和对于文化发展的影响》，南京大学高研院，2015年12月1日，从丛主持，童岭评议）。

当然，深入介绍韩先生细致的考证，严谨的注释，中西学术（基督教与中国经学）的对比等，都在已经出版的《中国经学史》第一卷与第二卷的译者导读与译后记中有很好的阐释，此不赘述。这里我想强调，韩大伟先生对于中国中世经学的基本观点是：如果纵览丰沃（fecund）的南北朝、隋及初唐的经学，作为独立学术问题的文本考据与哲学诠释的源头都可在其间觅得。书后所收他的《长歌行》云：“强隋南征统天下，顷刻大乱学随瓦。辉唐西兴千年熹，北学渐微南属辖。”对于隋唐时代“属辖”天下的南朝经学，韩大伟先生是相当的推崇，他评价姚察、姚思廉父子说：“陈朝旧臣的天然南朝立场（southern perspective）和忠贞倾向（loyalist leanings）。”通观《中国经学史·南北朝、隋及初唐卷：文献学的衰落与诠释学的崛兴》，我们也可以发现韩先生本人其实正是“南朝立场（southern perspective）”的践行者。尤其对于梁武帝时代的经学，韩大伟先生称之为“臻善至美”——也正是出于这一考虑，本书选用了梁武帝同父异母弟萧景的陵墓石兽作为本册封面。

第一次与韩大伟先生相识，是2013年的金陵盛夏。当时徐兴无老师策划了“经学与中国文献文化”中国经学国际学术研讨会，我担任会务组联络人，刘雅萌老师也是会务组成员。无论是经学会议上的探讨还是会后同赴扬州考察黄奭、刘师培等经学大师的故居，我们与韩先生都相谈甚欢。数年后，我们三人有幸参与了《中国经学史》的翻译校勘工作，也是一种中西之学缘。本译稿是徐兴无老师主持的2019年度国家社科基金重大项目“中国经学制度研究”（19ZDA025）阶段性成果。加入这一重大项目翻译团队的，还有我指导的陈秋、李晔两位研究生，他俩都选修过徐兴无老师的“经学概论”与我的“中国中古经学与佚籍”研究生课程，论文题目也都是专攻中古学术，两位同学都出色地完成了各自承担的任务。同时，本书责编宋淑洁女士高度负责的编校水平，也是本书得以顺利出版的重要保证。然而，限于我们团队的学术背景与知识结构，特别有一些涉及西方学术（尤其是基督教）的词汇与文辞，很难拿捏中译，虽然韩大伟先生本人多次与我通邮件答疑解惑，但是恐怕还会存在一些问题，如读者在阅读过程中有所发现，欢迎赐教至：tongling@ nju. edu. cn。

最后，我想把2013年与韩大伟教授第一次见面的夏天，他诗作《朝天宫怀古——2013年离家半年，居南京回国前夕访古朝天宫作》的其中两段抄录如下：

孤岑英雄登高辉，
南麓华殿御笔挥。
登高怀古雨廉纤，
隐居行礼旧事非。

书不久束却远飞，

飞云楼前烟树霏。
彦士余韵隐约存，
归心淡化招魂回。

童岭　记于金陵二炎精舍

2023 年 1 月 30 日夜

图书在版编目(CIP)数据

中国经学史. 南北朝、隋及初唐卷：文献学的衰落与诠释学的崛兴 /（美）韩大伟（David B. Honey）著；童岭，陈秋，李晔译. -- 北京：社会科学文献出版社，2023.11

书名原文：A History of Chinese Classical Scholarship III：Northern and Southern Dynasties，Sui，and Early Tang：The Decline of Factual Philology and the Rise of Speculative Hermeneutics

ISBN 978－7－5228－2022－4

Ⅰ.①中…　Ⅱ.①韩…　②童…　③陈…　④李…　Ⅲ.①经学－历史－研究－中国－魏晋南北朝时代②经学－历史－研究－中国－隋唐时代　Ⅳ.①Z126.272

中国国家版本馆 CIP 数据核字（2023）第 134697 号

中国经学史·南北朝、隋及初唐卷

——文献学的衰落与诠释学的崛兴

著　　者 /［美］韩大伟（David B. Honey）
译　　者 / 童　岭　陈　秋　李　晔

出 版 人 / 冀祥德
责任编辑 / 宋淑洁
责任印制 / 王京美

出　　版 / 社会科学文献出版社（010）59367226
地址：北京市北三环中路甲 29 号院华龙大厦　邮编：100029
网址：www.ssap.com.cn
发　　行 / 社会科学文献出版社（010）59367028
印　　装 / 三河市东方印刷有限公司

规　　格 / 开　本：880mm × 1230mm　1/32
印　张：10.75　字　数：233 千字
版　　次 / 2023 年 11 月第 1 版　2023 年 11 月第 1 次印刷
书　　号 / ISBN 978－7－5228－2022－4
著作权合同登记号 / 图字 01－2023－4137 号
定　　价 / 69.00 元

读者服务电话：4008918866